U0593871

中德小学
数学教育比较研究

刘胜峰　著

厦门大学出版社　国家一级出版社
XIAMEN UNIVERSITY PRESS　全国百佳图书出版单位

图书在版编目(CIP)数据

中德小学数学教育比较研究/刘胜峰著.—厦门:厦门大学出版社,2022.6
ISBN 978-7-5615-8347-0

Ⅰ.①中… Ⅱ.①刘… Ⅲ.①小学数学课—教学研究—对比研究—中国、德国
Ⅳ.①G623.502

中国版本图书馆 CIP 数据核字(2021)第 162368 号

出 版 人	郑文礼
责任编辑	王鹭鹏
封面设计	李嘉彬
技术编辑	朱 楷

出版发行 厦门大学出版社

社　　址	厦门市软件园二期望海路 39 号
邮政编码	361008
总　　机	0592-2181111　0592-2181406(传真)
营销中心	0592-2184458　0592-2181365
网　　址	http://www.xmupress.com
邮　　箱	xmup@xmupress.com
印　　刷	厦门市竞成印刷有限公司

开本	720 mm×1 020 mm　1/16
印张	21
插页	1
字数	313 千字
版次	2022 年 6 月第 1 版
印次	2022 年 6 月第 1 次印刷
定价	76.00 元

厦门大学出版社
微信二维码

厦门大学出版社
微博二维码

序

　　数学是人类思维的产物,通常被定义为研究数量关系和空间形式的科学。近些年,随着信息技术和人工智能的迅猛发展,数学在现代科学中得到重视和广泛应用,数学教育也迎来充满生机的发展。

　　随着数学教育研究的不断深入,人们越来越迫切地感受到数学教育的发展需要国际视野,特别是我国中小学数学教育应该加大国际比较研究。近些年来,一些国际大规模学生评价项目研究显示,中国学生的数学学业水平明显优于欧美国家,然而数学应用水平却低于欧美国家。这样的反差触发我国数学教育工作者从一些实例出发,观察国外数学教育和教学,或是比较不同文化背景下的学科差异,或是比较数学的学习时间,或是比较数学课程与教学。这些研究的主题涉及我国的数学教育的优势是什么,有哪些国际经验可以借鉴,还可以往哪些方面发展,能够促进数学教育工作者更好地思考和理解数学教育,寻求更适合的数学教育方法。

　　厦门市的刘胜峰老师在他到德国、英国等欧洲国家浸润式学习之后,尝试对中德小学数学教育进行了比较研究,形成了《中德小学数学教育比较研究》一书。书中既有中德两国小学数学教育的差异比较,又基于比较提出了我国小学数学基础教育改革发展的建议,可以说体现了基于文化自信和国际视野的数学教育思考。在书中,他多视角地呈现德国不同地区的数学课程改革经验,特别是实践层面的经验,基于对我国当前小学数学教育优势的理解,提出当前我国小学数学教育的新需要和新路子。如书中"小学数学教育要培养工程思维""提高'数学关键能力'标准的比重""要真正做到深究型对话"等建议,都颇有前瞻性和实践价值。相信它对于数学基础教育实践者和研究者都具有一定的参考和借鉴意义。书中尽管还有一些值得商榷的地方,但对于教育工作者而言,已属不易。

　　刘胜峰是福建省最年轻的数学特级教师、厦门市拔尖人才,尽管我们素未谋面,但因工作关系多次通信联系,也常为他的执着打动。他能基于德国的学习考察,迅速捕捉研究选题并形成著作,足见他是一位思想敏锐、有教育学术追求的教育实践者和管理者。应刘胜峰老师一再邀请,略述几句,是为序。

二〇二二年三月二十七日

　　（序者宋乃庆,西南大学教授、博士生导师,国家级教学名师。教育部西南基础教育课程研究中心主任,教育部基础教育课程教材专家工作委员会原副主任,原全国数学教育研究会副理事长。原西南师范大学校长、西南大学原常务副校长）

前　言

数学是历史悠久而又始终充满活力的知识领域,数学实力往往影响国家实力,世界强国必然是数学强国。

经历了贸易战、5G争端和利用大数据支撑联防联控新冠肺炎疫情等一系列事件后,我国越来越强烈地意识到数学与科学、工程、产业、技术、创新力、经济力及国家安全息息相关。教育部、科技部等四部门联合制定《关于加强数学科学研究工作方案》,权威媒体对数学发展的情况进行了大幅宣传报道,如《人民日报》刊发《数学到底有多重要》一文,都印证着我国对于数学科学的重视。

数学基础教育是数学科学发展的坚实基础,更需要广泛的国际视野。我们比较国际数学教育,特别是对人类现代文明的基石——工业文明发达国家的数学教育进行研究,可以推进和深化高层次的国内外数学教育交流与合作,将我国的数学基础教育优势转化为数学科学优势,实现数学科学强国。

德国的工业化程度很高,欧洲经济实力最强,在世界经济与政治舞台上扮演着举足轻重的角色。德国是世界上率先开展义务教育、最早实施免费学校教育的国家,也是第一个建立师范教育制度,首创双元职业教育体系的国家。德国还是现代大学的发祥地,培养出马克思、巴赫、马丁·路德、歌德等众多杰出人物,他们凭借着卓越贡献,令世界瞩目。所有的这一切构筑起独具特色且影响深远的德国现代教育体系,而这一体系得以运转和维系的根基在于基础教育。

在这样一个工业高度发达的国家,基础教育阶段的小学数学教育是什么样的,其工业发达与数学基础教育存在什么联系呢?

　　为了更好地推进基础教育改革行动,厦门市教育局派出"理科名师国际视野与创新发展专题研修团"远赴欧洲,二十位老师前往德国柏林和慕尼黑地区进行浸润式学习,深度了解德国中小学理科教育的进展和经验。

　　比较中国与德国的小学数学教育发现,早期中国研究者较倾向于进行教材方面的对比,较少围绕数学教育发展要求、课程大纲、教材与教学、学业测评等进行综合对比研究。比较中德小学数学教育,既要关注宏观层面的课程标准、中观的学科教材,还要关注微观的课堂教学方式,通过立体的、全方位的比较,才能认识我国小学数学教育的优势,辩证地借鉴吸收德国小学数学教育的精华。

　　在德国研修期间,我们以数学课程标准、教材、课堂学习方式、试卷等十五个方面为关注点进行考察,通过聆听专家讲座、访问中小学校,整体认识德国的教育体系,包括基础教育、职业教育、高等教育和进修教育,全面比较小学数学课程大纲、小学数学试卷和小学数学课堂,深入剖析小学数学教材结构与编排特点,借助德国恩斯特-克莱特出版社、北莱茵-威斯特法伦州布赫纳出版社等版本的教材,赏析德国课例编写特色。我们近距离观察德国小学数学常态课堂,记录教与学的行为,梳理德国小学数学教师的教学特征与成功经验,分析中德两国小学数学教育在培养学生思维能力方面的差异,探索德国数学教育与高质量人才培养的联系,获取有益的多样化的教育经验,寻找探索可以在我国小学数学教育中推广应用的行为模式,进而丰富我国的数学教育理念。

　　德国教育关注"学生做的时候学到知识,学了知识之后又去做的能力",反复强调实践能力,引发我们对小学数学教育目标的反思。德国学生自主实践、独立研究以及经过广泛的联结进入深层次学习,其主体性学习启发我们小学数学教育改革的路径。德国小学数学教师实施差异化教学，教最新的社会知识，在教学中进行"温暖的评价"，让我们审视小学数学教育的意义。

比较后认为，优化我国小学数学教育应该从四个方面着手：小学数学教育要增加"培养工程思维"的基本理念，课程目标要提高"数学关键能力"标准的比重，课堂教学要"真正做到深究型对话"，学习评价要突出"数学应用的综合化"，以满足学生未来需要。

当前，我国已经成为世界教育人口最多的教育大国，教育普及水平和质量整体达到世界水平。有资料预测：到 2035 年，在北纬30°～45°，将形成以德国（柏林）、英国（伦敦）、美国（纽约—华盛顿）、日本（东京）和我国部分城市为主的 21 世纪世界教育中心城市带，共同引领和带动世界教育发展。我国教育的综合实力、竞争力和影响力全面提高，将更多地承担国际教育责任，参与国际教育治理。

所以本书意在广泛比较中德两国小学数学教育，努力呈现所认识的德国小学数学教育特点和规律，尽力描述中德两国学生接受数学教育时表现出来的不同思维、行为，梳理不同文化背景对学习数学的正面影响与负面干扰，发现差异和值得借鉴的经验。希望本书能为我国小学数学教育发展提供可靠的决策依据，助力我国小学数学基础教育改革发展；同时为数学教育工作者打开思考的窗户，帮助大家更加有效地开展数学教育。

目　录

第一章 德国小学教育基本概况

第一节 德国教育体制与教育制度

◇ 德国的教育体制
◇ 德国的基础教育
◇ 德国职业教育广泛影响基础教育

开展中德两国小学数学教育比较,要从认识德国的教育概况开始,包括了解德国教育发展的历史和其在这个时代的主要特征。德国的教育体系比较特殊,与我国的教育体系相差较大。因此我们需要速览德国的教育管治权、学制设计、职业教育特点以及基础教育的入学原则、最新的变化趋势等,将其作为比较分析之后进行思考、探究和实践的基础。

一、德国的教育体制

德国的教育体制从中古世纪的传统发展而来,起初,受教权只属于贵族及神职人员,逐渐普及至一般人民。1871 年后,德国的学校教育开始系统化和国家化。第二次世界大战结束后,德国的各类学校迅速恢复和发展,适应世界现代化发展潮流,推动教育转型发展。21 世纪以来,德国实施了一系列教育行动计划,有力促进了教育的发展,为国家培养了许多高素质的劳动者和技术人才,推动了工业发展,科技进步成果累累,德国成为当今最富裕的工业发达国家之一。

德国是联邦制国家,联邦政府不直接管理教育事务,教育的治理权分散在各个州。每个州都有独立的文化教育部,负责制定本州的教育政策,在《基本法》的范围内独立管理发展其学校教育事业。由于教育管治权的分散,导致各州学校系统存在明显的差异,课程的重点和科目各不相同,考试评价也不相同。学校你教你的、我教我的,各自成一体,曾出现过州与州之间互不承认彼此的高中学校毕业证明的现象。

德国联邦政府虽无权管理各州的教育事务和学校,但却保留着全国教育事业的监督权和协调组织功能。为了解决上述问题,德国联邦文化教育部每年召集三四次的各州文化教育部长联席会议,讨论全国性教育大纲,定期公布德国教育报告。同时,文化教育部长联席会议还要负责保障基础教学条件,保障学校教和学以科学合作的方式进行,促进教育、科学和经济紧密合作。

德国联邦文化教育部长联席会议所做出的每一个决策,在实施前必须得到各个州议会的批准。只有州议会讨论通过,才能在该州变成教育的法律条款,得到执行落实。

通过文化教育部长联席会议的努力协调,近些年德国全国教育的要求与各州教育政策越来越一致,各自为政的不利情况逐渐减少,各州学校水平不均衡的状态逐渐改善。不同州的学生毕业了可以得到其他州的承认，可以在其他州得到继续学习的机会。

　　德国的教育体系，大体上可分为基础教育、职业教育、高等教育和进修教育四大类。德国的部分职业教育也属于义务教育的范畴，这也是其和别的国家大相径庭的重要特色。

　　2021年9月，德国发布《2021年教育概览》。从数据来看，德国教育体系在多个方面，如儿童接受早教和学前教育的比例、德国职业教育与劳动力市场的高度相关性、教师工资水平等国际比较中表现突出，德国教育经费投入稳步增加，其中2018年教育支出占国民生产总值的4.3%，从小学到高中后非高等教育阶段的生均经费支出为12 774美元，高等教育生均经费支出为19 324美元。

　　德国的基础教育经历多场变革，目前有些州，学生从小学到高中毕业要花12年，有些州是13年。普遍相同的学制设置是：小学（四年制或六年制）毕业后，进行第一次分流——有的学生到以学习技术为主的实科中学学习（类似中国的职业中专学校），毕业后去工作；有的学生到以学习理论知识为主的文理中学（类似中国的普通中学）或是综合中学学习（包括前面两种），毕业后进行第二次分流——有的学生到技术应用类学校（类似中国的职业学院）学习，有的学生到综合性大学学习。基本体系如图1-1所示。

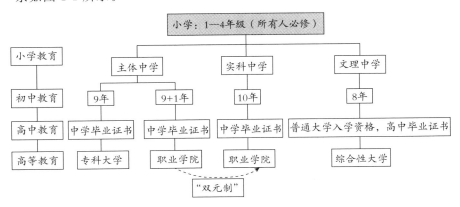

图 1-1　德国的学制设置

什么时候分流,选择到什么学校,根据不同的职业要求和学生及家长的意愿而定。

德国联邦统计局公布的数据显示:2018年德国有429所大学(包括119所私人大学),其中:综合性大学106所,学生1 754 634人,占61.67%;师范类大学6所,学生25 090人,占0.88%;神学类大学16所,学生2 449人,占0.09%;艺术类大学53所,学生36 086人,占1.27%;应用科技类大学218所,学生982 188人,占34.52%;行政管理类大学30所,学生44 531人,占1.57%。

三十多年前,德国只有15%~18%的学生能够上综合性大学。这一数据在近些年增长甚快,比我国前些年"高中普职比大体相当"要求达到数据要略高一些。

众所周知,德国的综合性大学很多年前就已经名声在外。为了满足产业升级和高等教育规模扩张的需要,近些年来德国大规模合并和改造工程技术类学院,开办应用科技大学,作为国家高等院校的补充。应用科技大学校如其名,更贴近应用,与日后职业的相关度更高。设置课程时就会针对就业需要的专业知识,专注于数学、信息学、自然科学、技术和经济等具体方向。同时,应用科技大学注重和企业密切合作,特别是小企业。应用科技大学的学生,通常要多次到企业实习,了解职场,参与实际工作项目,学以致用。比如,柏林应用科技大学以"为城市未来培养人才"为办学宗旨,促进城市和生态的完美融合,为学生提供国际实习机会、创新性学习课程,以帮助学生"直面经济"。

在德国,应用科技大学里大约有10%的学生有自己的孩子,为了让这些人安心学习,德国出台了许多照顾政策,比如成立专门服务应用科技大学学生的组织机构,以帮助学生租房子、设置组合食堂等,解决学生学习之外的困难。

综合性大学,以理论学习为主,许多研究人员和教师来自应用科技大学,这和德国普遍持有的"有实践经验才能从事研究"的理念息息相关。应用科技大学不能像综合性大学那样培养博士生,授予博士学位,要培养博士生,只能和综合性大学联合办学。

德国著名的综合性大学固然不错,应用技术大学同样也非常有竞争力,特别是在就业方面。有数据表明,德国应用科技大学毕业生的就业率长期以来略高于综合性大学,且留在本地区就业的毕业生的比例也高于综合性大学,凸显了这类院校与区域经济社会需求紧密联系的特色。越来越多的德国青年学生选择在应用科技大学进行本科或硕士阶段的学习。

应用科技大学多不仅成为德国新型教育的突出特色,还是德国在当前激烈的国际高等教育竞争中凸显特色和优势的战略选择。它们拓展应用型人才的能力结构,将拥有全球素养纳入人才培养的目标,把应用科技大学的发展与德国国家宏观经济政策、对外政策紧密结合,站在全球经济、技术和人才竞争的高度上吸引国际学生,积极融入全球化进程。

德国学术交流服务中心和德国高等教育与科学研究中心联合发布的《科学向世界开放 2019》报告显示,德国已经取代法国成为对国际学生最有吸引力的非英语国家,排在美国、英国和澳大利亚这三个英语国家之后,成为世界第四大留学目的地。报告统计了国际留学生赴德国学习的动机,排在前几位的分别是对良好就业机会的期望(83%)、德国高等教育的高质量(76%)、国际认可的学位(74%)以及德国大学的良好声誉(71%)。

德国的教育体制能使绝大部分儿童及青少年接受至少一项职业教育训练,直接掌握一门技术,同时又能为有志于继续深造的青年提供接受高等教育的机会,具有"纵向可以逐步发展、横向彼此联系沟通"的突出特点。这样的教育体制能够为国家培养出优秀的科学家、工程技术人员和技术工人,能满足工业化国家发展过程对人才培养的需要。

二、德国的基础教育

德国社会老龄化严重,出生率比较低,人口数量变化对教育领域的影响已经日益显现。虽然如今越来越多的年轻人移民德国,但德国在校学生的总体数量依然不断下降。德国联邦文化教育部预估,到 2025 年,会减少 160 万名学生,乡村地区的学校将大规模关闭或合并。

德国联邦政府已经意识到学生数量减少将对未来发展不利,不断出台优惠的鼓励生育政策。如生一个孩子,母亲可以享受三年带薪产假(也可以由父亲享受),如果是单亲家庭,还可以每年有 1 308 欧元的减税福利。即便如此,德国的年轻人依然不愿意生孩子。

作为高福利社会的国家,德国尽可能地从儿童培养一开始就朝着"精养"的方向发展,力图让每个人从小开始就健康成长,让每个人都能获得均衡且优质的教育。然而,在现实社会中依旧有出生背景差异甚大的儿童,他们未来的生涯也不一样。出身好的,有教养,未来定位高;出身不好的,家庭经济较差,未来的发展定位较低。一些年轻人甚至不知道自己将来要干什么,家庭经济负担越来越重,无法保障自己未来的生活。

德国的幼儿教育未规定幼儿入园的时间,各州教育部门也不要求幼儿一定要上幼儿园。家长可以根据幼儿的具体情况,选择在家自己教孩子或者在自己认为最好的时间让孩子正式入园学习,选择让孩子入园学习的家长还能在幼儿园陪伴孩子。德国教育部门 2021 年的报告数据显示,目前德国三到六岁儿童九成半左右都在幼儿园学习,三岁以下儿童四成左右到托儿所学习。

大多数德国儿童都是三岁进入幼儿园,学制通常是三年。幼儿园大部分是免费的,即使到私立收费幼儿园读书,家长也可以用孩子在幼儿园的学费额度抵减个人的税费。如果家长要求把孩子送到公办幼儿园读书,政府保证每个孩子都有学位。在幼儿园,孩子主要学习生活规矩、交通安全和认识世界。

德国各州的幼儿教育政策虽然存在区别,但都一致要求当年 8 月 30 日前满六岁的儿童皆须进入小学就读。进入小学之后,每个人都会拥有一个终身的学籍,其资料将会被学校保留五十年。和我国一样,德国以法律的形式明确儿童上学的权利,无论贫穷还是富裕,都要上小学接受教育,而且是强制性的义务教育。

　　德国教育专家对儿童入学年限有争议,有的教育专家认为让六岁儿童就进入小学一年级学习,年龄偏小。有的教育专家认为六岁儿童的大脑已经发育到一定程度,可以开始上学接受教育。因此,在德国,刚满六岁的孩子(距离该年入学时间早一两个月出生的孩子)是否读一年级,有较大的弹性空间,有一些州允许五岁儿童就入学。如果家长提出让孩子提前读小学,学校就会为孩子进行测试评估。当学校认为该儿童不具备上小学一年级的能力时,可以拒绝接收。如果家长依然要求入学,就必须主动提供医院证明,证明该儿童可以参与正常的一年级学习。他们会从儿童个体的角度衡量判断是否适合入学。

　　德国小学都实施就近入学原则,但也有一些家长选择到私立学校。私立学校招收学生都会进行入学测试,会收不低的学费。有一小部分儿童会通过参加竞赛获得更多选择机会。

　　德国没有独立的残障小学,所有小学都有义务招收有特殊障碍的学生。残障学生和普通学生一起,同教室同课程同课堂,但每一位残障学生都配备一名教育员,负责在教室里帮助其学习。上课期间允许他们根据自身的情况进出教室或是中止学习,由教育员陪同到操场或是其他地方休息,这些学生不用和普通学生一样自始至终地上课。到了中学之后,残障学生才会去独立办学的残障学校。

　　德国多数地区实行小学四年制,只有柏林与勃兰登堡两个州的小学是六年制的。柏林地区六年制的小学大约有四百所,六年级学生的学习水平相当于其他州学校的初二年级水平。柏林地区小学实行六年制,目的在于不让学生太早分流。他们认为四年级的学生可能还无法对未来做出合适的选择,需要更多的机会发挥出潜力。同时,他们认为学习不只是为了获得知识,教育强调社会功效,小学六年制可以让穷人和富人的孩子有更长的时间相互了解。

　　小学,无论是四年制还是六年制,毕业后按成绩优劣进行分流,分别进入主体中学、实科中学、文理中学或融合中学。

　　大部分州的中学分为主体中学(7—8 年级)、实科中学(7—10 年级)、文理中学(7—13 年级,其中 7—10 年级为初中)。主体中学也被称为职业预科,学校以职业教育为主,强调实务性与方法操作,学生毕业之后就参加工作或是继续参加职业培训。实科中学是专门学习技术才能的学校,学生毕业后可以参加高考或职业培训,主要以较高等的职业需求为主。文理中学通常以考入大学为目的,也可以转换方向。有些州的中学 5—10 年级是"初阶",11—12/13 年级是"进阶",都属于第二级阶段的学习。

2010 年起,德国出现融合中学,也称混合中学或综合中学,包括主体中学、实科中学和综合中学,零散地培养出少数类似于文理中学的优秀学生。融合中学的学习任务相对宽松,学生年龄跨度为 7～12 岁,涵盖职业预科、实科中学以及文理高中,具有极强的灵活性。其与文理中学的主要区别见表 1-1:

表 1-1　融合中学与文理中学的主要区别

融合中学	文理中学
不需要入学测试	要入学测试,学生水平高
想升级就可以一直升级	要通过测试才能升级
学十三年才算高中毕业	学十二年就算高中毕业
一个班最多二十六人	一个班最多三十二人
学生自愿参加,每周四天	每周四天,每天早上八点上学
下午四点放学	下午四点放学
学校有食堂可以就餐	几乎所有学校都没有食堂
无家庭作业	有家庭作业
同时存在封闭式与开放式	有规律的学校日程安排
包括强制性和自愿参加的课程	规定必须参加的课程与额外课程

德国教育界人士称:近些年融合中学并不受学生和家长欢迎,家长更喜欢让孩子到纯正的文理中学读书。他们认为,文理中学的入学测试除了有德语、数学、英语之外,还有面试,包括测试孩子进行社会交往的能力等等,文理中学的教学比较规范,能够保证学生获得良好的教育。

德国倡导教育均衡,因此不提倡区分重点学校。公办高中学校也不区分优秀或合格。在德国,只有私立高中学校才区分优、良、合格等级,优秀的私立高中学校收费比合格的高中学校要贵得多。

近年来,德国基础教育发展呈现在校生数量和中小学校数量逐年减少的趋势。德国的许多小学已经广泛招收全球各个国家的孩子,比例非常大,有移民背景的学生还在不断持续增加。

2020年,德国有移民背景的人口约占全国总人口的四分之一,德国学校有三分之一的学生有移民背景。2020年11月,柏林市区的一所小学里出现异常情况,一个班级只有一个德国孩子,其余孩子全部来自其他国家,班级召开家长会时,教师讲德语,可大部分家长都听不懂,只能由孩子翻译。

德国教育年度报告数据显示,2017年,柏林十年级之后的学生,辍学率为一成,2018年,十年级之后的学生辍学率为一成三;以德语为母语的学生七成六能够完成学业,以土耳其语为母语的学生只有五成六能够完成学业。这个数据未能达到德国联邦文化教育部的基本要求,移民学生的学业问题越来越令人忧虑。

随着有移民背景的学生数量增多,学生群体的异质化也更加明显。这样的状况,让德国教育界人士很苦恼,他们认为,"这是教育不均衡发展的表现,将严重阻碍德国基础教育的发展"。让有移民背景的学生成功融入德国已经成为重要的问题,德国正在努力减少移民因素对学生发展的不利影响。

三、德国职业教育广泛影响基础教育

德国重视职业教育,是全球职业教育最发达的国家。职业教育在德国整个教育体系中占有重要地位,是学生升学就业的主要渠道,它对基础教育产生广泛而重要的影响。

德国的许多产品能在世界各地颇受欢迎,大家普遍认为是因为德国产品结构合理、加工精密、外观讲究、性能优异。如德国生产的指甲刀,品种有单开的、多开的，功能有一种或多种的，形式各种各样，档次有高有低，这和德国重视职业培训，人人关心质量是密不可分的。

德国的各行各业岗位上，不论是生产操作还是成品加工，都要有训练有素的、懂得科学知识的、会实际操作应用的员工。如德国农民，必须经过职业教育，持证上岗。德国农民使用的农具不是钉耙、锄头，而是各种现代化的农业机械，耕作、灌溉、施肥、除虫、采收都采用一整套科学的办法，多数不靠一般的手工操作，而由先进的机械化种养来完成。德国人认为，不论担任哪一种工作，完成哪一种任务，"资格"非常重要。这种"资格"，绝大多数靠职业教育来获得。因此，大部分德国家长不会要求孩子一定要上大学，而要求孩子具备一种"资格"。

在德国，职业教育的形式多种多样，各个层次以及它们与普通教育之间，可以交叉和相互沟通。较高层次的职业教育（包括企业及其他各类职业教育机构的培训），必须以接受过较低层次的职前教育（培训）为基础，要有一定的职业实践经验。接受过职业教育（培训）的人员，既可利用已经学到的知识和技能，长期从事相应的职业，也可接受更高层次的职业教育，途径可以多种多样，时间也可以灵活安排。

"双元制"（也称双轨制）是德国职业教育最主要的特点，也是其推行职业教育成功的关键。"双元制"是同时在两个地点，由两个施教主体——企业和职业学校——进行教学，学校教授的课程大约六成是专业课程，四成是普通教育课程。学生一般每周在企业里接受三四天的实践教育，在职业学校里接受一两天的理论教育。企业的技能培训是"双元制"的主体，职业学校提供的教育服务于企业。职业学校的教学任务是用专业理论帮助学员在企业中进行实践培训，加深和补充普通教育。

"双元制"的教育给学生以从事职业所需的知识和技能，是打基础性质的。德国学生，无论将来从事哪一个层次的职业，都以接受过"双元制"教育为前提。这样的职业教育，为德国制造企业提供了大批高素质技术工人，也影响着中小学校的教育课程。在德国小学里，可以看到大量木工课、纺织课、机械拼装课……许多小学都聘请有一技之长的企业或职业学校的人才担任课程教师，指导学生参与职业实践活动。

德国的整个社会(包括行业协会、地方政府和相关部门等)共同关心和支持职业教育,形成合力,推动职业教育健康、快速发展。许多职业协会或行业协会,在学生入学、成长、毕业评价上起到重要作用,甚至可以决定学生的入学、毕业等等。比如,一个父亲想让孩子学习做鞋子,他可以自己带孩子到鞋厂现场学习制鞋。只要鞋厂师傅对孩子满意,鞋厂就可以把他招进来。准入之后,孩子既是学生,也是徒弟,表现情况由师傅说了算。两三年后,孩子只要经过行业协会的考核测试就可以毕业。

德国社会把职业教育视为终身教育,遵循着"培训—就业—再培训—再就业"的模式。在职业学习过程中,他们注重的不是单纯获得学历文凭或证书,而是更注重学会操作应用。

比如,在柏林应用科技大学里,其现代信息技术专业的学生要接触很多编程或应用程序开发项目,要学会编写 3D 打印机程序;机械设计专业学生会接触设计桥梁,要根据桥梁的承重来完成作业,或是设计一辆小型电动赛车,或是制造一台小型挖掘机,所有细节要求完全和真实的一样。参与这些项目,学生不但可以巩固专业知识,也能培养出组织能力和团队协作能力。

所以德国的小学教育强调能力培养。德国的小学教师普遍认为,纯粹的理论学习花费太长的时间,就必然会减少动手实践经验的积累,光学习理论概念而不实践是很难获得知识的。

德国失业率较低,和职业教育的发达有非常大的关系。他们认为职业教育发展好了,就会减少失业率;职业教育发展得不好,许多人就没办法好好地工作,就会失业。这样的认识,也同样为德国小学教育界所秉持,许多德国小学教师认为,并不是所有行业都一定要上大学才会做事,在实践中获得知识更重要,应该让学生有时间在实践中获得知识。

然而,近些年德国人也开始忧虑。职业教育和综合性大学教育越来越不平衡,优秀的学生都去读文理中学,越来越少的学生到职业学校学习。初中和职业学校的生源质量明显下降,有一成左右的学生无法达到初中毕业的水平,基本的数学知识都掌握不好。

德国人认为,一个国家不能缺少做基础工作的人,目前这种状况应该改变。他们分析,出现这样问题的主要原因是欧洲的教学大纲不包括职业教育,周边国家并不一同重视职业教育,这是很大的影响因素,特别是美国、西班牙,不重视引导职业教育。在全球化浪潮下,许多德国年轻人受美国人思想的影响,都想去上综合性大学,不想太早去上职业学校。

德国人意识到这些问题,开始全面推进应用科技大学的国际化发展,欧洲各国纷纷模仿和借鉴德国重视职业教育的经验。尽管国情各异、模式不同,但各国都强调和发挥职业教育在经济发展中的重要作用。

世界上许多人把一个国家的职业教育比喻为"经济腾飞的翅膀""经济发展的柱石",甚至"民族存亡的基础"。德国的职业教育确实处在世界领先的地位,一方面表现在,全球和区域经济一体化进程中,德国职业教育密切结合经济产业发展需求,这对于德国保持产业和人才优势、促进社会发展、提高国家竞争力都具有积极意义;另一方面表现在,德国职业教育衍生出多种多样的教育形式,引发中小学教育重视满足学生个人发展兴趣和社会实践能力的实际需求。德国学生从小就有很多社会实践活动,可以在持续的社会活动中广泛地了解社会,了解生活,清楚自己将来想要什么样的生活,想从事什么样的职业,从而可以有更多真正的追求。

第二节 德国小学课程体系

◇ 德国小学校园环境建设

◇ 德国小学课程与教学概况

◇ 德国学校(小学)全面的教育使命

在德国,无论是公办小学,还是民办小学,校园环境与我国的小学校园环境有明显的区别,特别是学校的围墙、校门和运动场具有鲜明的欧洲地域特点。因地制宜、灵活多样的课程设置是德国基础教育课程改革的特色之一,借助小学的课程表、作息时间安排、学生家庭作业情况等可以总体认识德国基础教育的主要理念和使命。

一、德国小学校园环境建设

德国的小学广泛散落在城市中,学校没有围墙,没有"高大上"的校门,往往只有一扇门或一个简易的人行出入口,学校与社区融为一体。

德国小学的校园里有幽深的树木和缤纷的花草,绿化疏密有致,建筑参差错落。教学楼之间曲径通幽,普遍花木葱茏,移步换景,韵味十足,更像植物园和文化公园。教室、办公室、食堂、花台……角落和空间,处处可见供师生休憩的椅子或凳子。他们可坐可倚甚至可躺,可以满足每个人对自由、安全、闲适和独处的内心需求。

小学的教学楼大部分是三四层楼,教室安排在各个楼层里,有的教学楼屋顶装有太阳能发电设备,有的教学楼是原木平房屋顶,地板上铺着砂石,种着绿树,是休息放松的好去处。在农村地区,教学楼大部分是平房,教室在一层,学生打开门就可以直接到操场上活动。

德国学校并不都有田径运动场,特别是小学,这和我国每所小学都要求建有跑道、足球场、篮球场不一样。然而,几乎每个德国小学的校园里都有一块大空地,很自然地种着树或草地,任由学生嬉戏玩耍。空地上没有保护措施,旁边更不会竖"增强体质"或者"注意安全"之类的牌子。供学生运动的体育运动设备置放在教学楼走廊上或是空地旁边,跳绳、足球等活动都可随时进行。

德国小学很少有大礼堂,也没有可以供几百人同时集会的场所。进行年级集会或全校性集会时常常到食堂餐厅去。重要的活动也只是在用餐的地方或是小会议室举行。

德国的小学一般会按年级设置多个图书室。一、二年级的学生有专用图书室,里面以图文拼读类书籍为主,主要供学生现场阅读。三年级以上的学生使用学校的公共图书室,里面藏存的书籍和一、二年级的图书室有较大的区别,而且允许学生把书借出去阅读,过段时间再还回来。

德国小学的教室一般是固定的，同年级的班级分在同一个楼层里，这点和中国很相似。德国中学一般实施走班学习，学科教师和学科教室是固定的，学生流动到各个教室上课，常常是第一节数学课在东楼的第一间教室上，第二节德文课要到西楼的第三间教室上。

德国的中小学校都十分重视建设学科教室，几乎每一所中学都设有学科教室。各个学科都有彰显本学科特征的专用教室，里面设备齐全，学科工具特别多，按功能清晰地设置集中学习区域和实践区域。比如，德国勃兰登堡州彼得斯哈根市的华福学校，每间教室里的墙上都统一安放着一整套的圆规、米尺、量角器等数学学习工具（图 1-2）。在柏林的伦琴学校，上烹饪、缝纫和通用技术课程的教室，所有工具一应俱全。烹饪教室由一间大厨房和一间理论

图 1-2　学习工具

学习小教室组成；缝纫教室里摆着十六台缝纫机，墙上有棉花、棉线知识的图片介绍；通用技术教室里有车床、铣床、钻床、3D 打印机等，数控机应有尽有。

学科教室建设是深化学校课程内涵建设的关键，是提高课程实施水平、满足课程实施需要的重要保障。德国这种学练紧密结合的做法以理性思维和实践创新为主线，撤去讲台，建设包括核心学习区、思维碰撞区、实验器材区、实验角、亮点展示区等结构合理的区域，努力适应不同课型的需要，满足学生选择性学习的要求，为教师在真实情境下组织教学提供条件，让学生在实践中获取知识，在操作中发展能力。

德国教师喜欢让学生自己动手布置校园,有时让学生对一面墙进行涂画,甚至贴砖,有时让学生把自己的作品贴挂到教室过道上或是走廊墙面上。他们认为,在由学生自己动手布置的校园里学习,学生会更加认真、积极,也更懂得珍惜,不会轻易弄坏。

因此,德国小学每间教室都显得很"乱",墙上贴满教师讲课的材料或学生作品,内容以教师或学生的手工绘画为主。比如,四年 A 班有一面墙贴满关于"与人相处"主题的手抄报,他们在简笔画上加关键字,以思维导图的形式呈现:一只小鸟因犯错被孤立,没有食物,生存于荒芜之境,后来经历险境求生,最终感悟到自己所犯的错误。手抄报由学生和教师共同完成,生动的简笔画和巧妙的关键词让读者在欣赏手抄报的同时,迅速掌握故事的发展脉络,留下深刻印象。墙面上最后一张手抄报的内容是学生的感悟,其中有人写道:"它从自己被孤立以来的经历中,清楚地认识自己应有正确的认知态度,只有乐于迎接挑战、弥补错误,才能求得族群的原谅。"

在德国小学的校园里面,每个人都可以随时停下脚步观赏、思考,甚至发呆。他们有各种师生参与建设校园的故事,有允许师生闲谈发呆的空间和机会,师生的步履不会匆匆,不会是校园各景的匆匆过客。我们时而看到几个同学自由地对着一丛花或者一片叶子在议论,时而看到一个女孩在树底下捧起一本书忘我阅读,也会偶遇上一两个什么都不想、什么都不做,就坐在那里或者站在那里静静地发呆的男孩。德国的老师和学生在校园里不必在乎别人怎么看,也不用担心会被人打扰。这样的学校,可以闻到一种"真正的学校"味道。

在校园环境建设上,我们应该让赏心悦目的自然景观和厚重浓郁的人文氛围交相辉映于校园,取缔成人文化,多一些真正令人怦然心动的东西。我们的学校应该成为真实的、学生能发现自己的小世界,不仅要让每一面墙壁都说学生的话,还要让学生自己来布置校园,组织学生参与校园的规划、建设、命名以及管理,将学生的需要、动机和兴趣置于核心地位,使学生成为校园建设的真正主人。

校园应该处处都可见宣传学生的作品，都反映学生的生活，反映学生的情感世界，整个校园充满儿童的气息。无论是秋冬还是春夏，无论在教室中、楼道里，还是在旗台下、操场上，无论静坐深思，还是蹦跃欢笑，都能展示生命可爱，展示无限的童真、童趣。学生毕业后，回忆起母校，才能够找到值得回味和留恋的地方。这样的校园环境才有情趣，才有内涵。

二、德国小学课程与教学概况

德国小学的校园环境建设优先满足学生的学习需求，课程与教学方面处处以学生为中心，围绕学生的需求设置安排，让教育教学真正适合学生个体。

德国小学各年级的班级数量不等，每班学生数都在 20 左右，最多不超过 25。这样的班级学生数量便于教师清楚掌握每个学生的学习风格和学习能力，依据学生的个体实际，实施差异化教学。

德国小学大部分教室的家具和桌椅都是灵活的，它们装有可移动的轮子，可以迅速重新组合出学习区域，允许学生采用自己感到最舒适的坐姿。其教室座位安排上让学生掌握自己的空间，非常灵活。

在教室里，学生的座位安排和我国相似，大部分是插秧式排排坐，两人一桌。不同的是，他们课桌椅的摆放不像我国学校教室那样整齐划一。学生的座位不是固定不变的，有时候一天变化好多次，比较多的是四个人面对面围坐在一起，开展小组讨论。因为教室空间大，课桌椅少，他们经常移动桌椅，改变成方便对话讨论的形式。这样灵活的学习空间提高了教室空间的利用率，也支持小学生以自己最习惯和舒适的方式投入学习中。

关于基础教育阶段的学校课程，德国联邦政府只在宏观上进行指导和调控，各州历来享有自主设置中小学课程的权利。中小学校也可以结合本校情况并参照统一的课程标准开设适合本校的课程以供学生选修。

正式列入德国小学课程的有德语、数学、外语、伦理、自然科学、体育、艺术和劳作……此外,还有根据学生学习进度而设置的辅导课。德国小学每周课程总数量因年级而异,一般在 19～25 节。一二年级不区分德语、数学等学科的周课时数,三四年级要求每周学习 5 课时的数学。

在同一个州里,小学的作息时间基本相同,一般都是上午 8:00 开始上课,中午 12:15 结束功课,13:00 放学离开学校。每天上午安排4～5节课,在第三节课至第四节课之间有 30 分钟的休息时间,其他每节课都是连续进行的,中间不安排课间休息。

在同一个州,小学的课程表基本相同,一般都是每天上午固定安排一节德文课、一节数学课和半小时的阅读与自由活动,自然常识、体育艺术或是个人行为指导课、计算机课等交替安排。个人行为指导课包括交往沟通能力训练、个体时间管理指导、网上文明教育等,有时也会组织学生进社区或是到森林公园开展实践活动。

德国小学课程除了有德语、数学这两个基础课程外,还有英语、科学、艺术、环保这样的一般课程,每个学校还有特色课程。开设这些课程有助于学生的身心健康以及各方面素养的提高。

比如,柏林伯纳德格尔齐梅克学校开设"艺术素养"课程——艺术和编织课程,内容有图画、剪纸、拼凑玩具和手工劳作。该课程有独立的专用教室,内部装修都用原木、棉麻等天然物品,室内摆设鲜花,营造出自然、宁静的氛围。专用教室里除了笔和纸,还有针织、棉麻和陶泥等。这个课程带给学生快乐,启发学生的创造力,使他们学会美化环境,爱护环境,学会自己制作小礼物和美丽的包装。这个课程没有现成的教材,由教师和学生自己编写教材。

值得一提的是,"木工课"是德国许多小学共同的特色课程,而且很受学生欢迎。有的学校每周开设四节"木工课",其中两节课 90 分钟连堂学习。有的学校会组织整个班级的所有学生都到木工专用教室上课,而不仅仅是兴趣社团的学生,并且要求每个学生都能够娴熟地使用各种工具。

如果我们把学校看作生命体,课程就好比传递主要生命物质的血液循环系统,是学校运行的轴心和品质的基础。德国小学的学校课程大部分以服务学生全面发展为目标,不过度割裂学科课程,注重连续性和顺序性,体现综合化、主体化、生活化的趋势。他们开展的学校教育与社会公共文化机构的公共教育相融,学校课程实景化,有效地拓宽了学习空间环境,让学生在探究、制作、体验中学习,帮助学生个性化成长。

德国小学一般每节课 45 分钟,学校允许教师灵活安排上课时间,不要求每节课都必须上满 45 分钟。德国大部分小学在一二年级进行全科教学,三年级以上开始有差异,不同学校会有区别,各个学校可以自主安排。全科教师经常在一堂课里教两门或更多门学科,比如数学教 25 分钟,音乐教 20 分钟。一节课中,教师教学活动和学生学习活动所占时间的比例也随着年级不同而不同,有的老师讲课和学生活动时间各占一半的比例,有的老师讲课占一节课的 2/3,其余 1/3 为学生练习活动时间,还有的老师讲解时间占 1/2,其余为学生活动时间。

课时是教学组织的基本时间单位。对于课时管理,德国学校充分考虑不同年龄段学生的身心特点,给予适当变化调整,实施弹性要求,这和我国的课时管理有很大的区别。我国的小学,大部分严格规定每一节课的上课和下课时间,不允许老师拖课延迟下课,也不允许老师提前下课离开教室。同一小学的一年级至六年级,每节课的时长几乎相同。不管学科与年级的差异,统一按标准时间执行很容易机械地打断教与学的过程,也不利于学习的有效性。

我们应该鼓励更多的学校灵活管理课时,由内容和方式决定课时分配的形式和结构,而不用固定不变的课时。课时的长度安排应当充分考虑学生的年龄特点以及学习心理、教学内容的选择和分配。我们要基于学生的群体差异及学科差异,开展"灵活课时"的创新实践。

德国小学下午基本不上课,学生都在中午 1:00 放学之后就回家,或是到社区参加活动,部分学生会在放学之后继续留在学校里面参加个别辅导,就像我国小学提供的"课后服务"。留在学校的学生,有的根据自己的兴趣参加社团活动,自由选择参加数学、经济、外语、艺术、室内装修、机器人等各种课程。到了下午四点,每个学生都必须离开学校。

在德国小学,大部分"个别辅导课"和"兴趣课"不收费,但也有一些小学的兴趣课要收费,由校外辅导机构的老师进校组织教学。德国小学没有多功能教室,学校的普通教室这时就会"变身"为各个兴趣组的功能教室。有的学校把餐厅变成体育馆,有的把走廊变成音乐室。校外教师上课需要的教具,基本上由学校提供,比如教师使用的钢琴、小提琴等乐器。

欧洲许多国家都要求六年级以下的学生上学和放学由家长接送,但是德国没有这方面的要求。除了一年级学生因为自主能力较弱,需要家长接送之外,其余年级的学生大部分都是自己到学校和离校回家。

德国小学要求学生每天都自带点心或是午餐到学校,也允许学生自己到学校餐厅购买午餐。学生可以利用上午第三节课和第四节课的间隔休息时间,在走廊上或是教室座位上吃点心,包括面包或水果。每天中午12:15—13:00,是他们自由用午餐的时间。午饭后,可以三五成群结伴在校园的任意角落相促而谈,没有冲跑打闹,都在聊天或讨论。

德国小学生每天会有家庭作业。为了减轻学生的学习负担,各州都在学校法中规定学生家庭作业量。德国规定非全日制学校学生的家庭作业的目的是预习和复习,必须经过教师研讨,老师不能因为惩罚而布置家庭作业。在时间方面,要求:一年级每天作业不得超过15分钟,二年级每天不得超过30分钟,三四年级每天不得超过45分钟,五六年级每天不得超过60分钟,七到九年级每天不得超过90分钟,十年级每天不得超过120分钟,十一年级以上每周不超过360分钟。

此外还规定,周末和假期之内不能给学生布置家庭作业,所有的家庭作业不能作为对学生的评判和惩罚条件。德国人认为周末是学生的休假时间,要实实在在地为给学生提供想象的空间和生活的乐趣。有些州还规定学生的书包重量不得超过体重的1/12~1/10。

德国小学教师布置的家庭作业往往用于准备第二天的学习,或是当日学习之后联结与延伸,并不作举一反三巩固知识用。小学除了德语和数学之外,一般学科平时没有作业。德语和数学两门主科每学期有三次的作业要评分并存档,以便家长查阅。一般学科只有课堂练习,练习答案当堂核对,不评分,只打记号,或画上一个五角星、一朵小花。学生多以获得五角星和小花而自豪,乐意让别人观看。

在德国研修期间,我们对比六所德国小学四年级学生的家庭作业,其作业类型基本相同,每天都有阅读作业,规定当天的阅读内容和要求,且一个星期内只布置一次数学作业和一次默写作业。我们了解到:在现实中,德国小学教师都是按规定布置家庭作业的,偶尔有小偏差。

2021 年 7 月,中共中央办公厅、国务院办公厅发布《关于进一步减轻义务教育阶段学生作业负担和校外培训负担的意见》,聚焦提升校内教学质量和治理校外培训两件大事,针对作业超出课程标准要求、"加班加点"延长学生学习时间、布置机械重复作业、随意增加考试次数等问题实施一系列政策"组合拳"。过重的课业负担严重损害青少年身心健康,减轻学生过重课业负担是全社会的共同责任,政府、学校、家庭必须共同努力,标本兼治,综合治理。学校一定要把减负落实到教育全过程中来,切实推进素质教育。

三、德国学校（小学）全面的教育使命

按管理角度和经费来源,德国小学分为私立学校、公立学校、津贴学校和直资学校四类,此外还有特殊形式的小学,如教会、慈善团体办的学校。不同类别的学校对办学理念的诠释不同,丰富多元。但无论是育人目标,还是课程建设、环境布置、活动安排,处处求同存异,体现"以儿童为中心,以学生为本位"的教育理念,都以"全面的教育"为使命,努力促进学生全面、个性化发展①。

德国教育界人士普遍认为:小学旨在为所有学生提供基础通识教育,要通过小学教育达成基础教育,促进学生知识发展以及人格发展。

---

① ［德］赫尔巴特著,李其龙译:《教育学讲授纲要》,人民教育出版社 2015 年版,第 11～56 页。

小学的使命是为参与社会生活夯实基础,促进人格发展的目的是培养学生的独立、自信、兴趣、学习和工作能力,包括愿意承担责任,与他人互相谅解,按照民主原则解决问题。

德国人对小学教育任务的普遍认识,决定了德国小学任务的多样且全面。就当下而言,小学的任务是帮助小学生熟悉学习环境,在其中调整自己并及时做出反应;就未来而言,重要的是要培养出基本能力,这些能力会在接下来和以后持续的学习过程(整个生命)中发挥作用。

因此,德国大多数小学提出德、智、体、群、美的培养目标,实施"全面的教育"。全面教育的实施不分年龄段进行,多元化、包容化,从幼儿园、小学延续到初中、高中,甚至到大学,一并通用。

"全面的教育"的支持者认为,人的全面发展就是不断地自我改善,促进个人全面和谐地发展,促进个性的整体发展。这要求尊重学生的个体差异,对其进行积极引导,为其发展创造条件,从而使学生形成对自己身份、能力的认同感,对自我的肯定感和对自身价值意义的成就感,进而发展出健全的人格。

从幼儿园到小学,教育环境和教育内容发生很大的变化,使儿童适应这个变化,从游戏的方式过渡到学习的方式,逐步进入自然科学和社会科学知识的海洋,这是在小学开展"全面的教育"的目标。

因此,德国的小学充分考虑小学生接受转变的实际状况,给予每个学生缓冲适应的空间,根据学生个人的条件和能力,向其传授基本知识和技能,帮助学生逐步适应学校规章制度,为其继续学习打好基础,始终保持和激发学生的学习兴趣。

德国的小学不仅根据学生的最初状况来促进他们成长,还不断向学生提出期望,以考试的形式了解他们的学习进度和表现。同时,教师通过可靠的评估,发现学生的潜能,以此为基础了解学生,提供建议。

他们把介绍生活和文化作为小学教学最重要的内容,介绍基本文化知识,介绍接触或了解世界的方法,帮助学生独立自主适应社会,所以小学只有粗略的学科结构。

"全面的教育"意味着小学面向所有适龄儿童,广泛接收学习条件截然不同的儿童。这要接受有人高于也有人低于基础教育水平的事实，还要基于共同的理解，消除不同背景下学习机会不同的不利影响。

差异不仅涉及认知能力，还涉及个人特征。这些差异决定小学里的学生比其他学校的更多样化，增加了教学上的难度，即要求所有人至少达到基本水平，还要针对学生的能力个性化地促进其发展。小学要在这两个方面取得平衡，要让学生有基本的理解力、技能、文化知识，要求小学教师拥有"专业"教学经验，又要是"全能者"。

这些差异，使得德国的小学教师成为"全能者"，以固定责任人的身份担任多个学科的教学。德国小学教师必须有广泛的学科知识准备，以帮助不同学生各按所需进行课程学习。只有在小学完成基础性学习，小学毕业之后才能到其他学校进行更专业的学习，由更专业、高精尖的学科教师继续施教。

在民主、独立、自由等德国核心价值取向指引下，"人的全面发展，人是教育的中心"的教育理念越来越成为德国教育界的共识。各种类别的小学都视"人的全面发展"为办学使命，将学生获得全面的个性的发展视为教育工作的宗旨，让学生持续接受教育。

在有些德国小学，国际学生越来越多，来自不同国家、民族的学生有不同的信仰和习俗，学校管理者一边充分尊重学生的个人喜爱，允许学生染发，戴首饰，一边又对其进行限制，使不过分夸张，要求学生在校必须严格遵守校规校纪。

有些德国小学把学生的个性化发展摆在学校工作的首位，不仅针对有特殊需要的学生，也向成绩优异的学生提供针对性支持。学校一边通过定制有较高水平和更快进度的个性化课程来完成这一任务，一边鼓励成绩优异的学生除了接受通识教育外，还参加特殊的挑战——可以是学习特殊课程和专业学科，可以是在全日制学习下参与更高要求的项目，也可以是参与高校、组织或企业的合作交流。

也有一些学校会带领全体同学、学生家长以及教职员工共同改变传统学习方式，创设崭新的课程理念，开发教学辅助机制，实施"全面的"与"个性化"并重的学校教育。

瓦尔特堡小学位于北威州，这所学校为学生提供丰富多彩的校内外学习活动，十分注重评估学生的学能和对学生后续发展进行跟踪式促进。该小学认为自由劳作是学校教育的应有内容，以开放式课程、融入式课程为基本课程模式，以模型试验和项目教学为常规的教学方法，该校的打击乐课堂、管弦乐课堂、校办工厂等很有特色。

位于德国南部慕尼黑市的安妮·弗兰克市立学校则积极推动女性的学业成长，着力改革传统的教学方式并取得显著成绩。该学校取消班级制，改变以教师为中心的传统教学模式，建立以自然科学、社会科学和语言科学等学科方向为主的学科制，推进全面化的自主学习，有问题的学生将问题连同自己的名字写在黑板上，之后便会有同学主动过来答疑指导。

绪斯特莱仕小学位于德国下萨克森州，该校的日常教学始终关注教育学与教学法特征。学校通过学习日志和学业地图持续记录学生的学习情况并反馈给学生和家长，反馈过程中尤其关注学生的进步，广泛采用参与式评价。教师为学生布置问题导向性的学习任务，关注学生对学习活动的满意度及自我认知；通过促进学生的个性化发展营造积极的学校氛围，使学生在形成和获得多方面能力的同时发展个性。在这所学校里，每个人的积极性都得到充分调动，所有人都乐于为学校的建设和发展贡献力量，学生享受着学习的乐趣。

第三节　德国小学教师队伍建设与发展

◇ 德国教师的基本权利与义务
◇ 德国教师专业学习与发展
◇ 德国教师工作能力要求与评价

　　德国政府十分重视教师队伍建设,精心制定了许多教师队伍管理制度。比如,教师的学历和资历、专职与位职、教师的培训与进修、教师的品德技能以及工作能力的考核评价等,都有比较严格的规定。同时,政府十分注意教师准入和从事该职业人群的物质生活待遇。"进门难,要求严,待遇高"是德国教师队伍建设的主要特点。

一、德国教师的基本权利与义务

德国规定:申请从事教师工作的人最低学历为大学本科,经过两次国家考试合格和学校两年的试用期合格,政府就终身雇佣,享受公务员待遇,免交社会保险。严格的考核,使得德国教师大都有良好的品质、广博的知识、精湛的技能和快捷的效率,有的学校半数教师拥有博士学位。

德国大部分州的教师属于国家公职人员(公务员),由文化教育部统一管理,薪酬由联邦政府财政负担,联邦政府不能解雇教师。德国教师的待遇很高,小学教师工资级别是 A12,中学教师工资级别是 A13。如果升到管理层,工资级别可以达到 A16。德国教育部门 2021 年发展数据显示,在巴伐利亚州,根据教龄等不同,普通的中学教师月收入 72 588美元,还有丰厚的医疗和保险。

近些年,由于柏林的负债越来越大,市政府一方面为了减轻负担,一方面为了调动教师的干劲,实行教师雇员制。柏林地区新招入学校的教师都以合同制形式聘任,允许教师和学校双向选择。雇员制教师的工资待遇比之前公务员身份的教师待遇差一些。除了柏林地区,德国的其他州依然实施教师公务员制。

教师雇员制,把教师推向社会,学校不满意就可以辞退,按合同签约支付薪酬,而不是按公务员的职级支付报酬。他们认为这样做能够更充分地调动教师的积极主动性,按业绩水平支付工资,进行市场化管理。然而,越来越多的信息反映,自从柏林地区的教师不再以公务员身份进行,出现许多人离开柏林跑到别的州当教师的情况,流动量增加许多。柏林地区近几年新雇聘的教师出现整体水平下降的趋势,有些新雇聘的教师未接受过师范专业教育,2021 年大约 3 000 个中小学教师岗位缺人。有些德国教育专家认为,这种现象说明大部分教师更喜欢公务员身份。他们预测,柏林地区可能很快恢复教师的公务员待遇。

德国从 2012 年开始进行退休制度改革,教师法定退休年龄为 67 周岁,男女教师一样。我国于 2017 年推出渐进式延迟退休方案,届时,每年只会延长几个月的退休时间,直到法定退休年龄 65 周岁。

我国的中小学教师的男女性别比例很不平衡,总体上女教师比男教师多。特别在小学,男女教师人数比例失衡的问题更为突出,有些小学教师几乎全是女性。这种情况也同样出现在德国的小学,男性教师只占全校教师的 20% 左右。德国中学男性教师的比例会比小学高一点,这和我国一样。

德国中小学校的师生比约为 1∶10,有的州会低一些,有的州会高一些。总体上小学(比中学)的师生比例更低些。以柏林伯纳德-格尔齐梅克学校为例,这是一所公办小学,2019 年 11 月拥有教职员工 55 人(其中教师 38 人,教育员 17 人),全校 500 多名学生,学生 5 岁(或 6 岁)入校就学,11 岁(或 12 岁)毕业离校。

德国小学的管理人员很少,一所德国小学一般只有 1 名校长、1 名副校长,1 名课程协调员和 1 名教育协调员,剩下的都是普通教师。如果学校的教师人数较多,会安排几个学科负责人。学科负责人相当于我国学校里的教研组长。

以一所拥有 1 300 名学生的公办学校为例,只有 1 名校长、1 名副校长、6 名部门负责人、120 名教师,其中兼职教师占教师总数的 70%。这所学校不仅办学规模大,而且人员精干,办事效率高,精打细算,节约开支。学校充分利用物化资源,高年级用过的教科书,学校以 30%～40% 的价格收回,供低年级学生使用。学校的报刊都由个人订阅,打电话一律个人付款,交通车辆有偿使用,住房费用一律个人承担。学校的后勤工作与教学工作截然分开,完全社会化,由后勤服务公司管理。

德国教师的工作量很大,以柏林地区雇员制小学数学简老师签约的"教师合同"为例,她与学校签订的聘约合同里明确一周工作时间为 25 小时。不同教师签订的合同不一样,简老师的同事就有约定每周工作 18

小时的,大部分教师一周的工作时间为 23～28 小时,年均工作量 1 763 小时。

德国小学实行包班制,一个班由一名包班教师和一两名助教负责主要学科(德语、数学)的教学,这些老师还负责组织午餐、放学等学生在校一日常规管理。这样下来,一名小学教师每天要上五至六节课。数学老师不仅教数学,还要教德语、科学、常识等其他课程,个别老师兼任学校的其他工作。

在这种模式下,同年级的各个包班教师每周会有半天时间进行教学讨论,主要是安排下周所要执教学科的教学内容,涉及班级主题活动、班级环境布置等班务。在这个半天里,班级由助教负责,组织学生阅读或自习。

德国大部分小学一至四年级实施全科教学制度,五年级开始实施分科教学。到了初中,数学教师几乎就只教数学这一门课程,但同时兼着多个年级的数学教学,有时要跨越三到四个年级。

德国小学的部分课程,如音乐、第二外语,学校会根据师资情况聘请专科教师来学校上课。一些特色课程,学校会邀请社会相关技术人才共同开展。比如,把社会上会木工操作的工人请到学校进行授课。德国小学木工课的老师必须自己掌握木工雕刻技术,会操作,是工程师,同时还要接受过两年的师范教育,才能接受学校的聘任。可以说,木工课老师既是专业技术人员,又是教育学专业人员。

我国也有许多学校把社会上公共文化机构的教育内容纳入学校发展性课程和教学计划,通过引入社会文化机构的师资,补充开设可供学生选修的课程,或是在科技节、艺术节等学校教育活动中引入社会文化机构,购买教育服务。学校借助公共文化机构在相关专业领域的优势,确实可以摆脱学校课程建设渠道单一的窘境,设置与教学内容结合互补的活动课程,提高办学品质。如果我们增加家长、社会人才进入学校课程教学岗位的具体要求和规定,完善联结学校与社会优秀人才的机制,社会公共文化机构就会更积极地将自身优质教育资源主动纳入当地学校课程教学计划,与当地学校共同完善国民素质教育体系。

德国还有一支专门为学习困难学生提供帮助的教师队伍——教育员。如果班级里有残障学生，这个班级会配一个教育员。教育员由学校向政府申请，由专门机构派发，教育员的工资由政府专门机构支付。在德国巴伐利亚州，还有一支特殊辅导教师队伍，这些教师专门负责单独辅导班级里的学困生。这些特殊辅导教师并不是残障学生的教师。他们一般是初中毕业或高中毕业之后，到专门培训特殊辅导教师的学院接受五年的专业教育（理论学习三年和实践两年），经过相应测试后上岗，成为国家的公务员。特殊辅导教师的公务员工资比普通教师略低一些。

巴伐利亚州辅导教师教育学院 2019 年招收了三个特殊辅导教师班，每班 20 人，60％的学生来自初中，40％来自高中。这些人通过学习，能为有特殊需要的学生提供帮助。他们主要的专业是数学和德语，同时学习教育学和心理学及相关的教学方法等，要具备耐心、责任心和沟通技巧。

特殊辅导教师并不固定在一所学校开展工作。他们会轮流转到各个学校去帮助那些有特殊需求的学生，有时在课堂里和学生一起上课；有时把学生带出教室，到其他教室进行辅导。他们也上课，可以坐在学困生旁边，也可以行走，有时也会协助授课教师辅导学生做作业。

来自移民家庭或有移民背景的学生通常在学习、家庭作业辅导或复习方面需要帮助，这类学生是特殊辅导教师重点关注的对象。他们会协同学校教师、有经验的志愿者，激励学生，重点辅导这类学生掌握数学和德语知识。掌握好语言对于融入社会至关重要，也是这类学生拥有成功感和归属感的基础。对于移民比例很高的常规班级，有时候会有多个特殊辅导教师，共同辅导他们上德语课或数学课。

在德国的中小学校里，当教师请病假或临时请假，一般由同校教师顶岗上课，或是安排两个班的学生合到一个班级进行集中上课。德国的教育法律规定：每位教师在约定的工作时间之外，每个月还有顶岗代课工作 3 小时的义务。

近些年，德国许多州面临教师短缺的问题。德国教育界人士不断呼吁"要使教师职业更有吸引力"，让更多合适的人来从事这个行业。为达到这一目的,他们努力争取有利和可靠的工作福利,提供高质量的培训和再教育,保证教师职业生涯的稳定与安全。就学校而言,他们和全体教师成员合作,通过共同管理而提高教师的幸福指数。德国还通过家长、学校合作伙伴以及社会公众积极评价教师这一职业。

二、德国教师专业学习与发展

德国小学课时少、作业少、考试松、假期长,但教育出来的学生十分出色,这很大程度上得益于优秀的师资队伍。

德国政府重视教师的高准入门槛,更重视教师的专业学习和发展。为了提高教师的从教水平和职业能力,德国政府制定了《教师教育标准:教育科学》,其中涵盖"教育科学、学科专业、学科教学法"三个学科领域的教师标准和各州通用的对教师教育的学科专业和学科教学法的内容要求。同时,德国政府还出台《有关接收来自其他州师资的流程协定决议》等重要政策,以此来促进教师间的流动。

为了全面提高教师的整体素质,真正落实教育发展的各项决策,德国对教师的专业发展提出不少强制性的要求,如将"大学阶段的理论学习、在中小学的见习和入职后的继续教育"三个阶段紧密地衔接起来,体现出系统性、科学性和全面性等特点。

在德国,准教师都是百里挑一的优秀年轻人,要接受两个阶段的教师教育。第一阶段为三至四年的师范教育以及教育实习;第二阶段为两年左右的学校实践,一半时间在中小学中进行在职培训,另一半时间参加教育主管部门主导的各类研讨班培训。德国不允许专科学历或是职业学校的毕业生直接担任教师,在职教师普遍学历高,小学教师要求具备大学本科学历,应用科技大学的教师必须在相应工业界里工作五年以上,是该行业的技术专家。

教师上岗前一般在大学学习 4 年,主要学习科目包括教育学和心理学。准教师们在大学学习期间就要到中小学校实习,大学毕业之后,每个人要先到学校担任见习教师,时间长达两年。在见习期间,他们要接受很多考试,对于准教师们来说,这是一个比较紧张的时期。

德国的教育界人士认为:如果只在大学里学习当教师,未真正进入课堂上课,不在学校里践行教学法,未亲身尝试一段时间,就无法对教育学和心理学有深刻的认识,就不能了解国民基本情况、学生的来源及特征、政治上的结构、人民的权利等,无法真正实施高素质的教育。经过两年的实习,把知识转成实践,才可以到学校真正走上教学岗位。

新入职的教师往往对教师职责和义务比较迷茫,不知道真实的学生是什么样的,无法预想课堂里会发生什么,不知道自己在学校里要做什么和具体要怎么做,新入职的教师很需要相应的专业标准来引领和实践指导。我国的教师教育主旨是培养高质量的师资队伍,为实现这一目标,要将培养未来教师的宏伟蓝图落实到新教师的培养目标和实践框架中,贯彻到整体的培养活动中,制定并完善专门针对新教师入职的标准,不断细化各项指标,将抽象的目标概念转变为具体的指导行为,为新入职教师在专业上的第一次发展提供有力的保障。

德国在在职教师的专业学习上很舍得付出财力、物力和人力,努力促进每一位在职教师进行终身学习。德国中小学教师的培训模式和方向主要是"多元合作和多样并举"。

德国要求在职教师每年都要参加一定时间的专业学习,进修足够的时间才允许上岗教学。教师培训的主要课程包括三类,即语言方面的培训、对待不同国家儿童教育的培训和学科大纲培训,包括科学技术和教法学法等主题。有时也要参与绩效评估和教学诊断的主题培训,或是处理异质儿童能力培训,等等。参加培训前,教师自己选择时间和课程,再由所在学校的校长协调安排。培训课程由教师提出来并主动参与,不用被"逼"或是被"指定",教师自己觉得哪部分弱,就可以报名参加对应的主题课程培训。

近年来,德国盛行以学校为基地开展在职教师专业培训,关注中小学实践的需要,提高培训的针对性和实效性。柏林地区就有许多教师培训基地校,供教师进修学习。中小学普通教师一般到大学的基地校深造学习,教育辅导员和帮工一般到社会机构组织的基地校深造学习。

德国教师基地校开展的培训,参与方有大学、中小学、地方教育局等,以平等伙伴关系进行,大家互惠互利,共同发展。培训过程采用导师制、行动学习、在线学习等方式,可以针对学生和教师的个人要求、学习进度进行个性化定制,以满足个性化学习需要。

教师是教学过程的主体,教师素质的高低直接影响学生学习质量与课程改革的成果。教师的学历很高,"知识"有了,但"教知识"很重要。教师要有"教"的方法,"教"的艺术。钢琴家与钢琴教育家不同,数学家与数学教育家也不一样。教法与学法是德国在职教师培训课程的主要内容。德国要求教师参加学习时按照具体的培训计划系统进行,应该学会针对学生的具体情况发展自身的能力。

在德国,在职教师组织的培训关注教师教学实践的理性化水平,在培训中重视指导教师不断反思实践,充分利用文献资料等教学资源解决实际工作中遇见的问题,促使教师不断把教学类知识与学科知识、理论知识与实践经验、信念价值观与复杂的学生需求联系起来,提高实践的专业化水平。要求教师从多个层面、视角不断增强学习能力,可以进行跨学科学习,甚至是跨领域学习,可以利用集体智慧促进问题解决,使学习和行动相互转化,工作和学习同时发生。

德国小学教师几乎都是"通才",工作的时候需要兼顾学生的家庭教育指导,需要花时间在"照顾"小学生这样的事情上。为此,小学教师之间就教学问题进行深入交流的机会很少。对小学教师的培训和工作要求,德国特别注重发展其专业教学能力,主要从提高责任感和掌握照顾个别学生的技能两方面展开培训。

德国把参加培训作为在职教师的义务,学校还会安排"教老师的老师"。由本校导师带领不同学科的教师组成学习小组或团队共同促进问题解决,成员中也可能有外来的专家。德国学校对"教老师的老师"有很高的要求。比如,要求他们是教学法的专家,要成为咨询者,接受教师、家长、学生的咨询,每周要安排 10 个小时左右的时间指导有需要的教师。

"教老师的老师"要负责召集教学研讨活动，主导活动流程。德国小学的研讨活动开始之前会布置具体的任务，分发听课量表供教师使用。听课后经常是直接由听课教师提问上课教师，所提问题较为分散，有些甚至与当天的教学内容毫无关系。在这一方面，中国小学教研活动明显有优势，教研主题明确集中，讨论的问题能够得到答案，能够帮助更多的年轻教师发展教育教学能力。

德国的学校不会频繁组织跨校的教师交流活动，校内教师相互之间听课和评课也很少。教研活动的重点是每周一个半天的年级备课讨论。德国学校普遍采取集体备课的形式，每人负责部分单元的备课，由一位教师主讲，其他教师补充。在交流改进的基础上，主备课人完善教学设计和教学辅助资料，存放到学校的资源库，供其他同事使用。

我国的小学教育重视教师对课程标准的执行落实，要求教师要读懂课标，读懂教材，每一节课要经过深思熟虑，充分备课后才能上课。因此，中国教师要花很多精力参加各级各类教研活动，每周都要参加教材研读之类的集体备课或是学科教研活动。

教师是基础教育发展的重要执行者，在课程改革中发挥重要作用。教师的培训不仅是专家、领导的事，也是大家的事，要共同来做。进入 21 世纪以来，基于知识经济时代的客观需要、基础教育发展的新阶段、国家教育改革动向和国际学生水平测试项目的不断更新等背景，我国对基础教育课程进行了深度改革。所有这些都以相应的教师教育和培训为前提，必须在所有地区以实践为导向来规划在职教师的专业学习，更紧密地满足学校教育不断增长的需求。

我国十分重视对教师的培养，出台《教师教育课程标准（试行）》，努力"培养教师教学能力并提高教师培养质量"。我们也不断优化教师培训方式，如师范生毕业之后先到学校实践学习一两年再进入工作岗位，校本培训重视邀请外来专家参与，注重跨域教研，从多视角审视教育教学实践，等等。政府也以制度条令的方式为教师提供培训时间保障，在课程改革中明确教师能力素质标准，使教师能更好地面向未来，持续发展。

三、德国教师工作能力要求与评价

德国实行教师职称晋级评聘制度,但是德国教师职称晋级只依据任职年限,不量化评价教师发表的论文、课题研究、执教的公开课等工作业绩。德国教师没有做课题研究、写论文的义务,只有感兴趣的老师才会去做课题研究或是写论文。

德国教师的专业性一直以来都备受学生和家长的普遍认可,他们认为"教师即是专家"。学校赋予教师较大的工作自主权,教师可以自主选择教学方式和学生评价方式。因此,德国教师的潜能得到最大限度的发挥,学生的个性培养和个性成长也就有了适宜的土壤,能塑造出个性张扬的学生,真正使他们成为"自己"。

在德国,教师工作表现的好坏由校长进行跟踪评价。每个校长要跟踪评价几十个教师,教师对校长负责。州文化教育部每五年会对每个教师进行一次评价,直到教师退休。

每五年一次的教师评价,主要目的是检视教师是否进行终身学习,是不是在不断进步和学习。教师评价由学校委员会组织进行,在州文化教育部门规定的时间内完成;一般包括听课评价、问卷评价、谈话评价。评价之后,需要教师签字表明个人意见。如果不同意评价结果,可以到法庭进行申诉。

德国规定:对教师评价的结果,无论成绩好坏,都不能解聘或是降减教师的薪酬。如果评价成绩优秀,教师有可能获得聘升,比如当学科组长或是学校校长;如果评价成绩很差,教师有可能会被调到另一所学校任教,或是被要求去参加专业培训。

"教师工作能力"是德国评价教师的主要方面,其内容如表1-2①。标

---

① Ausführungsvorschriften über die Beurteilung der Beamten und Beamtinnen des Schul-und Schulaufsichtsdienstes (AV Lehrerbeurteilung-AV LB) vom 12. Juli 2010 (ABl. S. 1185) zuletzt geändert durch Verordnung vom 27. Juni 2012 (ABl. S. 2282)

准"1"，表示优秀等级，指明显超出所需能力；标准"2"，表示良好等级，指略微超出所需能力；标准"3"，表示好等级，指能力符合一般要求；标准"4"，表示合格等级，指符合要求，但略有不足；标准"5"，表示不合格等级，指不能符合一般要求。

表 1-2　德国的教师评价表

	标准内容	等级				
3.1	课程计划：教师根据教学框架计划、教学标准和教学大纲，将课程计划合理纳入年度或半年度计划	1	2	3	4	5
	1.系统地计划学生的学习 2.根据学生能力选择学习材料 3.考虑特殊学生群体的需求和个别学生的学习　情况 4.将教学评估纳入课程计划中					
3.2	课程进度：教师专业基础扎实，根据教学目标和学生情况实施特定的主题内容，培养学生自主寻找解决方法的能力					
3.2.1	专业能力过硬	1	2	3	4	5
	1.根据指导方针和学生情况确定教学内容 2.培养学生找寻方法的能力 3.根据情况让外部专家参与学习过程					
3.2.2	作为整体的一部分，设置透明且结构化的课程	1	2	3	4	5
	1.根据初步学习情况，考虑学习内容的增减 2.设置使学生清晰易懂的重点和目标 3.激励学生，设计以目标、学习和表现为导向的课堂 4.有问题时适当而灵活地掌握课堂					
3.2.3	使用合适的方式和媒体	1	2	3	4	5
	1.使用符合目标和能力水平的方式方法 2.根据学生和内容进行方式的变更 3.注重目标和结果，使用多媒体					

续表

	标准内容	等级				
3.2.4	合理安排时间	1	2	3	4	5
	1.在计划的必要时间内传授课堂计划中的内容 2.将剩余时间巩固学习内容 3.合理安排学习时机投入和效率					
3.3	学习能力评定：教师能够判断和测试学生的学习成绩	1	2	3	4	5
	1.区分不同年龄段,和学生共同评价课堂效果 2.定期测试学习成果 3.分析学生成绩 4.按照合适规则评判学习成果 5.意识到特殊的学习和帮助需求,必要时引入资助措施					
3.4	教师将教育学生的任务视为自己专业的重要组成部分	1	2	3	4	5
	1.明确课堂中和课堂外的教育目标,不断设定规则并行动 2.在学生间保持亲近与距离的平衡 3.不断教授共同生活的规则					
3.5	社交、建议和跨文化能力					
3.5.1	拥有必要的教育和社交能力	1	2	3	4	5
	1.反思自己的行为与思想,必要时意识到自己的错误,以开放的姿态接受批评和建议 2.能够换位思考,冷静地解决问题					
3.5.2	拥有必要的跨文化能力	1	2	3	4	5
	1.有效恰当地在跨文化情境中沟通交流 2.对跨文化持有开放态度 3.对其他文化圈层的人保持基本的尊重和包容					

	标准内容	等级				
3.5.3	能够为学生和监护人提供合适的信息和建议	1	2	3	4	5
	1.恰当地告知学生的学习成绩并提出建议,学习成果和未来可能的学习发展、职业方向等 2.就学校职业、社会问题、技术问题、专业观点和职业培训,分别向法律监护人提供信息和建议 3.参加课堂和特定主体的家长之夜					
3.5.4	善于沟通和批评,以及处理冲突	1	2	3	4	5
	1.能够交流,并根据交流对象合理行动 2.知道解决冲突的办法并加以应用 3.客观合理地表达批判					
3.6	学校工作人员一起合作	1	2	3	4	5
	1.了解相关学校法规并据此行事 2.胜任班级领导者的角色 3.合作并展现团队精神和灵活性 4.积极参与学校项目的制定与实施 5.积极参与内部评估 6.进行与其他教学和教育措施有关的学校旅行、科学探索等 7.在学校委员会和工作会议中发挥作用					
3.7	教师定期参加相关进修活动	1	2	3	4	5
	1.将所学知识带入课堂和教育事业中 2.在学习研讨小组中恰当地传授新的知识 3.参加其他扩展教学任务的进修					

　　除了评价上述"工作能力"之外,德国人还会评价"教师特殊职能的能力",比如评价教师带领实习教师开展学科研讨的能力,评价教师定期接受有关培训主题的进修成果,评价教师是否终身学习、是否将他们学到的东西带入工作中,等等。具体评价内容如下:

　　参与研讨的计划能力——根据实习过程中的整体关联来设计教学内容和工作计划,并考虑实习的核心课程(学科知识和教学法)的最新发展以及总体规划。掌握广泛而深入的学科知识和教学法,系统地计划学生的学习发展,选择有针对性的内容和材料,适当考虑实习教师的需求和经验知识,计划并对实习工作进行评估,得出结论。

参与研讨的执行能力——教师能为模范课堂组织专业研讨会,在训练活动中表现出能营造良好的课堂氛围,设定明确的、问题导向的重点和清晰的目标,其实践过程鼓励实习教师自立,适当灵活地控制学习过程。根据内容选择方法,在学习过程中发挥媒体的作用,确保学习效率提高。

参与研讨的反思能力——教师能将专业研讨会中的内容、结构和方法运用到教学中,根据公开的计划讨论会议的过程和结果,讨论将其用于教学的可能性,反映自己的思想和行为。

参与研讨的评估能力——教师能够评判实习教师的能力,单独提出建议。分析实习教师的能力、知识、成果和适应情况,根据常用规则明确展示课堂的计划、进程以及课后分析的定位,合理评估并报告实习教师的情况。

参与研讨的社交和沟通能力——教师在教学活动中起模范作用,能够与教学对象进行交流,客观合理地提出批评,提供建设性意见,了解解决冲突的方法并进行交流应用,解决问题。

参与研讨的特殊专业能力——整合、批评和解决冲突能力,教师可以清楚地分别出不同的兴趣,能够融合不同的想法,发起并促进教师之间的合作。尊重不同的观点,但要有共同的目标,反思自己的思想和行为,客观合理地提出批评,勇于承认自己的错误并及时纠正。

参与研讨的特殊专业能力——领导能力,以目标和结果为导向,认识并权衡每个决策方案的后果,统一目标和明确协议,用令人信服的方式表达观点,愿意适时做出让步。

参与研讨的特殊专业能力——创新能力,将新知识和新思想带入讨论过程中,提出改进建议,定期了解其职责范围内相关动态,定期参加相应的培训。

参与研讨的特殊专业能力——抗压能力,在压力下保持头脑清晰,保持活跃状态,工作状态稳定。紧急情况下也能保持镇定和头脑清晰,在高压情况下确定优先事项。

　　德国教师不仅要对自己的学科以及学生负责,还要对所在学校负责,要能广泛参与学校建设。比如,定期参与讨论学科技术、教学方法和方法论主题,确保制定正确的、适合的学科课程计划,根据核心课程或教学框架促进学校学科的整体发展。

　　德国评价教师时会考察其"参与学校建设的'专业能力'",要求教师在职责范围内快速执行决议,能有条不紊地开展工作,定期参加相应的培训;支持学校改进教学质量,根据课堂知识,正确地分析和评估教学,定期提供相关教学计划和课堂分析建议。正确执行与教师的职责范围相关的法律法规,向家长和学生解读有关法律规定。做好咨询服务工作,向家长和学生定期提供有关学校设施、课程和学业证明等信息;用多种形式正确回答相关问题,知道不同学校类型和课程的结构、目标、重点及其问题,采取适当措施,以适当可行的方式过渡到其他学校类型和课程中,对青少年的学业生涯提供正确且针对性的建议。

第四节　思考·探究·实践

◇ 不要过早实施分流教育，要加强学业和职业向导教育

◇ 学校要专心教书育人，少些不必要的负担

◇ 教育要崇尚自然与人性的相融

认识德国教育的基本情况是比较中德两国小学数学教育的基础。德国的教育体制、教师队伍情况、学校课程设置和教育理念等，独树一帜，特色鲜明，对照我国现实，我们认为：不要过早实施分流教育，要加强学业和职业向导教育；学校要专心教书育人，少些不必要的负担；教育要崇尚自然与人性的相融。

一、不要过早实施分流教育，要加强学业和职业向导教育

从小学就实施定向阶段教育是德国教育独有的现象。小学四年级毕业时，教师根据学生的个性、特长、行为表现等因素，向家长建议选择何类中学，这种择校方式一直持续到现在。

小学四年级的学生年龄还小，许多人并不清楚地知道自己适合做什么，不适合做什么，没有独立选择的能力。有些学生在小学阶段或许未能发挥出真正的实力，却可能被推荐去实科中学，错失进入大学深造的机会。

德国人把第一次分流时间定在四年级不太恰当。虽然学校提供许多职业和学习导向课程，但不同类型学校之间存在很大差异——中小学侧重于职业指导，高中更注重学习深造。高中学校以外的学生在完成职业培训之后，很少有机会继续学习，也没有高中文凭。高中学校的学生通常不会参加双元制学习，很少有机会参与职业培训，这可能导致一部分学生做出错误的决定并最终辍学。

经济合作与发展组织的研究报告指出：分流制国家的学生因社会经济背景而受到的学业影响要远远大于不实行分流制的国家，越早分流对学生学业影响越大。连续多次的国际学生评估项目PISA测试成绩也证明这一点：德国"过早分流、中学多轨制"的学制结构是造成德国学生国际竞争力低下的原因。

近年来德国人已经意识到这个问题，各州开始改革教育体制，从多轨制的中等学校结构向两轨制转型。具体做法是：将文理中学之外的学校类型（主要是主体中学和实科中学）整合成一体化的学校，称为综合中学或混合中学；缩短文理中学的学制时间，从9年缩短为8年，以便和国际接轨。柏林地区出现越来越多的混合中学，避免学生过早进行职业选择。

目前,30%的德国学生就读全日制学校,但有70%的父母希望后代接受全日制教育。良好的全日制教育能够提供高质量的教学和更好的文化学习机会,能照顾学生的兴趣和经验,培养并激发他们的学习能力和动力。此外,这些学生还有时间进行体育运动,发展音乐、科技能力,个人的发展更有质量。为了避免小学生过早进行分流,增加接受普通教育的时间,德国联邦政府和州政府联合启动"未来的教育和照管投资计划",旨在开办和资助更多的全日制学校,为学生提供在校学习机会。

我国实施九年义务教育学制,学生在初中三年级毕业之后才进行分流,决定进入职业院校或是普通高中学校读书。我国的初中生在七年级至九年级期间会接受广泛的职业规划教育。在不过早进行分流的同时,我们还会在恰当时期进行学业和职业向导教育,这是很好的。我们要继续发挥这一优势,努力做好三个方面的工作。

一是增加学段衔接教育。儿童从幼儿园升入小学后,立即接受比幼儿教育系统性更强的知识,这会挫伤儿童的求知欲和兴趣,不利于其身心全面发展。在小学里,低年级的作业负担、学习评价等教育教学要求不能和高年级一模一样,一年级和六年级应该要有差异,特别是德育工作,要区分实施。福建省厦门实验小学注重"幼小衔接",合理设计小学一至二年级课程,注重活动化、游戏化、生活化的学习设计,从2016年春季开始取消一年级上学期期末的书面考试,改以"游园闯关"形式对学生进行综合性评价,很值得推广。另外,还要结合学生从小学到初中在认知、情感等方面的发展特征,把握六年级和七年级课程深度、广度的变化,更好实现学习的连续性和进阶性。也要充分了解初三年级和高中阶段的学科和学习特点,为学生进一步学习做好准备。

二是评价人的成功不要和其学历背景挂钩起来,无论是普通中学还是职业学校,两种形式的学校都要让每个学生能毕业,让更多的人有前景,有机会工作。无论青少年走的是"学术性"道路,成为今后从事科学研究和基础理论研究的人才,还是走"职业性"的道路,最重要的是,所有学校要提供全面的课程和更多的职业向导机会,以促成学生群体和社会的融合。

三是初中七年级至九年级要更广泛联系所有类型的学校，在此基础上提供系统的、基于课程的职业和学习导向。虽然《中华人民共和国职业教育法》于 2022 年 5 月 1 日正式实施，鼓励和支持普通中小学进行职业启蒙、职业认知、职业体验，我国的初中学校也重视对学生进行职业规划指导、劳动教育，但受职业规划意识淡薄、所知信息甚少、家长意愿主导等因素的影响，许多学生对自己的未来职业都比较茫然，随波逐流。只有让每个学生充分了解所有教育途径、联系机会和支持项目，才能真正做到自己选择而不排除其他教育。这样，学生才可能根据自己的兴趣和能力选择职业，破除迷茫和不知所措，把未来握在自己手中。

二、学校要专心教书育人，少些不必要的负担

作为联邦制国家，德国各州均享有独立的教育主权，可以自行颁布教育法规，据此决定教育机构的形式以及从行政层面对学校进行管理。因此各州地市县都可以因地制宜地发展教育事业，使学校呈现多样性和多元化的发展特点，各具特色。

德国除了每隔几年制定和公布一次核心课程大纲，学校管理、聘用教师、学制安排、教学组织等事宜都由各校董事会和教师自行决定，不会将教书育人之外的"社会职能"施压给学校。这不仅赋予学校更大的办学自主权，也不致于因政府部门机构重叠、程序繁杂而导致学校运行效率低。学校办得好不好由社会说了算，由相关行业组织对学校进行评议。

德国学校可以在法律保障的基础上，根据地域的特点以及基于地域所形成的历史、文化和社会特征进行特色办学，在全国统一的基础教育框架下，为本地的人才培养和社会问题的解决贡献力量。学校有许多制度依据可以促进学生的个性化发展，比如：学生分班分层教学，对"天才"学生进行选拔，安排专门师资帮助学习有困难的学生，带学生到户外全天"探险"，等等。

就青少年教育而言，学校至关重要。每一所学校都有责任帮助学生

做好应对生活挑战的准备,让学生充分发展个性。有鉴于此,学校必须能适时适应社会变化,校长和教师有必要知道学校要提供什么样的课程;促进教育的可持续发展,需要学校全身心教书育人,需要学校发挥集体的主观能动性,以高度的自主性和责任心,既对学生发展负责,又要对社会进步负责,让自主性和责任意识伴随整个办学过程。

减少"社会职能"对学校的"绑架",教师的非教育教学工作负担就会减轻,保证学校可以专心教书育人,保证学校能有充沛的精力落实教育方案,而不是忙于准备供检查考评的文字方案。

近些年,我国各级政府坚持清理不必要的中小学校督查检查评比考核项目,减轻学校负担,激发学校办学活力。如此,学校会把学生视为学校的一切,学校的一切工作都为了学生,学校可以选择多种多样的发展道路,拥有更多可能。学校可以自主构建学校形象与挑选教师,教师有更多机会参与学校发展。学校可以专心传授知识与能力,挖掘学生的潜力,可以针对学生和当地情况来制定教育培养措施,提供科学的学习指导并陪伴学生积极过渡到下一学习阶段,为他们在社会、经济和国家中的独立生活做好准备。

完善和发展中国特色社会主义制度,推进国家治理体系和治理能力现代化,是全面深化改革的总目标。相应地,实现教育治理体系与治理能力现代化,是当前和今后一个时期教育改革的重大任务。在接下来的教育改革以及培养学生能力素养的推进过程中,在政策到位与措施跟进之间架构起联结,需要我们认真研究。

治理本身就具有分权的特质。要实现教育治理的现代化,就必须优化政府与学校的关系。在我国,公办学校是隶属于政府的事业单位,我们要切实推进"放管服"改革,厘清学校的举办者、管理者和评估者等多重角色,使学校真正成为面向社会办学的法人实体。

教育主管部门应该确保学校的教育和服务符合相关的法律和准则,确保配套的教育研究和评价有良好的学术基础,为学校和教学的日常组织提供更多的支持,为校长和教师开展教育教学提供更大的帮助,支持学校教育的持续发展。教育业务指导部门应该在学术和教学原则上,坚持高标准的课程开发和开展各种质量监测、水平考试,帮助学校自主选择适合实际情况的教学方式,提高教育质量。

三、教育要崇尚自然与人性的相融

德国是一个比较唯物的民族,与自然为伍,视自然为生命,如自然般生活,是德国人的生活态度,也是他们的精神境界。在德国,时时处处都可以感受到德国人尊重自然的社会文化氛围及由此造就的崇尚自然与人性相融的教育取向。

在学校的草坪上,或是郊野,或是市区的公园,常常可以遇见在树林丛中成群结队追逐玩耍的孩子,甚至看见一个班级的学生在林间空地玩足球,教师则席地而坐自顾自地看书。

德国家长普遍认为,儿童要有丰富的想象力才有足够的空间去创新。德国家长一般不允许孩子看电视,因为多样化的新鲜事物会减少孩子主动探索的能力,伤害他们的潜力。居家生活方面,他们注重生活化和可操作性,强调亲近自然,通过亲身体验来表达自己的感受。许多德国家长每周至少花半天时间带孩子到野外游玩,培养孩子融入大自然的"野性",在其内心埋下追求善良和美好的种子。

受自然人文科学的影响,长期以来德国人将教育看作文化与历史现象,把"对人的全面塑造"作为教育的核心理念。这一核心理念在德国哲学、教育学乃至制度和法律层面都有深厚的根源,具体表现为:在保障教育公平的前提下,以个性化为依托,协同促进学生的全面发展。

德国学校鼓励学生个性化发展,为学生的个性化发展营造积极的氛围。学校极力维护并利用因生源多种族、多民族背景而形成的多元文化,关注每名学生的成长,不让一个学生掉队。在学习活动和学校事务管理方面,充分调动学生的自主性和责任心,培养学生的民主参与意识,鼓励学生以个人参与或者参加学生议会的形式参与学校事务管理以及参与重大事项决策。

只有充分尊重受教育者的特殊倾向、志趣、需要和才能,才有可能实现真正意义上的公平;只有以公平为根本出发点,受教育者在心理、生理等诸多方面的独特性才有可能得到切实的维护。所谓个性,既指单个人的个性,也指人之集合体的个性,包括学校的个性化和特色化。生源群体的差异、学生个体的差异都是开展教育活动的先决条件,学校教育以异质性为依托,才能为每一个学生的发展做好准备,才能使其各不相同的才能和潜力都得以展现。德国教育的公平性与个性化相辅相成、互为条件,这也是"教育优质均衡发展"的本质追求。

未来的教育是促进人的全面发展的教育,这就要求必须坚持教育是面向生活的事业,将自然社会、校园学习和知识思想紧密地结合在一起,使学校不仅成为知识传递的场地,更要成为自然、社会教育的场所。学校教育应以服务生活为目的,使得学生在发展中变得强大,实现从适应社会生活到实现与自然、社会和谐共处。

2020年伊始,新冠肺炎疫情突如其来。在艰难的闭门居家战"疫"中,广大中小学生像笼中的鸟一样被关在家里。许多学校组织全校师生进行线上学习,利用信息化手段为学生提供学习资源和学习支持服务,帮助解决实际困难,把新冠战"疫"中的"危"变成"机"。这是一段特殊的成长经历,他们改变了往常的生活方式,接受了更多有价值、有意义的教育。大量的学校线上教育课程,都结合国家课程学习和疫情防控知识学习,比如:语文老师开设"阅读'非连'文本,知疫情学防疫",数学老师组织讨论"疫情中的数学曲线",书法老师进行"静下心写好字",政治老师实施"民族的命运肩负在每个人身上"等等主题教学。这些教育课程聚焦健康、科学、自然、社会、伦理等,以主题化、任务型的形式在传承与创新中打破文本知识与世界二者的边界,引导学生从掌握外在的知识技术延伸到能力素养。

有的学校的线上教学课程以"人民战疫"为主题,引导学生关注与疫情有关的人和事,使学生获得关于自我、社会、自然的真实体验,建立学习与生活的有机联系。

教师先组织学生了解疫情背景,鼓励学生围绕"人民战疫,我们在行动"提出研究课题,用研究行动为战胜疫情做贡献,培养学生的社会参与意识。然后组织学生制订研究计划,讨论研究成果的展示方式,关注疫情发展,不断修改完善研究实践,改进研究效果,培养学生的反思意识和收集、处理信息的能力。最后让教师组织学生回顾项目研究预设目标,分享项目研究成果,培养交流能力和分享精神。

疫情防控期间,教师指导学生围绕项目主题展开研究与交流活动,包括:组织学生观看照片(如街头空无一人),出门戴口罩测体温、全市消毒等情景,追问产生这一切的原因;组织学生观看新型冠状病毒科普宣传视频,了解病毒特点;指导优化学生所设计的项目课题、研究方法和预期成果,指导学生合理选择研究方法——观察、查资料、访谈、调查、设计、制作、实验等等;协作学生完成研究成果,用思维导图或者是制作防护手册、手抄报、四格漫画,拍摄小视频等进行表达。学生用多种形式展示项目成果——宣传画、手抄报、书法、诗歌、信等,表达自己面对正在发生的这场全民战"疫"时,是如何去发现、去思考的。最后老师借助博客、微博、微信公众号、美篇等网络平台发布学生的研究成果,为宣传战"疫"助力。

这样的教育,引导学生关注社会生活,体现"教育课程要面向学生的个体和社会"的基本理念,能够增强学生的社会责任感和爱国情怀,体现新时代的教育要"着力发展核心素养,特别是社会责任感、创新精神和实践能力"的宗旨。

疫情带来死亡和灾难,是对人类的无情挑战和考验;抗疫是生命的保卫战,是人类的救赎之旅。此时的学校教育关注书本教给学生之外的更多内容,帮助学生读懂家国情怀、科学理性、公共精神、法制意识等等,让学生领悟生命的卑微、民族的磨难与倔强,学会敬畏、学会奉献、学会担当。有价值的教育就应该如此——既突出学业成绩和课程质量,又突出多元意识、责任担当;既强调学生的个性化成长,也强调不同学生群体的均衡化发展;既强调民主能力、自主意志,又强调协作精神、团体意识;既重视校内生活,也重视课后成长。

第二章　数学课程标准比较

第一节　数学教育的愿景比较

◇ 德国预见的 2030 教育图景

◇ 德国全面促进数字教育行动

◇ 德国统一中小学教育标准保障和提高学校教育质量

课程标准（大纲）是具体学科对国家教育理念、知识观、学习观、教学评价、课程文化的综合体现，是基于学科教育实践过程的经验积累和新认识的具体设计。数学课程标准（大纲）要服从于国家教育培养目标的总体要求，受其制约和影响，其内容要反映社会的需要、数学的特点，符合学生的认知规律。梳理和了解德国对未来社会教育的预判分析，了解其新阶段的教育战略规划和教育质量要求，可以帮助我们更全面地理解德国数学课程标准（大纲）的立意和原则。

一、德国预见的 2030 年教育图景

以"互联网＋"为核心特征的新一代技术革命,正在推动工业社会转变为信息社会,教育也随之发生巨大变化。越来越多的德国人认为:以前德国的教育规划以制定学习目标和明确学生要掌握什么本事为方向,已经不适用。今天的学生要走出教室,摆脱纯粹的知识学习,把世界当作教科书,广泛参与政治、经济、文化、劳动生产等活动,以适应社会的发展。未来的教育要能够带动经济发展,是培养数字人才的教育。

德国联邦教育与研究部在《研究及技术展望 2030》《社会变化 2030》《未来故事 2030》以及最终报告《理解未来、构建未来——德国 2030》中全面描绘 2030 年德国经济社会发展的整体特征,其最大的特点就是处于数字技术的大爆炸时期。数字技术不仅引发第四次工业革命,让德国的工业生产和经济发展进入 4.0 时代,深入社会生活的各个领域,颠覆人们的生活理念和生活方式。具体来说,2030 年的德国社会将在数字技术的浪潮下呈现出四个主要发展趋势[①]。

一是工业 4.0 时代全面到来。2030 年,德国工业将告别前三次重大技术革命,经受以数字化和信息化为标志的第四次重大转型。数字化使工业生产能够实现技术革新,推翻传统的生产模式和商业模式,开辟新的市场和领域。在工业 4.0 时代,智能的信息物理系统将辅助人、机器和物体相互连接,进行直接的、实时的和自主的沟通,形成动态的、实时感知的和自我管理的价值创造网络。此外,由于信息物理系统将产品价值创造链中的所有端点——供应商、企业、服务商和用户——都连接起来,因此用户的个性化需求得到充分的满足,生产和服务变得智能化。用户甚至可以自己动手制造产品,个人制造 2.0 成为可能。

---

① 顾娟、彭正梅:《用教育 4.0 推进工业 4.0:德国教育 2030 战略考察》,《外国教育研究》2019 年第 4 期。

二是行业结构转变加快。数字技术变革加快德国行业结构的转变，IT 行业、企业管理以及市场营销等领域将在数字技术的带动下蓬勃发展，机械制造、汽车生产等领域也将伴随工业产业的转型升级而显示出巨大的发展潜力。与之相对的传统行业，例如金属锻造、纺织服装以及食品生产等领域，由于引入数字化的生产和服务体系，对劳动力的需求将大大降低。行业结构的转变促使人们对劳动者素质和职业技能的要求也随之转变，拥有信息技术和工程技术教育背景的专业人才将更受青睐。此外，劳动者必须普遍具备良好的数字应用能力和终身学习能力，才能应对各行各业不断出现的技术更新及发展。

三是生活、学习智能化和个性化。到 2030 年，人们的生活和学习将会在数字信息技术的广泛应用下变得更加智能和个性化。随着智能计算机代替人决定和工作的比重增大，人们将拥有越来越多的自由来安排工作时间和工作方式。居家生活、交通出行以及医疗卫生等各个方面都将因为人工智能发生翻天覆地的变化。比如，应用软件将会更加全面地读取人的健康数据，提高疾病的防治率；使用家庭机器人和无人驾驶汽车将变成生活的常态。

四是传统教育教学模式受到巨大的冲击。学生无须和教师直接接触便能完成教与学，借助教育数据分析，计算机可以更好地掌握和管理学习的过程，能够根据学生的学习进度安排合适的学习内容，在真正意义上开展个性化的教学。

另外，随着欧洲一体化的不断深入，德国社会的多元性将不断增强。传统的"父母＋子女"的家庭模式受到复杂、不稳定的新型生活形式的冲击，家庭结构呈现多元化的发展趋势，未来家庭生活图景将缤纷多彩。人口萎缩，加上老龄化，导致德国适龄劳动人口减少。德国社会在 2030 年面临巨大危机，即人口结构与工业经济 4.0 发展要求之间的深刻矛盾。这一矛盾主要表现为年轻劳动力与专业性人才，尤其是数字信息技术人才，严重匮乏。人口变化对德国劳动力市场和国家体系的影响很难预料，这一矛盾不能得到有效解决，工业 4.0 就将失去发展动力。

数字化是一场经济变革，更是新一代人类认知的更新。信息技术正在取代人类的劳动,教育落后于技术进步,人类就不能满足工作的需求。解决 2030 年将面临的矛盾危机的根本途径就是教育改革。发展工业4.0,就必须先以数字技术为缰绳,发展教育 4.0,没有教育 4.0 就没有工业 4.0。

为了保障和促进德国工业 4.0 的发展,德国联邦教育与研究部在科学预测 2030 年社会特征的基础上,制定了教育 4.0 发展规划,用教育变革推进工业和社会发展。他们认为 2030 年德国的教育是"在数字技术的支持下,所有人都能享受到适合自己的教育,并且每个人都能获得一切想要获得的教育内容,也就是'所有人＋一切内容'的教育"。正如《未来故事 2030》所描述的那样,教育应该超越人的年龄、性别和民族等因素,所有人都能享受自己期望的、适合自己的教育。

德国雇主联合会在其发布的《展望教育 2030》中勾画了德国雇主眼中的 2030 德国教育体系蓝图——从学龄前儿童教育到学校教育,从职业教育到高等教育,乃至终身学习。该报告认为,无论从个人、经济还是社会角度来看,教育都是德国最重要的资源,呼吁国家建立优质高效的教育体系,不仅传授专业知识,还要培养受教育者的主动性、自主性和责任意识,致力于使年轻人发展完善的人格,成为真正合格的公民。

德国预见的"所有人＋一切内容"未来教育,是基于数字信息技术的广泛运用,激发人的所有潜能,以保证德国在 10 年、20 年之后仍能处于世界领先地位,在全球化竞争中立于不败之地。

"所有人"的教育,指任何想要学习的人,无论其年龄、民族、语言、身体和智力情况如何,都可以在数字媒体和网络平台的帮助下,获得自己需要的学习内容和学习结果。学校使用数字媒体成为常态,课堂教学内容转化为网络资源,供感兴趣的用户调取。借助翻译软件,学习者可以无障碍地分享和利用国外资源,知识可以在全球范围内共享。由于学习内容的网络化和数字化,教师得以更好地协调集体教学和个别辅导之间的关系。有移民背景的学生和需要特殊教育的残障儿童可以更好地融入班级群体,全纳教育真正得以实现。

每个人接受到的教育具有个性化,具有高度弹性。在学校教育中,学习者不仅可以结合自己的兴趣爱好选择喜爱的课程,还可以根据自己的能力和实际情况控制学习进度,安排学习时间,能够通过大数据分析来识别与归类,由此开发出针对不同个体的专属教学方法和激励措施。

"一切内容"的教育,指利用现代化的数字信息技术面向所有人开放教育资源,学习者可以跨越国界、地区和专业领域,获取自己感兴趣的任意资源。自媒体时代的到来让人人都可能成为教育资源的提供者,所涉领域也包含人们能够想象到的各个方面。教育资源这一概念的外延得到扩展,其不再只是由专门教育从业者或教育机构开发出来的教育内容或产品,而涵盖所有承载教育信息的资源。2030年,诸如"开课人数""授课语言"等门槛及障碍将被破除,可供学习者选择教育的范围将逐渐扩大,教育将变得异彩纷呈。

总的来说,"所有人＋一切内容"的教育就是数字网络世界中满足工业4.0需求的教育。这些面向2030年的教育发展战略为未来的学校教育进行了前瞻性的预测,重视技术对学习的变革,使学习与真实生活相连。如此的国家教育战略图景促使德国基础教育、高等教育和职业教育必须变革,包括小学数学教育。

现在出生的孩子,到他们参加工作时,将面对不同的世界。到2030年,单纯地熟知数学知识已经远远不够,学生需要具备批判性思维、问题解决能力、沟通技能、合作技能、创造力和创新技能。今天的小学数学教育要培养学生适应未来学习所需要的逻辑思维能力和批判性思维能力,要培养满足未来社会需要的数学应用和数学创造能力。小学数学课程需要4.0变革规划,小学数学教师也需要4.0发展,为认知科学和技术进步引发的数学教育生态变化做好准备。

德国小学数学界对此做出积极的回应。小学数学教师结合脑科学研究的新发现和前沿技术改善数学教学,基于学生的学习风格和需求定制个性化学习方案,除了读写算,数学教学更加集中于培养学生个性化解决问题的能力,接纳有行为偏差的学生,给予一对一的帮助。从一年级开始统一执行信息化教学,使课堂上数学与信息技术的融合常态化,使物理现实与虚拟现实相混合的数学研究常态化,使数字化的学科课业练习与交互式表达、评价常态化。他们认为,2030 年,德国学校的教学目标就是实现数字化教学,不再或少量使用纸张,每个学生的桌子前都有可以连接网络的设备,每个人都有自己的投影机遥控器,可以随时展示自己想要分享的东西。

德国的 2030 年教育战略图景和我国对教育发展的愿景有许多相似之处。2019 年 2 月,中共中央、国务院印发的《中国教育现代化 2035》提出,推进教育现代化要更加注重以德为先,更加注重全面发展,更加注重面向大众,更加注重终身学习,更加注重因材施教,更加注重知行合一,更加注重融合发展,更加注重共建共享。2019 年 6 月,中共中央、国务院印发的《关于深化教育教学改革全面提高义务教育质量的意见》提出坚持"五育"并举,全面发展素质教育,开创新时代义务教育改革发展新局面。

这些政策都是基于对未来社会不仅需要高素质的数字技术人才,更需要掌握较好的数字应用能力的普通劳动者认识而制定的,它们是我国新时代数学教育的宏观要求,也是数学教育面对"要培养什么样的人、学生离开学校时应达到什么水平、实现教师和家长的什么期望"问题的答案。新一轮科技革命和产业革命正在孕育兴起,重大科技创新引领社会生产新变革,互联网、人工智能等新技术的发展不断重塑教育形态,这一切都说明,新时代数学教育要变革知识获取方式和传授方式,变革教和学的关系,才能培养出能够满足未来社会需要的人。

二、德国全面促进数字教育行动

德国从技术创新、社会变化以及人口结构等角度分析工业 4.0 对劳动者的能力要求,认为未来社会要求劳动者有数字能力、超学科能力和终身学习能力。其中,数字能力被认为决定德国未来社会发展的命脉。

过去数年,为应对数字化带来的结构变迁,德国政府采取了一系列措施,例如制定《数字战略 2025》,确立三个核心目标,即促进经济增长与就业,使人们能够顺当地参与数字生活。德国总理默克尔在迎接 2020 年的新年致辞中将数字化与气候变迁、难民问题一起列为德国当前面临的三大挑战,足见数字化议题在德国政府议程中的重要性。

德国人认为,教育是推动工业 4.0 的根本动力,必须紧握这一命脉,实现自身的数字化。教育不仅要把数字技术作为教育发展的工具,更应该把数字能力培养作为教育发展的目标。他们期望最大限度地推进教育的数字化,以实现"所有人+一切内容"的国家教育战略图景。2016 年 10 月,德国联邦教育部颁布《数字型知识社会的教育战略》;同年 12 月,德国联邦文化教育部长联席会议正式发布《数字世界中的教育》。《数字型知识社会的教育战略》和《数字世界中的教育》共同成为全面促进德国数字教育的行动指南①。

《数字型知识社会的教育战略》提出,德国数字教育行动的宏观战略目标是,通过加强数字能力的培养和深化以数字媒体为工具的学习,最大化挖掘数字教育在所有教育领域的潜力。具体分为五大行动,分别是缔造数字化的教育培训、配备数字化的教育设施、建立顺应数字化的法律框架、谋求教育组织机构的数字化以及利用数字技术深化教育国际化。这些战略目标被统称为"数字化教育世界 2030"。

《数字世界中的教育》从微观战略层面为德国学校数字教育提供了行动指南。具体措施包括学生数字能力培养、师资培育与进修、教育媒介和开放资源以及教育管理和校园建设。

数字能力,指认知数字信息和运用数字工具的能力,在法律框架内制造、处理和反思数据,进而解决工作中的问题和任务的能力。《数字世界中的教育》将学生数字能力培养的目标划分为 6 个方面 22 个一级指标和 62 个二级指标。6 个方面依次是搜寻、加工和保存信息的能力,沟通和合作的能力,生产和呈现信息的能力,保护信息和安全行动的能力,问题解决和行动的能力,分析和反思的能力。这些指标详细地描述了德

---

① 同济大学德国研究中心编:《德国蓝皮书:德国发展报告(2018)》,社会科学文献出版社 2018 年版,第 180~200 页。

国学生在学校教育阶段应当具有的数字素养和信息素养,帮助学生在智能化的社会背景下学习,获得应对职业和生活挑战的能力。

德国全面推进数字教育行动,具体"落地"到基础教育,把"数字能力"作为除读写算之外的第四大必备技能,将其纳入基础教育的国家核心课程标准、各联邦州的教学大纲以及学校的课堂教学之中。职业教育和高等教育也依据自身人才培养的特色帮助学生发展数字能力,研究数字能力的培养。联邦政府密集推出一系列信息化发展规划,投入大量经费并给予许多政策扶持,促进教育管理体系更加高效、便捷。

2018 年 11 月,德国各州文化教育部长联席会议发表集体声明称,"中小学数字教育协定"的磋商之路一切顺利并取得最终结果。这一系列磋商活动为持续扩大德国中小学的数字教育,全面推进德国学生在日常生活领域的数字化进程做出巨大贡献。就学校层面而言,为应对数字化对学校教育发展带来的新挑战和新要求,学校必须跟进技术设施配备,致力于实现数字化世界的教育理念。根据上述协定,在该协议框架下,学校可根据德国全面实施数字教育的时间进程表,参考具体的实施建议进行个性化的规划。有的学校建设数字化校园,实现学校行政、师生和教务管理的数字化;有的学校打造数字化教学平台,学生可以在网上选课、评课、提交作业和考试,进行远程互动;有的学校抓住数字化的机遇进一步深化改革,努力提供好的数字教育产品,增强自己在国际教育市场中的吸引力,学校教育也享有"德国制造"的优良品质和品牌效应;等等。

培养数字能力,并非单独的一门课程就能完成的,每一门学科都可以提供一条增强数字世界生存能力的特殊路径。大部分德国学校以学科课程为载体,将数字能力的培养和课程内容、教学设计有机结合起来。学校要求学生自主和负责任地参与数字世界中的学习,比如适应数字化的学习环境制定适合的学习目标和学习策略,获得自主应用数字媒体进行学习的能力,为终身学习奠定坚实的基础。

许多德国教育界人士认为,帮助教师发展数字能力是学校数字教育行动的中心工作,教师应该是专业教学领域的"媒体专家"。德国学校重视教师掌握基本的数字能力,包括:教师认识媒体及数字化在学生生活中的重要意义,从课程教学设计的角度出发设计出有效的数字教育方案;能够基于学生个体不断变化的学习情况和与数字世界的沟通方式,恰当地运用数字媒体和工具组织教学;能够利用数字化的学习平台,了解关于学习者学习效果的信息,制定出个性化的学习指导方案;能够依据合适的质量标准,从丰富的教育产品及开放的教育资源中选取相应的教学材料支持教学;能够将数字化的教学模式融入专业课程之中,在教育教学需要之时合理使用数字媒体;能够及时了解数字教育研究的新动向,积极提高自己的数字化教学能力;能够借助自己在知识产权、数据安全和保护方面的知识,在法律框架内安全地开展教学,引导学生自主处理个人数据信息及自我行为的能力。

数字素养是新技术环境下,从获取、理解、整合,到评价、交流的整个过程中使用数字资源,从而参与社会进程的能力。拥有数字素养,对个人而言,可以更好地利用数字技术带来的便利;对国家而言,这意味着能够在数字经济时代占得先机。我国正在加快推进信息化时代的教育变革,深化以数字媒体为工具的学习。

2019 年 2 月,中共中央、国务院印发的《中国教育现代化 2035》提出"大力推进教育信息化"。着力构建基于信息技术的新型教育教学模式、教育服务供给方式以及教育治理新模式,促进信息技术与教育教学深度融合,支持学校充分利用信息技术变革人才培养模式和教学方法,逐步实现信息化教与学应用全覆盖。中共中央办公厅、国务院办公厅印发的《加快推进教育现代化实施方案(2018—2022 年)》详细提出推进教育信息化的重点任务,包括:建设智能化校园;统筹建设一体化智能化教学、管理与服务平台;利用现代技术加快推动人才培养模式改革,使规模化教育与个性化培养有机结合;创新教育服务,完善数字教育资源共建共享机制,完善利益分配机制、知识产权保护制度和新型教育服务监管制度;推进教育治理方式变革,加快形成现代化的教育管理和监测体系,推进管理精准化和决策科学化。

在世界各国都在大力推进教育信息化的当下,中德两国都着力探索基于数字化的新型教育教学模式和教育服务供给方式以及教育治理新模式,这为教育与科学技术的深度融合提供了支持。我们要结合自己国家的现实情况,深化数字化教育的行动战略,比如,构建学生数字素养框架,加强数字素养的通识教育。各级各类学校不能只开设信息科学必修课程,应该把数字教育与常规课程融合一体。数字素养的培养不应当以单独的科目实施,应在所有的学科中开展。还要规范全国所有学校所配备的数字化设施,让大家拥有统一的操作界面,方便学生高性能、无障碍地使用,等等。

具体到小学数学教育领域,应当用特定的学习材料、教学方式和实践方式贯彻数字素养教育,在培养数学学科素养的过程中发展学生基本数字素养。小学数学教师应该掌握数字化授课技能,保障线上数字化教育课程不断更新;具备传授数字能力,尽量减少数学学习过程中的数字鸿沟;要基于数字化创新数学教育模式,以互联网等信息化手段服务数学教育全过程,帮助学生增强对数字领域的理解,学会正确对待与使用数字手段,从而使数字技术真正给学生学习数学带来福利。

数字化教育必然重新构建能够适应数字化进程的数学课程体系,必然充分融合数学知识教育、科学技术教育以及媒体数字教育,必然出现跨学科融合的数学新教育样态。因此,我们要更加重视为学生适应未来的技术更新打下理论基础,除教会学生使用数字技术改善数学学习效果,还要培养学生的计算思维和数字素养,让学生为适应社会发展做好准备,使他们有能力主动并负责任地参与未来的文化、社会、政治、职业和经济生活。

三、德国统一中小学教育标准保障和提高学校教育质量

德国从 1997 年开始参加基础教育领域的国际大规模教育评估,德国学生几次参加国际学生评估项目、国际数学与科学趋势研究的测试,

表现均不佳。这促使德国社会展开教育质量的大讨论。许多德国人认为：德国各个联邦州享有教育自治权，教育标准上有许多差异，需要全国统一标准；学校应该采取新举措促进学生群体的学习，一方面要设立高要求的学习目标，另一方面要确立最低学习标准，等等。德国教育界有些人士认为，基础教育纲要以知识内容标准为主，强调学科知识的学习，这才是德国学生水平低于经济合作与发展组织平均水平的主要原因，因此中小学教育体系要改革。

在分析利弊和深刻反思后，德国人把重点转移到开发和制定全国统一的教育标准之上。他们抛弃以知识学习为目标的设计思路，改以能力标准为产出目标，制定基础教育全国统一标准，用统一的中小学教育标准建设行动来保障和改善教育质量。

德国各州文化教育部长联席会议制定和出台的中小学教育标准，系统描述学生在校学习某一阶段的能力和技能应该达到的期望值，用来检验学生在完成一定阶段的学习后是否拥有相应的学科能力。涉及的学科包括德语、数学、外语、科学等，水平分为小学水平（四年级）、中学水平 I（九年级）和中学水平 II（十年级）。中小学教育标准的核心目标是"聚焦学校教育的学科能力取向结果，并保证学校系统内教育标准的统一性与可比性"。具体包括各学科学习领域的基本原则，对具体学科的教育教学要求提出标准化建议，比如"基础教育阶段的数学课程指向学生能力提升"。除了对学生发展的内部目标有明确的标准划分，对外部评估学校也有详细的措施规定，包括年级监测、初级水平测试、中级水平测试等多种基于标准的教育评价配套措施。

"中小学教育标准"成为德国各个联邦州检验学校教育的全国性统一标准，所有州都有义务执行检验，所有的中小学校都以此标准进行教育的改革，所有人（特别是教师、家长和学生本身）都以此标准为指导，这一标准对全德国的中小学教育机构有同样的约束力。例如，针对主体中学毕业生的数学、德语及第一外语的教育标准，用于小学毕业生的数学和德语教育标准，用于初中毕业生的生物、物理和化学教育标准。

近些年来，德国各个州不断优化"中小学教育标准"的具体内容。有些州设立学术研究型教育评估机构——教育质量开发研究所，负责检测学校教育质量是否达标；有些州基于全国统一的"中小学教育标准"，制定详细的"能力导向型"教育质量标准；有些州针对自身学校教育存在的问题，发布《加强数学、自然科学教育的建议》之类的教育指导要求。

以德国巴符州为例，可以管窥"中小学教育标准"在保障和改善教育质量方面的成效。首先，巴符州依据"中小学教育标准"制定了本州的教育计划和学科教学计划，聚焦学生能力培养，落实国家教育标准；其次，在教师的职前培训与职后培养中，围绕"学生能力培养"目标，帮助教师具备四种能力——观察学生、描述学生、评估学生、陪伴学生，围绕这四种能力开展行之有效的教师培训；再次，在学校教学和管理工作中，巴符州的教师要根据教育计划中知识与能力的对应关系开展学科教学，在管理学生和学校事务过程中不断培养自我判断能力、自我管理能力、终身学习能力和社会交往能力；最后，巴符州完善了国家层面的教学质量监测、州层面的学校外部评价以及学校自身的自我监控机制，形成多层级的教育质量保障体系。在整体上构成相互促进、彼此协同的循环改进系统，使得全国统一的教育标准能够在巴符州真正落地，进而有效地保障和改善巴符州学校教育。

在"中小学教育标准"出台之前，柏林地区对于"什么是好学校""好教育的特征是什么"等问题没有共识，因此缺少统一的教育质量评价标准与教育质量评价技术工具，更无法形成完整的教育质量保障制度。随着"中小学教育标准"的重要性日益显现，柏林地区随之进行了一系列教育质量评价制度改革，以应对教育改革发展的挑战。

柏林地区在"中小学教育标准"的框架下制定出"柏林学校质量实施框架"，对什么是"好学校"给出了标准，要求柏林地区的教职人员、学校管理层、教育质量评估的监察人员依据此标准开展教育行动。该框架成为柏林学校质量内外部评估的重要参考指标，为柏林学校的学科教育提供了科学和可操作的质量发展目标和教学产出评估标准。

"柏林学校质量实施框架"分为六大质量领域，包括 27 项质量特征和 75 条具体的指标。质量范围的内容具体如表 2-1[①]。

表 2-1　柏林学校质量实施框架

质量改进的目标和策略	1.1 学校发展大纲 　　1.1.1 围绕学校发展大纲既定发展重点工作 1.2 校内评估 　　1.2.1 现状分析 　　1.2.2 选出意义重大的发展规划作校内评估 1.3 跨学校比较的措施 　　1.3.1 比照州平均水平,总结年度绩效和发展数据 　　1.3.2 和其他学校合作改进质量
教与学的过程	2.1 学校内部教学大纲 　　2.1.1 按目标协调学校教学课程 　　2.1.2 跨许多课程的课堂内容协调 　　2.1.3 系统化地确定跨专业和专业相联的课 　　2.1.4 重视应用和融通能力的教与学 2.2 课堂设计与教师在上课中的行为 　　2.2.1 在上课时促进专业和跨专业能力 　　2.2.2 在授课法、方法论上的和谐性和内在差异 　　2.2.3 促进学生的语言表述 　　2.2.4 在课中按授课法将教学手段和媒介有机结合运用 　　2.2.5 刺激学生自主学习、合作和互相支持 　　2.2.6 尽可能让学生找自己的解决方案,进行阐述和思考 　　2.2.7 清楚的讲课结构和明晰的课堂教学目标 　　2.2.8 充分利用教学时间 　　2.2.9 课中有积极的教学法气氛 　　2.2.10 公平公正地对待学生

---

① Senatsver waltung fuer Bildung, Jugend und Familie. Handlungsrahmen Schulqualitaet in Berlin. Qualitaetsbereiche und Qualitaetsmerkmale[EB/OL].[2019-02-28].

续表

教与学的过程	2.3 绩效要求和绩效评估 　2.3.1 以绩效为导向 　2.3.2 绩效评估中透明的原则 2.4 在教学过程中支持和激励学生 　2.4.1 创造条件促进学生学习和工作 　2.4.2 系统地促进差生和优等生 　2.4.3 有规律地作独特的学习现状分析 　2.4.4 对有特别兴趣和天赋的学生进行激励 　2.4.5 对有特殊教育需求(弱智)的学生进行激励 2.5 向学生提供咨询和陪伴 　2.5.1 当学生有个人或学校方面问题时予以帮助 　2.5.2 以全天的供给陪伴学生 　2.5.3 系统地提供在校学习和职业选择方面的咨询
学校文化	3.1 学校和班级的社会氛围 　3.1.1 学校和班级中积极的行为 3.2 将学校打造成生活空间 　3.2.1 使学校拥有积极的工作气氛和健康的工作条件 　3.2.2 丰富多彩的校园生活和美化学校周边环境 3.3 学生和家长的参与 　3.3.1 学生积极参加学校生活和学校发展 　3.3.2 家长积极参加学校生活和学校发展
学校管理	4.1 校领导的行为和校组织 　4.1.1 校领导的管理行为 4.2 校领导的行为和质量管理 　4.2.1 在学校建立质量管理体系 　4.2.2 协作地共承总责任 4.3 行政管理和资源管理 　4.3.1 高效经济的行政管理和管理财政经费 　4.3.2 开发其他经费来源 　4.3.3 控制经营过程,形成文件材料

提高教师专业水平和个人发展	5.1 根据目标拟定个人发展方向 　　5.1.1 认同学校办学特色、学校的计划和教职工发展规划 　　5.1.2 不断改进授课质量和教育工作 　　5.1.3 协商学校师资进修重点 　　5.1.4 完成日常教学任务 5.2 全体教职工间的工作氛围和沟通文化 　　5.2.1 全体教职工间高效的信息渠道 　　5.2.2 全体教职工的团队合作 　　5.2.3 专业教师和德育教师的合作 5.3 教职工的聘用 　　5.3.1 选择教师和聘用教师与学校发展大纲的重点协调一致 　　5.3.2 利用现有的专业能力
学校的成果	6.1 个人的和社会的能力 　　6.1.1 自信和独立 　　6.1.2 勇于承担责任,有社会责任心和包容 　　6.1.3 作好积极参加社会生活的准备 　　6.1.4 有团队工作能力 　　6.1.5 吃苦耐劳 6.2 专业能力 　　6.2.1 达到专业或学习领域的标准 　　6.2.2 学生专业成绩卓越 6.3 方式方法能力 　　6.3.1 有自主学习和处理问题的能力 　　6.3.2 有使用媒介的能力 6.4 学校经历 　　6.4.1 卓有成效的学校经历 6.5 对学校的满意度和学校形象 　　6.5.1 学生的满意度 　　6.5.2 家长的满意度 　　6.5.3 全体教职工和下属的满意度 　　6.5.4 验收机构和培训企业的满意度 　　6.5.5 公众认知中学校的正面形象 　　6.5.6 对学校积极的总体印象

从"中小学教育标准"和"柏林学校质量实施框架"的具体内容可见，其"标准"目标都有明确的定义，不模糊，均可测量，且每个目标都可实现，都有明确的限期指标。在标准的指导下，德国学校纷纷采取具体措施促进发展，通过内部评估定期审核教师的教育工作成果，包括对跨学校的和全校的教学成效比较，学业成绩测试，学习动机调查等方面的描述与评价，保证学校教育质量能达到全国统一的标准或是州文化教育部要求的水平。

在实践方面上，德国教师遵从质量框架的要求，以教育质量标准为指引，关注学生学习的全过程，以能力培养为导向控制学科教育质量。在学科教学目标中，教师明确提出学生在校学习期间应该具备的学科能力，为学生开展特定学科的学习提供清晰的目标，帮助学生通过学习知识和技能发展学科能力。在设计和检验教学效果时，教师以质量标准提供的目标内容为依据，借助质量标准提供的可参照的水平要求、测评工具及资料，实施自我检视评价，落实每个学生的学习质量发展情况。

教育教学质量是学校发展的生命线，是学校工作的"重中之重"。教育质量检测是学校抓好教育教学质量的主要途径，它事关学校办学的成败。教育质量检测以什么为标准，以什么为中心将直接决定学校教育的整体发展方向，也影响广大教师的教学实践。从德国巴符州和柏林地区执行"中小学教育标准"的实施策略可见，德国由原来的强调内容标准的投入型教育质量控制转向强调能力标准的产出型教育质量控制，以进一步保障和提高学校教育质量，德国教育当局科学设定统一的质量标准，正在推动教育质量的稳定提升。

义务教育质量事关亿万少年儿童健康成长，事关国家发展，事关民族未来。我国正处于加快推进现代化建设强国的关键时期，全面深化教育教学改革、全面提高义务教育质量显得格外迫切。我们不能只停留在总结性评价和鉴定性评价的层面，应该建立以发展素质教育为导向的科学评价体系，优化已有的教育质量标准，突出考查是否坚持全面培养、提高学生综合素质以及办学行为、队伍建设、学业负担、社会满意度等，突出考查学生品德发展、学业发展、身心健康、兴趣特长和劳动实践等。

第二节　课程基本理念与目标比较

◇ 德国数学课程基本理念

◇ 德国数学课程的内容划分

◇ 德国数学课程的年级目标

德国是联邦制国家,教育的治理权分散在各个州。各州自己编制数学课程大纲,作为教材编写者、研究人员和一线教师开展数学教育的指导性文件,为数学教育取得成效提供坚实有力的保障。我们以 2014 年 11 月 28 日德国首都柏林和勃兰登堡州出台的新教学大纲——《柏林 1—10 年级数学课程大纲》(2016—2017 学年开始使用)为例,比较中德两国的数学课程基本理念、内容以及目标,为我国数学课程的改革发展提供建议。

一、德国数学课程基本理念

各州的数学教育质量参差不齐,为了缩小差异,德国的文化教育部长联席会议颁布全国统一的"中小学教育标准",要求各州按照教育标准中提出的能力要求进行反思和修订数学课程大纲。各州积极响应建议,纷纷从"体现全联邦数学教育标准中的能力要求""为教师提供足够的自主设计空间"等方面调整各个年级的数学内容和能力要求规定。

2014 年 11 月 28 日,德国柏林和勃兰登堡州出台新教学大纲——《柏林 1—10 年级数学课程大纲》,于 2016—2017 学年开始使用。新的教学大纲将 1—10 年级的学习内容划分成 A—H 共八个阶段,其中一二年级需要达到 B,三四年级需要达到 C,五六年级需要达到 D,七到十年级跨度较大,每上升一个年级都需要跨入一个新的阶段。将一二年级划分成第一教育单元,三四年级划分成第二教育单元,五六年级划分成第三教育单元,七到十年级各自划分为一个教育单元。

我国《义务教育数学课程标准(2022 年版)》将"六三"学制九年的学习时间划分为四个学段:第一学段(1—2 年级),第二学段(3—4 年级),第三学段(5—6 年级),第四学段(7—9 年级)①。从课程结构而言,除了课程类型和课时比例安排有差异,两国数学课程标准都表现出整体性和发展性等特点,也都涉及综合性和均衡性之间的关系,淡化传统意义上小学与初中的区分,强调根据学生数学学习的心理特征和认知规律,突出学生生理和心理的阶段性特征、相应年龄与年级之间的对应与划分。

遵循德国国家教育培养目标的总体要求,《柏林 1—10 年级数学课程大纲》以及其他州制定的小学数学课程,都把"除了传授具体的数学知

---

①   中华人民共和国教育部:《义务教育数学课程标准(2022 年版)》,北京师范大学出版社 2022 年版,第 11—12 页。

识以及工作方式以外,还要传授有关思维过程和决策制定的一般性观点"视为数学课程的核心任务。他们认为小学阶段是各级各类教育的共同基础,数学教育为培养身心全面健康发展的人奠定基础。

德国数学教育界普遍认为,学生掌握数学方法最有价值,这是由人类知识增长的无限性与个体获得知识的有限性之间的矛盾决定的。他们希望数学课程能与现代公民的日常生活紧密联系,以"能力"作为课程质量产出的主要评价对象,学生在拥有数学能力后能够在未来的工作与生活中获益。这样的数学课程价值观与我国有较大的区别。我国数学教育界普遍认为,数学课程除了具体知识和技能的教学,更重要的是数学思维方式与数学精神的培育,终极目标是培养学生数学的核心素养。当今的数学,其科学形态和文化形态交相辉映,越来越多样化,我国的数学教育界专家们希望通过数学课程引导学生全面感悟这丰富多彩的"鲜活"的数学,在这样的数学学习中获得生动的、多样化的发展。

《柏林1—10年级数学课程大纲》在对教师数学教学指导建议中提及:数学教师参与儿童的一般发展、教育和培养,在数学教学过程中,应该激励儿童尽可能地发挥数学能力,促进学生数学能力的发展。他们以"学生学习过程的表现"来区分不同的数学能力水平,不仅对学生在学习数学的过程中应该掌握的能力提出详细的要求,还对学生小学毕业时应获得的数学能力做出规定。这些数学能力包括数学论证能力、解决问题能力、数学建模能力、数学描述能力及关联能力。

数学论证的能力,包含学生对形势情况的判断分析,提出猜测以及能够为猜想提供合乎逻辑的依据。他们将"数学论证能力"划分成四个层次,依次为:能够提出与数学相关的问题,比如有什么、怎么变化、是一直这样吗,认出问题之间的关联和结构,提出数学情境下的假设,做出合理易懂的解释;能够列举数学论证的例子与反例,提出数学陈述的相关问题,进行验证;能够根据已知论点论证未知问题并进行数学陈述,同时采用多步骤论证法;能够找出、描述和改正自己的错误,根据运用情境得出相应的结果,进行思辨性的提问与验证。

　　当学生遇到问题缺少直接的解决方案,需要自己思考或挑选时,解决数学问题的能力就必不可少。解决数学问题能力,指使用特定的策略及不同的呈现形式来解决问题。他们将"解决数学问题能力"分成三个层次,依次为:能够在无常规算法的时候,自主运用数学知识与能力完成任务并提出问题;在解决问题的时候运用启发性的措施,发展和运用解决问题的办法;认识到事物之间的关联,能将这种算法运用到同类型的事例中,正确描述解题步骤,合理验证结果的正确性。

　　数学建模过程中,分析研究实际情况并用数理概念来说明。他们将"数学建模能力"划分成两个层次,依次为:能够从各个事例中提取信息,分析和简化现实情况,将现实情况转化为数学语言,在数学范畴内解决相关问题,从而为研究现实情况建立相应的数学模型;将现实任务转化为项、算式和图形,从出发点验证数学算式和结果,进而将不同的现实情况归结为同一种数学模型,合理解释数学模型。

　　数学模型中的解决方案往往需要根据实际情况进行阐释和表述,学生要能灵活地运用语言表达(比如书面表达或口头描述)、数值表达(比如表格)、图像表达(比如函数图像)、字符(特别是项和方程式)。他们将"运用数学表达能力"划分成三个层次,依次为:能够在解决数学问题和情境时选出并运用合适的数学表达,有目的的转换数学表达;转换表达方式,将一种数学表达应用到另一种;比较不同数学表达,评价和解释数学表达。

　　数学的符号、方法及工具元素可以系统、简短明了地描述数学间的相互联系,也可以减少过多内容的重复。对数学符号、形式和技术的运用及处理能力指可以准确地处理变量、项、方程式、函数、图像及表格,以及使用例如计算器、公式或软件之类的工具,并对所使用的算法和工具做出反应。他们将"处理数学符号、形式和技术的运用及处理能力"划分成三个层次:能够用图表、项、算式和树状图表示现实情境和处理数学问题,能将符号语言转化为自然语言,将自然语言转化为符号;采取合适的计算方法,将数学过程常规化,根据其效率评价解决和控制程序过程;根据现实情况选择数学辅助工具,灵活运用。

数学或运用数学进行交流的能力,包含对数学相关信息的接受与传达(包括听说读写),在解决数学问题时,口头和书面表达是组织与阐述思路的主要手段。他们将"数学交流能力"划分成四个层次,依次为:能够自己写出答题步骤,理解别人的解题过程和识别共同的解题步骤,根据叙述对象来描述数学关系;能从相关事件和别人陈述中提取相关信息并针对这些信息展开交流,捕获、分析和评估数学表达形式与未经编辑的真实文本中的数学信息;能根据现实情况中解题步骤的描述运用数学专业概念和符号,运用专业语言和合适的口头或书面媒体呈现数学关联;共同解决问题,与别人建立规则并共同遵守、共同解决。

《柏林 1—10 年级数学课程大纲》建构了完整且层次分明的数学能力模型,模型里的六种数学能力及其水平都环环相扣、螺旋上升,具有很强的可操作性。构建好的数学能力模型对于德国数学课程大纲的重要性,就犹如我国《义务教育数学课程标准(2022 年版)》提出的"小学阶段,核心素养主要表现为:数感、量感、符号意识、运算能力、几何直观、空间观念、推理意识、数据意识、模型意识、应用意识和创新意识"的核心地位。两者都反映课程内容的核心思想、体现课程内容的主线,是课程内容与课程目标有机关联起来的脉络,均突出课程内容的本质。它们既是数学课程内容的核心和聚焦点,也是数学课堂教学的目标,更是数学教师落实数学教育根本任务的着力点。

数学是人类文化的重要组成部分,有重要的文化功能——培养发展人的思维能力特别是理性思维能力。德国和我国的课程标准(大纲)有相同的地方,比如都把培养数学思维能力作为数学教育的主要目标,要求学生在学习数学或解决数学问题的过程中,能进行"直观感知、观察发现、归纳类比、空间想象、抽象概括、符号表示、运算求解"。

数学思维能力指在解决数学问题时能够与理解、记忆、加工、存储和外在的具体演绎相互结合并共同考虑。在这一主要课程目标之下,中德两国的课程标准(大纲)均提出,"学习过程不仅是接受知识,而且要善于发现问题和提出问题。学生要学会数学思考,具备提出、分析和解决数学问题的能力"。两国的课程目标部分都要求学生能采取正确的数学策略和方法解决在数学或其他情景中出现的问题,在解决数学问题时相互交流,学会质疑、发现问题和提出问题。

　　数学交流是中德两国课程标准(大纲)着力发展学生数学素养的路径,它包含两方面的内容:一是要求学生善于与人交流,敢于表达自己对于数学方面的观点和看法;二是要能够清楚地解释或阐述自己解决数学问题的方法、过程和结果。数学创新是中德两国课程标准(大纲)对传统数学学习方式的变革和挑战,要求学生有独立探索和思考数学问题的能力,要求学生独立探究未知,敢于思考,敢于尝试和发现新的数学问题并能解决问题。

　　由于教育思想和培养目标有差异,德国数学课程大纲的基本理念与我国《义务教育数学课程标准(2022 年版)》必然存在差别。德国数学课程大纲强调学生的学业成功取决于能力发展,数学课程要以"问题为本",先有解决问题的能力,然后再掌握一般的数学知识原理。因此,他们非常重视培养学生的知识应用能力,明确提出具有数学地解决问题的能力是基础数学教育课程的核心任务。除此之外,他们还提出数学批判和评价能力,要求学生能够批判地理解数学真理或命题的推论过程,能比较并批评不同的解决问题方案。

　　从《柏林 1－10 年级数学课程大纲》可见,德国的小学数学教育既具有东方传统重视知识体系架构、重视基础知识学习、重视教师作用的特点,也有西方教育重视学生自主探究、强调合作学习、培养创新能力、尊重个性发展的特点。分析德国数学课程基本理念,探寻他们对数学课程、数学课程内容、数学教学以及评价等方面的认识、观念和态度,研究他们制定和实施数学课程的指导思想,以及教师以课程基本理念为指导树立的数学教育观念,可以更好地解读德国小学数学教师的教学行为和深入了解德国数学课程改革发展趋势。

二、德国数学课程的内容划分

课程内容基于特定的教育价值观及相应的课程目标,"选择什么样的课程内容才最有价值"从来都是教育必须正视的根本问题。我国《义务教育数学课程标准(2022年版)》以课程的基本理念和课程目标为依据,根据多学段的划分,安排"数与代数""图形与几何""统计与概率""综合与实践"四个学习领域,规定各部分知识具体版块的内容范围和标准。

关于课程内容,德国数学教育专家认为"数学能力的培养往往与现有的知识理论有关,并且始终受数学内容的约束","数学学习能力的发展贯穿于一年级到十年级的每部分内容之中,学生在学习过程中表现出来的能力标准对于数学课程内容的难易程度分配起着重要作用。反过来,数学学习过程中能力标准的划分取决于数学内容的主题、复杂程度和要求范围,并且可以在每个阶段和每个思想上以各种形式进行证明"。

受社会、学生及数学课程大纲目标的影响和制约,《柏林1—10年级数学课程大纲》先从"学习过程中能力标准"全面阐述课程的总目标,再把"学习过程能力标准"与"知识内容划分"进行对应,安排了"数字与运算""量与测量""空间与图形""方程与函数""数据与概率"五个部分内容。

把宏观的数学能力作为划分课程内容维度的依据,再通过课程内容维度反映与之对应的具体能力水平,可见德国人不仅关注学生的知识掌握,还关注学生知识掌握的过程和能力达到的水平。更重要的是,他们对课程内容的划分不仅按年级来进行,还按学校类型,不同学校的同一年级的课程内容水平要求不一。

表 2-2 一至十年级的课程内容水平要求

年级	1/2	3	4	5	6	7	8	9	10
小学	A/B	C	C/D	C/D	D/E				
学生按照侧重点学习		B/C	C	C	C	D	D	D/E	D/E

年级	1/2	3	4	5	6	7	8	9	10
综合性中学						D/E	E/F	F/G	G
高中文理中学							E	F	G	H

　　课程内容学习水平从 A 级到 H 级依次顺序是从简单到复杂,每个字母对应年级要获得的学习水平,先前级别的学习内容掌握后才能进入后续阶段。三四年级的课程内容对于入学阶段或早期阶段学习要求必不可少,五年级的课程内容要照顾从小学顺利过渡到综合中学、实科中学或文理学校的需要。

　　课程大纲针对不同学校的学生设置不同的课程内容,且有所差异。综合性中学或文理中学同年级学生的课程内容不一样,真正体现"不同的人在数学上获得不同的发展"的理念。

　　课程内容是实现课程标准(大纲)培养目标的载体,对数学能力发展起着重要的作用。能力的培养过程比较长,学生学习后能够达到什么水平与课程内容中相关的数学能力锻炼息息相关,与课程内容的划分标准相关。课程大纲(以 1－6 年级为例)五个部分的课程内容按水平要求划分。

表 2-3　"数字与运算"水平要求

水平	数字概念	运算概念与计算方法
A	十以内的小数	加减法
B	100 以内的自然数	100 以内整数的加减乘除
C	1 000 000 以内的自然数	1 000 000 以内整数的计算和运算规则
D	分数	分数的基本运算
E	有理数	有理数的基本运算
F	乘方	
G	实数	实数的运算、乘方运算
H		根,对数和乘方的运算

表 2-4 "量与测量"水平要求

水平	大小概念与测量	尺寸大小计算
A	生活里的量具,长度的比较	——
B	测量与读取数值:钱、时间、长度	同一单位内的求和与求差
C	大小单位与子单位:钱、时间、长度、面积	通过加法求平面图形周长
D	面积与体积的大小单位,不同单位的角度	矩形周长,长方体体积
E	单位换算	三角形、矩形和圆形的周长与面积 勾股定理 直棱镜与圆柱体的体积和表面积
F	从毫到千的单位	复合体的体积与表面积
G	从纳诺到兆兆的单位	三角形的角度与边的关系(正弦、余弦、正切、正弦定理与余弦定理)
H	弧度和角度大小	斜棱镜、斜角锥和斜圆柱体的体积

表 2-5 "空间与图形"水平要求

水平	几何对象	几何图形
A	了解生活中的平面图形和几何对象	对象的位置变化 根据指示移动
B	几何对象的标志(球体、长方体、三角形、四边形、正方形、矩形、圆)	
C	四边形:平行四边形、梯形、筝形、菱形 对称图形 正六面体网和长方体网	几何对象通过旋转、反射和位移产生的面积或体积大小变化
D	三角形角度定律 立方体和长方体的斜切面	平面全等图形
E	三角形绘制(三角形全等定理,泰勒斯定理) 三角形里的特殊线 直棱镜和圆柱体	按比例放大和缩小对象

续表

水平	几何对象	几何图形
F	生活中的复合体,正方四角锥	在几何软件的帮助下学习几何图形
G	复合体,直圆锥,角锥和球体	几何体的绘制
H	几何对象特性的根据	——

表 2-6　"方程与函数"水平要求

水平	项与方程式	配方与函数
A	小的集合	对象与模型
B	项与含有单一运算的自然数简单方程式	对象与模型
C	项与含有多种运算的自然数简单方程式	配方与模型的规则
D	项与简单分数方程式	直接按比配方
E	一次方程与有理数比例式	间接按比配方
F	一次方程组	线性函数
G	二次方程	二次函数与三次函数,指数函数
H	乘方方程式和指数方程式	绝对有理函数和反函数

表 2-7　"数据与概率"水平要求

水平	统计数据	计数策略和概率
A	对事物的认知,分类与对比	骰子实验
B	提取和描述生活中的数据(线形图、柱状图)	对组合题中的不同规定进行列举
C	不同的数据描述形式(表格、图表、示意图、文字说明)	系统研究组合问题的可能性简单随机试验的实施
D	对数据的整理与展示(最大值、最小值、极差)	直接按比配方

续表

水平	统计数据	计数策略和概率
E	对数据的提取:绝对频率和相对频率、算术平均值、模态值、中位数	相对频率与概率的关联 计算简单随机试验的概率
F	通过电子制表软件提取数据 不同的表达形式,包括箱型图	
G	对数据调查进行计划,执行与评估 展示并说明所得结果	有/无保留条件(树形图、路径规则、模型)的多阶随机试验中的概率
H	分析与阐释均值与参数	借助阶乘和二项式系数得出结果

研究其课程大纲的内容,需要从数学视角、教育视角和学生视角出发,结合社会科学技术发展的要求、数学改革发展的历程及实际需求来进行。

建构主义者认为"知识是心理主动建构的产物",知识是对外开放、复杂多变的现实解释,是封闭、稳定、系统的客观反映。知识是过程而非终极真理,在学习者与环境相互作用的过程中发展起来。受建构主义知识观的影响,德国课程大纲非常强调数学知识结构的核心是培养学生对知识的态度和获得知识的能力,充分协调各个年级的课程内容,使得数学课程的学习能够循序渐进、层层深入。

数学学习的内容要依存于学生,是整体对自然、人类和社会的统合解释,不能简单地划分。课程大纲不仅提供数学的基本事实与概念等"硬知识",还注重提供"软知识",让学生获得"方法的知识"和"个人经历的知识"。传授的学习方法是知识的"软件",将事实、概念联系起来,组成知识结构的系统或科学。对于数学教育而言,真正的课程内容就是以这种理念为标准开展探索和揭示真理,使学生获得支配数学知识的力量、意识、技能和方法。

三、德国数学课程的年级目标

　　数学课程目标是教育目的和教学目标的承上启下,前者体现教育方针总的培养目标,后者是单元、章节和课堂教学的预期目标。德国课程大纲认为学生学习数学应达到的核心目标是"学生数学能力的发展",有三个部分:一是学生借助数学的帮助,认识与了解自然科学及社会文化现象并对其进行探索与分析,用数学的视角对它们进行判断评价;二是学生自己能够认识数学术语,包括数学符号、图像、表达及公式,对它们有系统的认识,能用它们来描述与解答数学问题;三是学生能够结合数学问题与日常生活中遇到的问题,提出有独创性的想法,自主阐明解释与辨析问题的能力。

　　我国《义务教育数学课程标准(2022年版)》对课程的"总目标"表述为三点:一是获得适应未来生活和进一步发展所必需的数学基础知识、基本技能、基本思想、基本活动经验;二是体会数学知识之间、数学与其他学科之间、数学与生活之间的联系,在探索真实情境所蕴含的关系中,发现问题和提出问题,运用数学和其他学科的知识与方法分析问题和解决问题;三是对数学具有好奇心和求知欲,了解数学的价值,欣赏数学美,提高学习数学的兴趣,建立学好数学的信心,养成良好的学习习惯,形成质疑问难、自我反思和勇于探索的科学精神。简要地概括为:通过义务教育阶段的数学学习,学生逐步会用数学的眼光观察现实世界,会用数学的思维思考现实世界,会用数学的语言表达现实世界(简称"三会")。"学段目标"是根据四个学段学生发展的特征,描述总目标在各学段的表现和要求,将核心素养的表现体现在每个学段的具体目标之中。

　　德国课程大纲并不按"教育单元"(类似于我国的"学段")来阐述具体目标。其课程大纲的第二部分介绍"数字与运算""量与测量""空间与图形""方程与函数""数据与概率"五部分的知识内容,第三部分以年级为单位规定各内容对应的具体目标,联系证实第一部分提出的总体目标。

  课程大纲规定 1—6 年级的课程阶段目标是：数学需要生活化的研究发现与行动，根据年龄来探讨数学角度的潜能与限制；学生根据以往的学习经验，探索各种关系与结构，掌握术语，找到合适的表达方式；这为学生进行结构化思考以及获得日常生活所需的数学技能奠定坚实长久的基础，为数学学科的进一步、可持续的学习创造条件；在小学数学课上，学生应掌握数学教育的基本技能，为中学的学习和往后的数学研究打好基础。

  课程大纲对五部分内容的整体目标可以概括为：数字与运算包括数字的表示与排列，对数量关系的描述，对计算方法的运用及对运算概念的培养；量与测量包括尺寸与单位的概念，对尺寸的测量计算与在实际情况中的运用；空间与图形包括对几何对象特性和其之间联系的描述，对几何对象本身的描述和几何图形的使用；方程与函数包括项与方程式的表示，求解方程与方程组以及配方还有函数的使用；数据与概率包括数据的收集，表示与评估，计数策略的应用和计算概率。

  以课程大纲中 1—6 年级课程内容的学习目标为例。

表 2-8   数字处理

	数字表示和呈现	数字排列	数字之间关系描述
同学们能够：			
1—2 年级	认识小的数字	比较较小的数字	分解集合
3—4 年级	100 以内自然数	100 以内自然数比较大小	100 以内自然数之间的关系
5 年级	1 000 000 以内自然数	1 000 000 以内自然数比较大小	1 000 000 以内自然数之间的关系
6 年级	所有的数字（包括分数）	所有的数字（包括分数）比较大小	所有数字之间的关系（包括分数）

表 2-9　算式概念和简便运算

	列出算式	简便运算
同学们能够：		
1—2 年级	列出加减法算式	加法运算时交换加数的位置
3—4 年级	100 以内自然数四则基本运算法则之间的联系	100 以内自然数根据情况运用四则运算的简便运算和规则
5 年级	1 000 000 以内自然数四则基本运算法则之间的联系	1 000 000 以内自然数运用四则运算的简便运算、过程、方法和规则
6 年级	四则运算法则之间的联系（包括分数）	自然数运用四则运算的简便运算、过程、方法和规则（包括分数）

表 2-10　量的概念和测量

	量的概念和其基本单位	量大小的测量
同学们能够：		
1—2 年级	将日常生活情境与测量工具匹配	直接比较不同物体的长度
3—4 年级	区分金钱、时间、长度的量的概念以及他们的基本单位	长度测量，读时间
5 年级	区分不同的量以及其基本单位	量的测量（包括面积和大小）
6 年级	区分不同的量以及其基本单位（包括面积、体积和角度）	量的测量（包括体积和角度）

表 2-11　现实情境下量的计算

同学们能够：	
3—4 年级	金钱、长度、时间在同一单位内进行计算
5 年级	量的计算（数量在不同的单位内进行计算）
6 年级	量的计算（面积、体积和角度的计算）

表 2-12　几何图形

	描述几何图形和其特征	描述几何图形之间的联系	几何图形的呈现
同学们能够：			
1—2年级	识别生活中的几何图形	描述真实物体的空间关系	描摹选出图形形状和同样的形状
3—4年级	区别选出的几何图形	描述几何图形的空间关系	画出选出的几何物体
5年级	通过其特征描述选出几何图形	描述选出的几何图形之间的关系	建立选出物体的模型，画出类似的几何图形
6年级	更多的几何图形特征描述	描述几何图形（包括角度）之间的关系，并将其系统化，以便以后运用	画出几何物体的外形和类似的几何物体

表 2-13　几何图形的映射

	几何图形的映射以及其特征的运用	画出几何图形的映射
同学们能够：		
1—2年级	认出全等图形	实行移动指令
3—4年级	口头描述空间范围内的移动	平面和空间内的位置移动
5年级	识别全等映射	几何图形的位置和大小变化
6年级	描述并运用全等映射的特征	全等映射

表 2-14　项和方程

	项和列出方程式	解方程式
同学们能够：		
1—2年级	给出不同的数字和项的归类	不同量之间的比较
3—4年级	项和方程的一种运算	解较为简单的一种运算的方程式

	项和列出方程式	解方程式
5 年级	项和列出方程式(包含四则运算中的多种运算方式)	解简单的方程式(包含四则运算中的多种运算方式)
6 年级	项和列出方程式(包括分数)	解简单的方程式(包括分数)

表 2-15　函数和分配

	分配和函数的研究	分配和函数的呈现	函数关系特征的运用
同学们能够:			
1—2 年级	排列对象	模拟模式	缩小模式差距
3—4 年级	识别映射和模式	进行映射和模式	继续模式
5 年级	——	——	确定分配的各个值
6 年级	直接将比例分配与其他分配区分开	表示分配(包括直接成比例)	执行计算以直接比例映射

表 2-16　数据分析

	数据提取	数据呈现	数据运用
同学们能够:			
1—2 年级	根据已给的特征找到物体	物体分类	分类的物体的数量比较
3—4 年级	收集数据	按已有规则呈现数据	数据呈现出的信息提取
5 年级	收集并整理数据	运用不同的呈现方式呈现数据	不同数据呈现方式的信息、内容之间的比较
6 年级	收集并整理数据(包括读数)	数据呈现(包括读数)	在数据呈现时提取更多的内容

表 2-17　计数策略和概率

	应用计数策略	确定事件的概率
同学们能够：		
1—2 年级	做出不同的安排	在游戏中尝试表示概率的机器骰子
3—4 年级	通过列举呈现组合问题的解决方案	进行简单的概率实验,得出结果
5 年级	系统地提出组合问题的解决方案	在一步式随机实验中得出结果,并根据共同的特征进行总结
6 年级	证明组合问题的解决方案	估计一步式随机实验和游戏中某个结果的频率

　　课程大纲对于五个部分课程内容具体年级学习目标的规定,照顾到各年级学生的年龄心理特点,比如,他们认为一二年级的学习目标是使儿童获得感性知识和初步了解事物的能力,逐步学会读写算等最基本的知识,养成能够坐下来读书的习惯,初步学会独立思考和分析比较。从他们对各部分内容学习目标要求的行为动词或是中心短语的表述,包括相关术语的运用,都可以看出德国课程大纲对各年级目标的要求层层深入、步步提高,符合人的认识规律,体现出逐渐深化的过程。

　　在基础教育阶段面向全体学生是所有学科教学的基本原则,努力使全体学生达到课程目标的基本要求,既是数学教学活动的出发点,也是数学教学活动的落脚点。小学数学教育应是所有学习者平等参与,不论其出身,文化、语言、宗教、意识形态如何,且与其身心潜力、性别、性取向、年龄以及经济和社会地位如何都无关。课程大纲的各年级目标还规定:对于受到重大和长期损害因而影响学习和表现行为,受到特殊教育支持的学生,或在终身学习计划中被确定为具有特殊教育需求的学生,将以学生自身情况为中心来考虑学习的主题,根据学生的生活意义进行选择,进而确定相应的学习水平要求。从这个意义上说,德国课程大纲做出了贡献:学生越来越积极地消除彼此之间的歧视。

第三节　教学建议比较

◇ 中德数学教学指导建议比较
◇ 德国数学课程文本资源的开发与利用
◇ 德国数学课程其他资源的开发与利用

数学教学活动中，教师要把课程标准（大纲）的基本理念转化为教学行为，在"教"和"学"中创造性地使用教材，积极开发利用课程资源，为学生提供丰富多彩的学习素材，合理运用现代信息技术提高数学教学效益。比较中德两国的教学指导建议和开发利用课程资源等，可以深化对数学课程理念的认识，进一步明确课程标准（大纲）对教学目的、内容、实施的要求，深刻地理解两国数学课程标准（大纲）的差异。

一、中德数学教学指导建议比较

2016 年以来,随着以"核心素养"为指导思想的课程改革行动启动,学科教学逐步走向学科教育,义务教育课程与时俱进,课程目标的关注点发生巨大变化。我国《义务教育数学课程标准(2022 年版)》中的课程目标明确提出"学生通过数学的学习应达到'三会'",即会用数学的眼光观察现实世界,会用数学的思维思考现实世界,会用数学的语言表达现实世界。数学的眼光是指数学抽象,基本特征是数学的一般性。数学的思维主要是逻辑推理,使得数学拥有严谨性的特点。数学语言是指数学模型,体现数学应用的广泛性。

数学课程目标的具体实现,需要教师从宏观上把握数学课程的总体目标和分段目标,在教学的每个环节中关注课程目标的具体实现,例如教学目标的设计、教学过程的开展和教学形式的选择。

为了帮助数学教师准确理解课程标准要求,进而整体设计与实现课程目标,2022 年修订的课程方案结合义务教育性质及课程定位,从有理想、有本领、有担当三个方面,明确义务教育阶段时代新人培养的具体要求,调整优化课程设置,细化评价与考试命题建议,强化"怎么教"的具体指导。《义务教育数学课程标准(2022 年版)》对每个领域的课程内容都按"内容要求""学业要求""教学提示"三个方面呈现,不仅明确"为什么教""教什么""教到什么程度",而且强化"怎么教"的具体指导建议,做到好用、管用。

表 2-18　"数与代数"第二学段(3—4 年级)

主题	内容要求	学业要求	教学提示
数与运算	(1)在具体情境中,认识万以上的数,了解十进制计数法;探索并掌握多位数的乘除法,感悟从未知到已知的转化。 (2)结合具体情境,初步认识小数和分数,感悟分数单位;会同分母分数的加减法和一位小数的加减法。 (3)在解决简单实际问题的过程中,理解四则运算的意义,能进行整数四则混合运算。 (4)探索并理解运算律(加法交换律和结合律、乘法交换律和结合律、乘法对加法的分配律),能用字母表示运算律。 (5)会运用数描述生活情境中事物的特征,逐步形成数感、运算能力和初步的推理意识。	能结合具体实例解释万以上数的含义,能认、读、写万以上的数,会用万、亿为单位表示大数。能计算两位数乘除三位数。 能直观描述小数和分数,能比较简单的小数的大小和分数的大小;会进行同分母分数的加减运算和一位小数的加减运算。形成数感、符号意识和运算能力。 能描述减法与加法的关系、除法与乘法的关系;能进行整数四则混合运算(以两步为主,不超过三步),正确运用小括号和中括号。能说出运算律的含义,并能用字母表示;能运用运算律进行简便运算,解决相关的简单实际问题,形成运算能力。	在认识整数的基础上,认识小数和分数。通过数的认识和数的运算有机结合,感悟计数单位的意义,了解运算的一致性。 数的认识教学应为学生提供合理的情境,引导学生进一步经历整数的抽象过程,知道大数的意义和四位一级的表示方法,建立数感;通过学生熟悉的具体情境,引导学生初步认识分数,进行简单的分数大小比较,感悟分数单位;借助学生的生活经验,引导学生认识小数单位,进一步感悟十进制计数法。在这样的过程中,发展学生数感。 数的运算教学应利用整数的乘法运算,理解算理与算法之间的关系;在进行除法计算的过程中,进一步理解除法是乘法的逆运算。在这样的过程中,感悟如何将未知转为已知,形成初步的推理意识。通过小数加减运算、同分母分数加减运算,与整数运算进行比较,引导学生初步了解运算的一致性,培养运算能力。通过实际问题和具体计算,引导学生用归纳的方法探索运算律、用字母表示运算律,感知运算律是确定算理和算法的重要依据,形成初步的代数思维。

主题	内容要求	学业要求	教学提示
数量关系	（1）在实际情境中，运用数和数的运算解决问题；在解决实际问题的过程中，能结合具体情境，选择合适的单位进行简单估算，体会估算在生活中的作用。 （2）能借助计算器进行计算，解决简单的实际问题，探索简单的规律。 （3）在具体情境中，认识常见数量关系：总量＝分量＋分量、总价＝单价×数量、路程＝速度×时间；能利用这些关系解决简单的实际问题。 （4）能在具体情境中了解等量的等量相等。 （5）能解决生活中的简单问题，并能对结果的实际意义作出解释，经历探索简单规律的过程，形成初步的模型意识和应用意识。	能在简单的实际情境中，运用四则混合运算解决问题，能选择合适的单位通过估算解决实际问题，形成初步的应用意识。 能在真实情境中，发现常见数量关系，感悟利用常见数量关系解决问题；能借助计算器进行计算，并解释计算结果的实际意义；形成初步的模型意识、几何直观和应用意识。 能在真实情境中，合理利用等量的等量相等进行推理，形成初步的推理意识。	在具体情境中，利用加法或乘法表示数量之间的关系，建立加法模型和乘法模型，知道模型中数量的意义。估算的重点是解决实际问题。 常见数量关系的教学要在了解四则运算含义的基础上，引导学生理解现实问题中的加法模型是表示总量等于各分量之和，乘法模型可大体分为与个数有关（总价＝单价×数量）和与物理量有关（路程＝速度×时间）的两种形式，感悟模型中量纲的意义。应设计合适的问题情境，引导学生分析和表达情境中的数量关系，启发学生会用数学的语言表达现实世界，形成初步的模型意识，提升问题解决能力。利用现实背景，引导学生理解等量的等量相等这一基本事实，形成初步的推理意识。 估算教学要引导学生在具体的问题情境中选择合适的单位进行估算，体会估算在解决实际问题中的作用，了解估算的实际意义。

德国也有许多针对中小学数学课程教学的指导建议，有的关于数学课程教学发展的方法和策略，有的涉及数学课堂教学应达成的目标，有

的针对学生数学学习框架和学习效能。以该课程大纲对"数学教学的建议"为例,他们不仅枚举各数学课程内容的表现形式,还就课时分配、学生学习方式、数学情境素材的选择、教学的联系等给予指导建议,帮助教师更好地实施数学教学。

学生彼此之间差异很大,不同的人,能力、性向、兴趣、家庭背景不同。对于数学学习方式,他们提出"个性化和人文化的交互促进"教学建议。例如,建议教师在组织讨论时实施小组教学,激发学生的学习动机,增加观察机会,丰富感性认识,增加实验和操作的机会,放慢进度,频繁反复的训练等等。

为了发展数学通识教育,显示不同数学内容彼此之间的联系和参考价值,对于数学情境素材,他们提出,数学内容应适当嵌入对学生重要的、合适的现实情境,使用的模拟情景应能够让学生在多个水平阶段被解决。教师在选择数学情境时,应考虑现实世界的多样化和能力发展的不同水平,可能需要运用到其他主题或跨学科的内容。这些也包括全球范围内的主题,实时数据、消费者教育、职业倾向等。可以看出,德国注重从学生的经验世界中选取数学情境素材,这样的素材相当广泛,包括自然、社会、人文、科技等等,是跨学科式的、综合的,是贴近生活、调动学生兴趣和富有意义的学习场景。

在处理数学问题并进行数学交流时,学生会逐渐形成数学概念和关联个人的观念,随着这些想法变得更加精确和复杂,使用数学术语并遵循通用约定就十分必要。该数学大纲在教学建议中提出:老师要为学生之间交流创造机会,使他们既可以使用口语语言,也可以使用专业语言,甚至可以使用文字和符号语言进行交流。在准备阶段、问题提出时、解决问题的过程以及在情景调查中,并不总是需要完全正确地使用数学术语。

课堂教学的原则是融知识、理解、能力、经验和动机于一体,德国"以能力为导向的数学课堂"提倡以知识和能力的应用为中心。他们要求教师不仅应该从数学的角度进行,尤其应该通过在科学和社会中应用数学方法来完成,数学教学不应将每个主题的各个表格字段的内容区分开,而应始终以有意义的联系起来进行教导,即使跨越多个教学主题也是如此。他们从学生学习数学的过程出发,描述学习过程中的数学能力特征,再据此特征提出教学建议。

表 2-19 数字与运算

数字概念		
数字表示与呈现	**数字排序**	**数字之间关系陈述**
1—2 年级 快速理解集合,在集合和较小的自然数之间转换,反之亦然	背诵 10 以内数字的序列;比较 10 以内数字的大小(大于、小于、等于)	把一个集合分解出子集
3—4 年级 理解并以结构化集合、图片、单词和数字表示 100 以内自然数 100 以内自然数数字表示之间进行转换 合并和分解 100 以内自然数 掌握位数概念,运用十进制 100 以内自然数约数	100 以内自然数正数或倒数 在数轴上比较和排序 100 以内自然数(包括运用关系符号) 说出小于、大于某数的数字及其相邻的数字	自动分解或补充 10 以内加数 100 以内自然数分解 分析并描述已给数字的共同点与不同点 区分奇偶数
5 年级 1000000 以内自然数以图形、文字和数字方式呈现 1000000 以内自然数之间的转换 解释位数的概念,并借助反复进位的原理来解释其关系 利用比较量来约数 100 以上的自然数	1000000 以内自然数正数或倒数 比较和排序 1000000 以内自然数 说出小于、大于某数的数字极其相邻的数字(相邻 100 的数,相邻 1000 的数) 约数规则的学习与运用	检验和解释自然数的整除概念(例如 27 不能被 5 整除,因为在除法时有余数) 掌握 2、5、10 和 100 作为除数时的整除的规则 100 以内平方数

续表

数字概念		
	数字表示与呈现	**数字排序**	**数字之间关系陈述**

	数字表示与呈现	数字排序	数字之间关系陈述
6 年级	把整数与分数之间的概念进行转换,并理解他们之间的关系 用图像、文字或符号表示分数和小数 (向右)延伸数轴 约分和扩大分数 不同数字之间在日常情境中运用	在数轴上排序分数 通过直接比较、同分母化或运用数轴来比较和排序分数大小 在数轴上比较和排序小数 小数约分 理解数轴上表示分数时的紧密型(例如,两个分数之间一定有另一个分数)	用整除规则(包括除数为 3、4、6、9、25 和 50)去检验自然数的整除性 理解质数概念 较大数字的倍数 两个自然数的公约数和公倍数 借助事例说明数字范围的无限延伸性 在某个数字范围内(包括整除性)解释数字之间的关系,以及自然数和分数的关系

表 2-20 算式概念和简便运算

	列出算式	简便运算
1—2 年级	通过现实模拟场景(例如拿走一支笔或拿来)列出简单的算式	在添加时交换加数顺序,比较得出的和
3—4 年级	在现实模拟场景中列出四则运算算式 加法(添加,整合) 减法(拿走,区分开) 乘法(不停地加入相同的数量,理解乘法规则) 除法(分成……份) 100 以内自然数基本运算时交换运算符号、图像、算式等 100 以内自然数描述其四则运算之间的关系(例如逆运算)	借助逆运算和交换法理解加法和简便运算的任务(例如 $5+3=8$ | $3+5=8$ | $8-5=3$ | $8-3=5$) 心算时运用运算法则 翻倍和减半 相邻的数(例如二倍后加一) 10 以上加减法的分布运算 类似加减法的类比运算(例如 $12+3$ 可以与 $2+3$ 做类比) 分解法 较小数字的灵活地、自动的计算 运用简便算法(例如 $6×7=6×5+6×2$) 借助逆运算来掌控运算过程

续表

	列出算式	简便运算
5 年级	1 000 000 以内自然数在现实生活中的基本运算 1 000 000 以内自然数基本运算时交换运算符号、图像、算式等 1 000 000 以内自然数描述其四则运算之间的关系(例如逆运算) 运用术语描述四则基本运算	在自然数域中结合点对点规则和括号规则的多个基本运算 为简便算术和半书面算术使用、表示、描述数值关系和运算过程(交换律、结合律、分配律等) 整除规则的运用(2、5、10 和 100) 用已知的算法运用到情境中执行加减乘的书面计算方法,并以一种易于理解的方式描述和解释各个计算步骤 逆运算,估计和验证计算结果
6 年级	在分数中理解乘和除的概念 在分数中交换基本运算的事实、符号、图像等 检查关于基本运算的各种想法是否适用到分数 区分扩大和翻倍以及约分和变小的分数概念 把分数当作算子运用(例如 $\frac{2}{3}$ 的 60 欧元)	检验并将自然数加、减、乘和除的运算方法和书面计算方法运用到分数中 根据情境运用心算 结合点对点规则以及去括号法将四则基本运算运用到分数中 进行自然数的书面计算(也包括用选定的两位数除数进行除法) 用更精确的数字来表示结果(包括小数) 逆运算,估计和验证计算结果(包括分数)

表 2-21　量的概念与测量

	量的概念和其基本单位	量大小的测量
1—2 年级	将测量的东西与测量工具匹配,直接运用到现实生活场景中(例如线、桌子的长度)	直接比较长度(更长、更短、同样长)

续表

	量的概念和其基本单位	量大小的测量
3—4 年级	区分出长度、时间和金钱的概念 根据情境运用适当的基本单位 米和厘米 年、月、周、日、小时和分 欧元和美分 熟悉量的单位与概念 物体用上述基本单位表达 度量上述不同单位之间的转换与排序， 并用不同的方式表现出来（不用十进制 计数法） 分辨时间点与时长的概念 用面值不同的货币来表示某一金额（包 括硬币和纸币之间的转换）	运用自己的测量工具，间接比较 运用铅笔、毛线或相似的间接测 量工具比较长度 借助"一个来回"等类似的时长 来比较时间长短 转化成乘法方式来比较长短（例 如 5cm＝5×1cm） 长度测量，并借助统一的测量工 具（例如钟表）读出时间点（分 钟、整时、半个小时、一刻钟） 运用标志物和运算来估算某个 物体的长度
5 年级	区分不同的量及其测量工具的表达 根据情境运用合适的单位 毫米、千米和分米 秒 吨、千克、克 熟悉量的单位与概念 物体用上述基本单位表达 度量上述不同单位之间的转换与排序， 并用不同的方式表现出来（不用十进制 计数法） 用常见的分数表示某一度量（$\frac{1}{2}$、$\frac{1}{4}$、$\frac{3}{4}$ 等） 认识某一图形的周长 将度量更加精确	直接和间接比较某一大小（和数 量） 通过划分为单位长度来理解平 面直线图形的周长 通过划分为单位面积来理解平 面直线图形的面积 测量时选择和运用合适的度量 工具 运用单位和子单位来描述某一 相应刻度（例如标尺、时钟） 在度量时运用代表物

续表

	量的概念和其基本单位	量大小的测量
6 年级	区分不同的尺寸(面积、体积、角度) 根据情境运用合适的单位 包括 mm²、cm²、dm²、m² 包括 mm³、cm³、dm³、m³、ml、l 包括角度(°) 熟悉量的单位与概念 物体用上述基本单位表达 度量上述不同单位之间的转换与排序,并用不同的方式表现出来(包括十进制计数法) 掌握度量的分数表达形式(分数和小数) 借助扩展的数位、单位和子单位的分解 用小数表示度量 区分图形面积和周长的概念 区分物体表面积和体积的概念	大致确定周长和面积(即使在非直线限制图中),例如通过计算单位长度或单位面积 通过放入单位体积的骰子来大致确定体积 量的测量(包括体积、锐角、直角、和钝角) 用度来表示角的大小 用升来表示容积的大小 运用不同的刻度(ml、l 和°) 根据现实情况评估测量结果 运用代表物(包括在估算面积、体积和角度大小时)

表 2-22　量的计算

	现实情境下量的计算
1—2 年级	在现实情况中,在同一单位内计算长度和金额的整数的加减法 在同一单位内将时长看成两个时间点的差(包括时刻表和日历) 检查结果的合理性和正确性
3—5 年级	在现实情况中,在不同单位之间进行度量的计算(例如时长的计算) 通过将各边边长相加得出平面图形的周长 思辨性地看待在现实情境中的代表物 通过逆运算来认识度量上相似的运算
6 年级	在现实情况中计算、估算度量尺寸(面积、容积、角度,包括小数) 通过边长相加计算四边形的周长 通过单位面积的相加来计算由直角组成的面的面积(包括立方体的表面积) 运用并解释确定矩形面积的计算过程 通过单位体积的相加来计算由立方体组成的物体的体积 运用并解释确定物体体积的计算过程 在现实情况中评估计算结果

表 2-23　几何图形

	描述几何图形和其特征	描述几何图形之间的联系	几何图形的呈现
1—2 年级	重新认识周围的图形，例如小立方体、小球等；重新认识并说出平面几何图形，例如四边形、圆、三角形	区分并认识物体的空间概念（在……之后、在……之前、在……旁边、在……里面、在……上面等）	用橡皮泥捏出物体形状；描摹几何图形的轮廓；折叠、裁剪出三角形和四边形；折分图形
3—4 年级	在周围环境中认识和描述几何体（球、正六面体、长方体、三角形、四边形、正方形、直角、圆），并在某一模型下说出其特征；认识和描述角、边、棱、线段、点和他们在建构几何图形时的运用；认识直角（借助折叠的角）；认识镜面对称图形（借助折叠和镜子）	描述物体之间的空间关系（运用在左边、右边、里面、外面、中间等）；借助共同的截面来描述物体	拼小立方体块；运用不同的材料来折叠、搭建和组成立体图形；切割、铺设、组装、折叠、切割、印刷平面图形；借助画图工具（例如三角板、量角器、尺子等）徒手画出平面图形；通过网图纸补充平面图形的轴对称图形；制作视图，例如小立方体的视图；制作立方体模型（也包括边缘模型）
5 年级	认识和描述周围环境中的平面图形（平行四边形、梯形、风筝形、菱形），并掌握其特征（对称性、半径、直径）；区分线段、直线和射线；认识和描述对称图形	描述物体的空间关系（包括卡片上的、城市规划图、情境图等）；描述直线和线段的空间关系（包括作为棱时）；描述同一平面图形或立体图形中相邻的边或平面之间的空间关系和大小关系；描述立方体之间的关系；描述四边形之间的关系	建立立方体的模型（棱柱模型）；建立立方体的网格；画出平面图形；借助绘图工具（直尺、三角板、量角器）等在空白的纸张上画出平面图形；运用三角板画出垂直和平行线；画出轴对称图形（例如在网格纸中）

续表

	描述几何图形和其特征	描述几何图形之间的联系	几何图形的呈现
6 年级	使用基本特征识别环境和模型中的直线几何体(以及圆柱体、棱柱体、圆锥体、棱锥) 识别和描述角和三角形的基本特征 认识和描述对称性(包括在几何体的模型中)	描述空间关系(借助网状图和点状图) 认识和描述三角形的切割线或平行线角度关系(顶角、小角度、阶梯角、内角),并用于论证 描述平面图形在空间范围内的位置关系(认识扩展的立体网) 描述已知的立体图形的关系 根据角度大小和边长将三角形分类	构建立方体的模型(包括锥体) 在点状图中画出平面图形 借助制图工具(直尺、三角板、量角器)画出角和平面图形 在方格纸上草绘立方体的倾斜图像

表 2-24　几何图形映射

	几何图形的映射以及其特征的运用	画出几何图形的映射
1—2 年级	通过堆叠找到全等的平面图形,并用"完全重合"与"不完全重合"来解释 发现细微差异(例如在两张图片或建筑物上)	用自己的身体或物体模仿移动 根据现实情况或图像草图来给物体分类
3—4 年级	口语描述空间和平面的移动(移动、旋转、镜面对称),自己、别人或利用物体来完成移动 比较原形与图像	通过口语、图像或书面指示完成移动(独自完成、小组合作) 画出镜面图像(例如借助镜子)
5 年级	认识和描述镜面对称的、移动之后和旋转之后的平面图形 描述对称时边的特征 认识和解释放大和缩小的图形	根据草图来堆积小立方体(根据视图、草图或倾斜图像) 画出移动对称的图像 在网状图上画出镜面对称图 网状图上放大和缩小平面图形

续表

	几何图形的映射以及其特征的运用	画出几何图形的映射
6 年级	认识和描述全等的图形 描述原型和绘制的全等图形图像的关系（长度、角度一致）（包括旋转和移动）	通过规律的绘制和移动图形来画出一块地板的草图 画出镜面对称和移动后的图形

表 2-25　项和方程

	项和列出方程式	解方程式
1—2 年级	根据情况放置少量对象	理解和描述两个数量之间的不同 通过补充或减少，使物体的数量相同（10 以内）
3—4 年级	通过数字图片、文字、数字项和方程表示现实情况（一种运算） 发明算术故事并为给定的术语和方程式绘制图片（一种运算）	比较简单的数字项（带有计算操作），并使用关系字符＝、＞、＜（例如 $3＋4＞5$） 查找具有相同值的数字项（例如通过数字分解） 使用空位求解简单方程（就内容和使用逆运算而言）（例如 $x＋5＝8$） 用语言描述解题过程
5 年级	通过项和方程来描述现实情况（在数学范围内）（可以运用多种运算） 使用运算符号（箭头）表示数字难题和现实情况 在空位上运用一个变量 根据现实情况运用已知项和方程（多种运算方式）	比较两个项的大小（多种运算）（例如 $5＋4×3＜7×3$） 不用的数项表述同样的数值（例如 $9＋14＝10＋13$） 通过尝试和上一步的计算来解方程（多种运算，包括乘法和除法） 解方程的方法 自己检验结果的正确性，运用到现实生活中
6 年级	通过数项和方程表示数学范围内和超出数学范畴的现实情况（包括分数） 用变量表示未知数（包括分数）	清楚的解释数项的等价性 借助已知的运算法则，找出数项相同的值（交换法、结合法、分配法等） （例如 $12×7＝10×7＋2×7$） 解方程，并运用运算法则或未知数来验证方程的解（包括分数，可借助逆运算）

表 2-26 数据分析

	数据提取	数据呈现	数据运用
1—2 年级	认识物体的某一特征,例如颜色、形状	根据同一的特征如形状、颜色、大小来给物体分类	比较不同类别的物体的数量(红色的圆圈比蓝色的少)
3—4 年级	根据贴近现实的问题来收集数据(例如兄弟姐妹的数量)	用图像或现实中的图表表示数据 投掷骰子并收集每个数字出现的次数,用柱状图表示(例如画出小方块来表示)	阅读清单和表格(标注同一特征) 从清单、表格或日历中提取有用信息
5 年级	收集数据(通过问卷、查阅或实验) 根据已知特征给以收集的数据分类(例如男生/女生)	大量数据的呈现(例如通过进度表) 在各种呈现方式中转换(表格、图表、文本)	每种表示之间进行比较,建立起关联 在频率划分中读出最少和最频繁的数值 比较列表、表格、图表和图形的表示形式和信息内容(基于相同的事实)
6 年级	记录和构造自行收集的测量值(包括小数)	测量值在表格或图表中呈现 在合适的呈现方式中处理和加工数据	比较核心数据(最小值、最大值、波动范围)和不同表现形式之间的信息

表 2-27 计数策略和概念

	应用计数策略	确定事件的概率
1—2 年级	用材料制作不同的布置(例如积木、更衣娃娃)	运用筛子,得出不同可能的结果
3—4 年级	通过行为或图像发现组合问题的解决方案,并以列举的形式表示 用"尝试和分类"方法去解决组合问题	借助对称性的工具(例如,立方块、硬币、翻转的板)进行概率试验,并记录其结果 用"一定""可能""不可能"来表示结果

续表

	应用计数策略	确定事件的概率
5 年级	系统的研究概率和其在组合问题中的运用 挑选组合问题解决方案不同的可能表达形式(例如列表、表格或表格中图片、符号或树状图等)	简单的概率实验的计划、实施和系统的运用(例如用投票、双色球等) 在简单的概率实验中,收集整理具有同一特征的结果 在概率实验中比较结果出现的绝对频率(例如以"发生频率更高"的形式) 根据获胜和失败的次数来描述游戏赔率(相同的机会,更大的机会) 运用自己已有的经验判断"偶然"和"必然"
6 年级	系统的研究和解释组合问题解决方案的完整性(例如通过系统地列举可能性)	在概率实验中有针对性的改变条件,并记录其结果 比较相对单次实验结果的频率(可用分数)

　　该课程大纲的教学建议和《义务教育数学课程标准(2022 年版)》的教学建议有明显的区别。

　　从《柏林 1—10 年级数学课程大纲》关于 1—6 年级的教学建议可见,德国努力让教师知道每个年级学生要达到的标准,或者可以做些什么来强化学生的能力,同时建议教师促进合作和培养学生自觉自立的责任感。所以,他们先描述"怎么学习"的过程特征,再建议可以采用的教学形式,很好地服务于数学大纲的整体目标,又彰显各个课程内容对应的能力水平。这构成教师差异化实施数学教学的基础,使得德国的数学课堂经常出现教师组织学生小组进行各种数学讨论,交换彼此的观点,讨论不同的学习成果,共同完成数学问题的构成和运用,学生因此获得机会独自或通过合作展示自己在学习主题和内容方面的能力。

　　《义务教育数学课程标准(2022 年版)》以学段目标为依据,按内容领域划分编排单位,针对"内容要求"提出"学业要求""教学提示",明确具体的学习要求和达成教学目标的指导建议,进而实现教、学、考的一致性。其中,"内容要求"主要描述该学段数学学习的范围和要求,清晰界定各个学段主题内容之间的相互关联。"学业要求"主要明确学段结束时学习内容与相关核心素养所要达到的程度,细化学生发展水平目标层次,基于学生学习视角,提出数学学习结果达成建议,很好地帮助教师准确解读数学课程的目标要求和内容特征。"教学提示"主要是针对学习内容和达成相关核心素养而提出的教学建议,包括:教学策略、教学方式、教学方法、教学活动以及教师在教学中的注意事项、如何落实相关的知识点、怎样把握教学的深度和广度等等。还提出在课程实施中要"制订指向核心素养的教学目标""整体把握教学内容""选择能引发学生思考的教学方式""进一步加强综合与实践""注重信息技术与数学教学的融合"等五个方面的教学建议。

二、德国数学课程文本资源的开发与利用

德国各州各自编制数学课程大纲,各自开发数学课程资源,教师和学生用于教和学的辅助材料种类丰富,形式不一。

德国市场上有 30 多个版本的小学数学教材,各种版本教材的差异很大,有的 1－4 年级分成六册,有的 1－4 年级分成四册,等等。不同版本的教材针对不同的学生群和教师群,因此教材的内容不完全相同,有些教材设置的学习课时数差别很大。同年级不同版本的教材难度水平也不完全一致,比如德国的文理中学五年级使用的教材和实科中学五年级使用的教材区别甚大。虽然各种版本的小学数学教材有许多不一样的地方,但基本上是 16 开本,德文字,纸质很好,色彩鲜艳,图文并茂。

德国要求教材编写者或是教学研究人员开发的数学课程资源必须依据"数学课程大纲"和全国统一的"中小学教育标准"。因此,德国小学数学不同版本的教材有以下四个共同的特点:一是注重数学学习活动,让学生在动态或静态的活动中获取数学概念、知识或技能。二是密切生活联系,教材内容与学生的生活紧密联系,能让学生感觉到数学就在身边,这极大地调动了学生参与学习的积极性。三是重视解难策略,学生

课本中设有"解难策略",帮助学生掌握解题要点。四是关注知识应用,安排专门篇幅进行新知识的应用练习,以拓展学生的视野。

关于德国教材的研究与比较,第三章将专门论述,这里仅论及教材的管理和使用。

在德国,不同类型的学校选择使用不同的教材,同一个地区各学校的教材也不一定相同,教学进度经常不一致。德国的学校不会统一订购教辅材料,德国政府也不允许教师为学生购买数学练习册之类的辅助材料。教材,对德国教师来说,只是备课的参考资料,他们一般不会直接使用市场上买来的数学教材。

在德国,教师可以自主选择参考任何版本的教材,根据经验和对学生实际情况的分析,自己开发数学材料,自己编写练习内容。例如,负责一年级数学的康老师第二天要教学"两位数减一位数",她在准备课堂练习前会广泛阅读各种版本的练习册,从纯计算的 A 类练习册中选取三道题,从以计量单位换算为问题情境的 B 类练习册中选取四道题,然后组成练习卷。为了让不同层次的学生都能完成练习,她还设置"挑战站"和"解决难题"等自选题,在练习卷的最后安排"小发现""小总结"和"小档案"作为该阶段学习活动的小结。德国教师的常态便是每天都要准备适量的课堂练习和家庭练习,巩固学生所学的知识。总之,德国学生在课堂上学习什么,怎么学习,晚上是否有家庭作业,作业是什么,都由教师决定,由教师编写提供。

教师准备具体的教学内容时,会参考和教材相匹配的教师手册。德国的教师手册相当于我国的教师参考用书,内容丰富,可以满足教师的需求,被许多德国小学数学教师认为"百宝箱"。德国的教师手册会详细列举数学知识要怎样教,学生在学习过程中可能出现什么错误,原因是什么,还会详尽分析"解决一些有挑战的教学问题的策略"。例如,针对五年级"在概率实验中比较结果出现的绝对频率"这一具体内容的教学建议时,教师用书介绍了七种适用于该部分教学的"解难策略",即分析与综合、简化与分拆、假设与验证、枚举与试误、寻找模型与发现规律、绘图显示问题细节和列表显示条件及关系。

　　我国大部分版本的小学数学教师用书都把数学教科书的内容编排在左边,然后在右边提供教学批注或教学建议,具体、详细、分析入微,和德国的教师手册一样,都是教师和学生最好的"伴你教"或"伴你学"。

　　这种看似很自由的规定,实际上对德国教师和学科团队的要求很高,他们必须不断学习,以确保高质量地研发出学习材料。同一个年级的教师每天下午都一起讨论交流,分享教学情况,商量接下来的教学内容,然后组织编写要实施的教学素材。在我们考察学习的德国小学里,有两所学校开设了"写中文字"的课程。上课前,德国教师将事先写好的学生中文名字发给学生,然后手把手教学生一笔一画地写出自己的中文名字。当我们询问授课老师参考了哪些课程资源,经过多少时间设计这节课时,她交给我们的是前一天她和她的团队练习的学生中文名字的书写稿,有些中文字是她们刚从中文杂志上模仿来的,那就是她的教案。

　　教育发展与课程改革当中,教材的改革与管理占有重要地位。对于我国来说,课程教材建设是立德树人的基础性、战略性工程,直接关系亿万青少年学生的健康成长,直接关系党教育方针的落实和教育目标的实现。中共中央国务院印发的《中国教育现代化 2035》提出,健全国家教材制度,统筹为主、统分结合、分类指导,标志着我国教材建设进入新征程。

　　为贯彻党中央国务院关于加强和改进新形势下大中小学教材建设的意见,根据《中华人民共和国教育法》《中华人民共和国义务教育法》等法律法规,教育部制定印发《中小学教材管理办法》,全面加强中小学教材管理,落实国家事权,打造精品教材,切实提高教材建设水平。其中明确提出:中小学教材必须体现党和国家的意志。思想政治(道德与法治)、语文、历史课程教材,以及其他意识形态属性较强的教材和涉及国家主权、安全、民族、宗教等内容的教材,实行国家统一编写、统一审核、统一使用。

　　目前,我国已经完成中小学的思想政治(道德与法治)、语文、历史三科国家统编教材编写。统编教材也称"部编教材""通用教材",指在一个课程标准和教学大纲指导下,由国家和政府统一组织编写和审定,全国统一出版和使用的教材。这对于我们正确处理教材的政治思想性、科学性、适切性与相关性的关系问题,处理好传授知识、发展能力和培养个性的关系问题,解决好教什么、怎么教,学什么、怎么学的教育核心问题上下足了功夫,有望推出优质的、一流的、适应我国社会主义公有制发展的客观需要的教材。

"尺寸教材,悠悠国事",虽然中小学数学教材未纳入我国国家统编教材编写范畴,但不断推进课程教材治理体系和治理能力现代化是每个学科课程资源建设共同的目标。各学段各学科教材的研发坚持高标准,教材在学校的使用与课堂教学高度关联,成为教师专业发展中的重要资源和聚焦对象。我们要落实《中小学教材选用管理办法》和《中小学教辅材料管理办法》,进一步提高中小学数学教材选用和教辅管理的规范化水平,进一步完善中小学数学教材的培训,让广大教师准确理解、把握和用好教材。

三、德国数学课程其他资源的开发与利用

课程资源指应用于数学课堂教与学活动中的各种资源,包括文本资源、信息技术资源、环境与工具、社会教育资源……除了教材、教师参考用书、学生练习册等资源外,由于广泛的开发和利用,德国数学课程的其他资源也丰富多彩。各年级配套的教具和学具非常全面,包括帮助学生理解抽象的概念、几何模型,或者进行较为复杂运算的计数器、软件、网络平台等。

德国教育当局就数学课程资源的开发提出"鼓励学生自己准备学习数学的工具,一方面可以运用所学的数学知识解决问题,另一方面可以拓宽学生的知识领域,培养学生动手能力和创新能力"[①]。因此,德国学校除了采购比较复杂的学具与教具,经常由教师学生共同合作自主开发制作简便实用的教具和学具,如简便计数器、简单的概率试验用具。

---

① 曹一鸣:《十三国数学课程标准评介(小学卷)》,北京师范大学出版社 2012年版,第 123~177 页。

　　德国中小学数学教材中有许多课文要求学生收集有关自己身体、生活中与数学相关的信息，如反映身体状况的数据（身高、体重、脉搏、体温、腿长、腰围等等），每天生活、学习过程中与数学相关的信息（一节课的时间、运动的时间、骑车的时间），个人喜爱的活动中蕴藏的数学信息等等，通过开发和利用学生身边的信息，丰富数学课程资源。对于高年级的学生，除了要求他们采集自身的信息外，还会要求学生去收集社会、自然界中蕴藏数学信息的环境性资源，例如生活垃圾数量、自然界中的物种数目、降水量的变化情况、银行的利率和商场的折扣等。学生收集并处理这些信息，既能丰富数学课程的资源，又有利于促进学生将所学数学知识应用于解决问题的过程，帮助学生提高数学的应用意识和应用能力。

　　在德国，各学科都非常重视开发和利用信息技术资源，借助信息技术向学生提供并展示各种类型的资料，包括文字、声音、图像，发挥其灵活选择与直观呈现的优势，创设、模拟丰富的与教学内容相适应的情境，为师生开展学习活动提供了重要的工具，从根本上改变学习的方式。

　　《柏林 1－10 年级数学课程大纲》《慕尼黑数学课程大纲》等都提出："现代数学教育可以使用所有关于学习和应用数学的信息技术资源，特别是信息技术工具能够帮助学生进行研究或实验数学，以视觉方式描绘数学的概念和关系，这一点十分重要。"德国规定，数学学习中允许学生使用对学习有帮助的信息技术工具，包括在参加测试评估的时候。因此，在德国学校，信息技术与数学教学的融合是常态。随意进入任何一个数学课堂，都可以看到技术和资源应用的场景，教师和学习很自然地使用技术进行学习、交流与探究。

　　在德国，大部分初中、小学并不开设专门的计算机课程，为什么他们学生在数学学习过程中使用信息技术却非常熟练呢？这得益于德国不仅将信息技术作为教师从事教学实践与研究、学生从事数学学习活动的辅助性工具，还将计算器等技术作为评价学生数学学习的辅助性工具，学校拥有简洁清晰的在线学习工具和资源，信息技术已经深度融入数学课程之中。

　　我国数学教育界也一致认为："关于计算器进入小学数学课堂,在掌握了基本的计算方法后学习使用计算器计算,即在低中年级不允许使用计算器,可以使学生集中精力学好练好基本的计算技巧,养成一定的口算、笔算能力。到高年级允许学生使用计算器,有助于学生解决比较复杂的数学计算,减轻负担,把主要精力放在思维活动方面。"[①]然而现实里教师、家长都担心允许学生使用计算器之后会影响学生的计算能力,几乎看不到有学校允许高年级学生使用计算器辅助学习数学。

　　德国学校的每间教室也都安装电子白板,几乎每个数学老师在每节课都能娴熟地使用多媒体信息技术,信息技术推动课堂教学变革的力量十分强大。例如,在"认识长方体和正方体"课上,教师用电脑设计了学生喜爱的闯关游戏,营造出很融洽很快乐的氛围。让学生在电脑上画长方体的展开图,还组织学生和电脑小达人比赛,检验知识的掌握情况。教师邀请学生在交互式白板上填写反馈问题,利用平板电脑将每个学生的练习情况实时反馈到教师端,教师第一时间了解学生的听课效率,针对性地进行讲解分析,等等。

　　在另一节数学课上,德国数学教师使用线上学习平台,学生在该数字平台上开展富有挑战性的项目学习活动。学生端除了有平板电脑,还有传感器,摄像头,可以分析做图动作,麦克风可以简易地加入语言,平台还能快速整合数据与图像,为学生提供关联性更强、更吸引人、更深度集中的学习体验,进而提高综合能力。在学习平台上,学生可以像科学家那样,运用数字技术搜集、组织和交流信息,辅助任务管理,探索问题解决之道,设计产品。

　　在互联网高速发展的新时代,信息素养是学生的必备素质,能够帮助学生获得更多知识,增加学习成功的机会、具备终身学习的条件。因此,德国重视教会学生使用不同类型的信息技术工具资源,包括印刷资源、数字资源和用于储存、检索、发送、转换信息的视听媒体资源。德国人要求数学学科的教学中常态化融入现代信息技术,特别重视计算机代

[①]　张奠宙、孔凡哲等:《小学数学研究》,高等教育出版社 2009 年版,第 278 页。

数系统、电子表格软件、动态几何软件、绘图功能软件等在该学科中的重要作用。

除此外，德国还注重开发和利用与教育相关的社会资源，只是较少引入学科课程与教学，社会性资源主要应用于学生兴趣的培养，包括媒体、专业机构、活动场所等。这些资源具有区域性强、与现实联系密切、应用性显著、具备一定的开放性等特点。

德国学生很少到社会上补习数学、物理、化学等文化科目，但都会参加各种兴趣班培训。对于女孩子来说，芭蕾舞课、体操课最受欢迎，男孩子多偏向足球等球类运动课程。游泳课是共同的重头课，不管男孩女孩，大多数从五岁左右就开始学习，报名则需要提前半年或者一年排队。每届奥运会或者其他世界性比赛项目，欧洲国家参赛选手的背景身份总是让人吃惊——医生、程序员，甚至铁匠、木匠等手工业者，都在其中。追根溯源，这和他们把社会性课程资源广泛用于对学生的兴趣培养离不开。

除此之外就是各种乐器的学习，但在正式学习某种乐器之前，德国人更偏向于让孩子先接触多种乐器，在玩中发现孩子感兴趣的乐器，然后鼓励他们发展这种爱好。因此等正式学习乐器时，大多数孩子都已经上小学了。当然，不排除德国也有让孩子早早开始专项学习，只是很少有这种现象。

反观我国，不少家长抱着期望孩子上小学后能脱颖而出，"不输在起跑线上"，纷纷让孩子提前学习数学、英语、拼音、认字、读字甚至写字，口算、心算甚至速算。为遏制这种趋势，2021 年 7 月，中共中央办公厅、国务院办公厅印发《关于进一步减轻义务教育阶段学生作业负担和校外培训负担的意见》，遵循教育规律，强化学校教育主阵地作用，深化校外培训机构治理，构建教育良好生态。要求小学一年级必须"零起点"教学，要求一年级教师不能随意拔高教学要求，不随意加快教学进度。切实减轻学生学业负担，社会性资源真正成为有益补充，提高人民群众教育满意度。

第四节 思考·探究·实践

◇ 增加学习能力指标,让数学素养可测量

◇ 提高教师整合数学课程的能力

◇ 树立新时代数学教育质量观

数学是精确定义的科学,具有很强的普遍性、通用性与世界性,数学教育却因各国教育制度的不同而各具特色。比较中德两国数学教育发展趋势、数学课程(大纲)和数学课程资源,解析德国数学课程大纲中的教学建议,吸取他们在内容选择、编排、呈现等方面的可取之处,可以为我国数学课程标准的优化提供案例参照,为数学教育改革提供参考。

我国数学课程标准应该增加"学习过程能力"指标内容,让数学素养可测量,要帮助教师增强整合数学课程的能力,要树立新时代数学教育质量观。

一、增加学习能力指标，让数学素养可测量

中德两国的数学课程标准（大纲）最大的区别在于，德国的课程大纲不仅按"数学内容"划分标准，还以"学习过程"划分标准，详细建构出可以测量的数学能力水平体系。

依据"学习过程"划分数学的能力水平，可以厘清学生在学习数学的过程中应该掌握哪些能力及其水平层次。一线教师执行课程大纲，有明确的"学习过程"能力水平层次目标依据，就可以将教学重点放在积极的、建设性的、独立的学习过程之上，知道如何提供更多自主学习的机会。教师从现实情况出发，借助已有的经验，采用多种多样的上课方式，丰富练习形式，帮助学生获得数学能力。

"学习过程"标准划分了实现能力培养目标的方法，帮助学生了解数学基本概念及其运算后要增强解决现实问题的能力。随着年龄的增长，他们就会关心自己是否会对事实进行数学处理，或者就事实建立类似的问题模型，在数学方面进行辩论和交流，发展跨学科能力。此外，当他们对自己的数学能力充满信心之后，就会产生观察数学现象和提出问题的兴趣，更会坚持不懈地专注于数学任务和问题解决。

总之，就数学教育而言，完整且层次分明的数学能力模型能够引导数学教学的发展及评价数学教学的质量。该模型不仅能让教师明确数学能力的培养目标及应达到的水平，而且能帮助教师判断学生的数学能力水平层次，以便进行有针对性的教学或辅导。德国教育实践表明构建这样一个模型有积极意义。

在设定课程目标前，我们往往会考虑数学知识逐渐积累的整个学习进程，会让学生的数学教育从认识最基本的数字开始，努力消除数学中常见的困难障碍。然而，在许多时候，"预期"课程和"现实"课程的差距相当大。另外，数学知识的掌握和数学能力的发展都是数学教学目标的

组成部分,但二者不相互等同,而是基础与目的的关系。掌握知识是基础,发展能力是目的。因此,要拓展课程标准的编写思路,优化课程标准的结构体系,重视分析学生学习过程的表现,进而将不同学习过程阶段里能力的发展水平分成不同层次并引导观察,为教师和学生提供现实的、直接的帮助。

以往,我国小学数学教育领域缺少指导学生学习数学过程框架,课程标准下的许多发展目标难以测量,课程标准与教学实施存在"两张皮"的现象。当下,我们正在广泛探索和建构数学的学科素养模型,作为深化教学改革的突破口,我们的数学课程标准中需要有可测量的、层次分明的、具体的数学能力标准,这样的标准应该落实到日常数学课程与教学之中,作为提高学生数学素养的指导,应整合知识的掌握与能力的发展,使之成为转变培养方式的主要途径,真正实现有质量的以素养为导向的教育改革。

二、提高教师整合数学课程的能力

决定教学成败的不是教材本身,而是教师对教材的理解和解释,教材必须由教师个性化的解释才能发挥应有的作用。从解释与构成的关系看,教师与学生才赋予教材生命活力。

研读教材时,对编写意图领会得越深,教师越能充分发挥教材的作用。德国教师常年自主"使用"教材,在实践中不断深化解构教材的能力,形成独特的解构框架和视角。在借鉴引用教材的内容时,要恰当引申与推广,要对教材进行适度深化与改造,要挖掘教材知识中培养学生智力的潜在因素。更重要的是,德国教师会把对教材的认识转化为实实在在的教学,用教材内容设计教学方案,开拓学生的思路,使传播知识与发展能力有机同步,培养学生的思维品质,发挥教材文本资源价值。

教材是教师组织和实施课堂教学的重要载体,对教材的使用可见教师对数学教育的理解,也可见教师的观念,更体现教师教学素养。一直以来,德国学校不直接使用市场上已经编制成册的教材,而鼓励教师使用工作单和课程计划来代替教材,这不仅增加了教师的工作量,还很容易破坏课程的连贯性。

我国有些地方的教师过度依赖教材和教辅材料,常年"教教材上的内容给学生"而不是"用教材上的内容教学生",整合课程的能力明显弱化。我国小学数学教师应增强用教材的能力,增强分析教材的结构体例、问题情境、例题和习题设计、数学文化等能力,在准确理解教材的基础上将对教材解读的成果转化为实实在在的教学行为。教师要树立整体观念,不仅从教材的整体入手通读教材,领会教材的编排体系,还广泛了解不同版本教材的特色,弄清每部分知识在不同版本教材的不同表现,用联系、发展的观点分析处理各种教材,用教材自主设计数学课程方案。

近年来,随着以"减负提质"为目的的教育改革的深化发展,越来越多的学校锚定作业内容、数量与实施效果,推行校本作业,教师自主设计印发作业,不再组织向学生推荐或代购教辅材料,避免了市场化的练习册千篇一律、形式单调、针对性不强等问题,实现作业管理齐步走、常态化"控量增质",切实减轻学生过重学业负担,同步提升教育教学质量。

比如,厦门市各学校都有校本作业研发机制,教学部门具体管理校本作业设计与使用,学科教研组系统制定作业结构,组织教师集体编制,学科教研组长把关审核作业内容、难度以及容量,年级备课组长根据实际情况统筹安排使用。学科教师在命制校本作业时,除了深入研读课程标准和教材,立足于学情设计作业之外,还要对每份校本作业进行详细试做和预估完成时间,并且根据学生作业情况进行整理反馈。年级学科备课组定期总结修改内容后提交学校归档,新学年在前一年归档材料基础上开始新一轮修订。从时间轴上形成校本作业年度集体研发、过程动态优化修改和当日使用自主调整、以及期中期末反馈整理的校本作业研发、优化、使用与评价机制,使得每一张校本作业的产生都经历不同层面的审核,确保其准确而有质量,有效推动教师发挥深谙学生实际需求的优势,实现作业的量少题精、以一代十。

事实上,各种各样的、大量的资料,尤其是教科书,都是教师组织数学课程的参考资源。许多资料不仅有理论支撑,还有实践支撑,只要老师能够针对各自的情况和课程目标进行恰当的运用,它们都能起到相应的效果。

我国小学数学教师要努力自主开发课程,学会有效使用各种课程资源,改变数学教学的内容、形式、功能,使自己开发或整合的数学教学材料既紧扣课程标准又别开生面,既结合学生实际又深浅适中。教师开发与整合课程的能力强了,才有可能实现数学教育更高质量地发展。

三、树立新时代数学教育质量观

在教育质量评价领域,德国教育当局认为许多单位会对学校和教育产生影响,包括:经济合作与发展组织为国际学生创设考试项目、预估高中毕业率等;联邦政府为文化教育部长联席会议奠定的基础,联邦州负责教学任务、继续教育、教师招募、学校评估、制定法规等;各学校根据学生测试评估结果调整、优化学生的学习等。对于数学教学质量,他们认为:学习过程和学习模式、课程设置、教师培养、学校合作与发展都会影响数学的教学质量。应该通过改革与研究使学生在数学与科学素养培养中达到:形成牢固的基础知识,能够应用在多变的各种情景中;能够运用数学、科学和技术知识来处理复杂世界多变的问题和要求;意识到数学和科学知识在理解客观世界和参与社会决策中的意义;乐意向数学、科学和技术领域进一步发展,并为深入理解和继续学习做好准备。

近年来,人们越来越重视从质量的视角评价学校教育,大规模测评可以在国际层面、国家层面或地区层面测试成千上万名学生的数学学业成就。在研发、实施、评估和反馈过程中,大规模测评为教育决策以及学校内部的质量发展提供调控和行动指南。我国数学教育正在逐步从以数学学科本位为特征演变到以社会本位和儿童本位并存为特征,数学教育质量的测评正在从以知识学习为中心走向以学生学科核心素养为中心。作为新时代的数学教师要树立什么样的质量观呢?

对比中德两国学生数学能力的发展差异,可以发现,在数学运算领域,我国学生明显优于德国学生,而在空间视觉领域,我国学生没有优势可言,部分项目的测试得分低于德国学生,数学课题研究领域,德国学生明显优于我国学生。产生这样的差异,和我国传统的数学课程多考察计算能力,忽视猜想和推理能力、观察和抽象能力、空间想象能力有关。比较研究还发现,德国学生在表述解决数学问题的思考过程中表现出相当强的能力,而解决运算问题和迁移性问题方面的能力较弱,这和他们接受的数学测评内容有很大的关系。德国数学考试以回答为主,单纯解题较少,循规蹈矩的解题也较少,主要评价学生的"数学力",比如怎么看数学问题,如何分析,用什么方式处理,在解题过程中遇到运算,都可以直接使用计算器。

教育并不是为了消费和工作。数学教育是传播数学文化的社会活动,数学教育看起来是知识教育,本质上是素质教育。我们接受的数学训练、领会的数学思想和精神、获得的数学素养,无时无刻不发挥着积极作用。如果将数学教育的好坏简单地理解为"刷题"的数量和速度,那充其量只能成为熟练的数学工匠。传统的数学教育质量观念需要转变和更新,才能摆脱旧文化、传统评价的影响和束缚。应该从认识数学课程的本质入手,建立更科学、更符合国际发展趋势的现代数学教育质量观念。

新时代的数学教育要促进人的全面发展,因此我们不应仅仅进行常规意义下的数学学习,而应带领学生跨进数学科学的殿堂,遨游于数学王国,品尝并探索数学科学的精义和奥秘。借助于数学学习中的思路、工具和方法,努力揭示大自然和人类社会的种种奥秘和规律,更好地了解所处的这个世界,进而为国家,为民族,为人类造福。

第三章　数学教材比较

第一节　教材内容组织比较

◇ 编写框架：中国螺旋上升而德国模块式编排
◇ 基本体例：中国递进式而德国横纵混合
◇ 内容设计：中国难在深度而德国难在广度

　　数学教材是实现数学课程目标、实施数学教学的重要资源，是联结"数学课程目标"和"数学课堂教学"最主要的桥梁。德国目前的数学教材呈现"一纲多本"的状态，以德国康奈尔森图书出版社为主，参照德国恩斯特·维克罗出版社以及克莱特出版社的数学教材，对比我国的人民教育出版社小学数学教材（教育部审定 2013），比较教材编写框架、基本体例和内容设计等方面，可以发现中德两国的小学数学教材各具特色，差异明显。

一、编写框架：中国螺旋上升而德国模块式编排

数学学科系统性强、逻辑严密。我国小学现在使用的人教版、北师大版、苏教版、沪教版等教材，普遍采用螺旋上升的编排原则，层层递进，把知识切碎、分细分布编排到各个年级之中。德国教材的编排以服务学生能力发展为原则，围绕一个主题，按数学知识发展的线索把同类相近的内容编排在大单元里，以模块方式编排教学内容。

比如"对称图形的认识"，我国人教版教材将其拆分编排进二至六年级各册中，分成六个阶段，逐渐深化。德国康奈尔森图书出版社则将其安排在同一个年级的一个单元里，内容包括折对称图形、找对称轴、在方格纸上画对称图形等。

表 3-1 "对称图形的认识"教学内容对比

中国教材（人教版）	德国教材（康奈尔森图书出版社）
二下 《小小设计师》综合实践课，初步认识轴对称图形，通过拼、折、剪，设计一个轴对称图形。 三上 《认识长方形和正方形》验证长方形的对边相等，用对折的方式渗透轴对称图形的对称性。《分数的初步认识》把一个圆形纸片平均分成 2 份，每份是这个圆片的 1/2，"平均"体现"对称"。 四下 《图形的运动（二）》系统认识轴对称图形以及对称轴、点对称等等。	三年级第四单元 任务 1：学生进行"折—画—剪"，观察与交流所得的轴对称图形的特征。 任务 2：对折纸片，在纸片的一边画上水彩画，再对折，观察交流另一半的"印记"特点。 任务 3：对折纸片，用一根针扎出一个图形，摊开纸片，观察交流发现。 任务 4 和 5：介绍对称性和对称轴。 任务 6：描对称图形。 任务 7：根据对称性，用橡皮筋板表示出已知图形的另外一半。

续表

中国教材(人教版)	德国教材(康奈尔森图书出版社)
五上 《用数对确定位置》利用图形的对称性确定点的位置,根据所描述的点描绘出一个轴对称图形。 **五下** 《图形的运动(三)》根据一个图形的旋转,形成一个轴对称图形或是中心对称图形。《分数的意义》把一个正方形纸片或圆形纸片平均分成四份。 **六上** 《圆的认识》利用圆规和三角尺画出美丽的图案,包括中心对称图形。	任务8和9:在方格图中,根据对称性,用直尺画出已有图形的另一半。 任务10:利用学具模板铺、贴、粘合,动手粘贴图形模板,使每个图形变得对称。 任务11:用眼睛和镜子检查每个图形是否对称,删除不对称的地方。 任务12:通过折叠活动检查确定哪些图形是对称的。

　　我国人教版教材对"对称图形的认识"内容编排遵循螺旋上升的原则。学生第一次接触轴对称图形是在二年级下册——直观认识轴对称图形,第二次是四年级下册——系统学习轴对称图形——在折一折、画一画、数一数等活动中体会对称轴的意义并找出图形的对称轴,第三次是五年级下册——图形运动变化——用点与距离分析图形的对称性。

　　二年级学生通过拼、剪设计出轴对称图形,但回避了认识对称轴条数的问题,教学素材的选择也都避开长方形、正方形等图形。四年级的课程除了要求学生找出所有的对称轴之外,还要求学生根据对称轴的对称性,用点画出已知图形的另一半,能够根据对称画出已知图形的另一半。这样的框架,把难度分散到不同的年级里,既体现学生数学思维水平发展的阶段性特征,又可以在后续的学习中继续影响学生对先前学习对象的认识,发挥学习的后迁移效应。

　　德国教材则将"从实物中认识轴对称图形""发现对称图形的对称轴"以及"创作轴对称图形"的教学集中在三年级同一个单元里,不仅安排折、剪、画等动手操作,还安排涂画、针扎填补、橡皮筋工艺、模板粘贴等一系列活动,要求学生根据对称性画出已知图形的另一半。在同一单元里完成"对称图形的认识"这一主题内容，学生的学习过程连贯又统一，认知发展不仅有明显的操作层次区分，还有系统化的结构模型。

德国教材把轴对称图形的内容合并在一个单元里进行学习，学生接受么？我们对三年级学生能否完成"在方格纸内利用已知的对称轴设计出另一半的轴对称图形"进行实证研究，经过对福建省四个地市学校两百多个学生的实验检测，结果表明：三年级学生完全可以完成德国教材所安排的"在方格图中，根据对称性，用直尺画出已有图形的另一半"的学习任务。这些学生在完整学习德国教材的该单元内容之后，普遍对"轴对称图形"有深刻的认识。

不同的教材框架，引导关注不同的教学侧重点。因为我国教材内容目标呈现小步子化的特点，我国教师在各个年级教学新"对称"知识时，都要基于学生已有的知识经验展开教学，新课学习之前总是先组织复习，帮助学生唤醒原有的记忆，利用已经有的认知经验。我国教师不仅要花力气引导学生迁移应用已经学过的知识，还要避免"越线"教学。在实际的"对称图形认识"教学中，不少教师教学二年级下册的内容时，在学生"折叠"的过程中，有意无意地就带出四年级下册的内容。因此，我国教师更需要整体研读小学 12 册的教材，了解知识之间的联系和延伸，而不能仅凭借经验和自我感觉组织教学内容。

因为德国教材把同一主题的内容编排在同一个年级的同一模块里，数学知识之间表现出递进、互补、交叉等特点。德国教师往往会根据每个课时的不同任务点，花许多时间组织折、剪、针戳、画印等活动，帮助学生积累感性经验，充分感知"对称"这个重难点，以多样化的、具有挑战与难度的实践活动迫使学生高阶思维的卷入，通过一次性学习就完成对它们的认识。

我们一方面要看到，对于复杂数学概念的深度理解，螺旋上升的框架比单元模块式框架更好。教师可以有更长的时间引导不同学习水平、不同学习风格的学生以不同的步调、不同的方式达到对数学概念的认识，这样有利于学生"精通"数学，有利于他们学习领会那些抽象或深刻的数学概念、方法和思想。另一方面，也要看到，新一轮高中数学课程改革,对之前教材螺旋式上升编排知识内容的方式提出较严重的质疑和批判,推行直线单元式编排。例如,普通高中课程标准教科书数学人教 A 版新高二年级的教材中出现"直线与圆""圆锥曲线"等内容;新高一年级的教材中出现"函数""指对数函数""三角函数"等内容。像新教材这样,把同类知识连续编排到同一个年级的同一个单元里,不再分割到两三个不同的年级,广大教师普遍持肯定的态度。

二、基本体例：中国递进式而德国横纵混合

教材的基本体例包括章结构,每节的课时组成,每课时的主要栏目、活动环节与结构等。我国人教版教材单元之间联系紧密,同一个单元里的例题与例题之间通常是递进发展的。比如,五年级上册《小数乘法》单元,该单元的课时章节依次为"小数乘整数""小数乘小数""积的近似数""整数乘法运算定律推广到小数""解决问题",前一个例题的学习通常为后一个例题服务,后一个例题经常是前一个例题的变式或延续。

德国教材每个单元基本都按照"情境导入—知识点展示—举例说明—练习"的体例进行编排。各章节有的是横向设计,如把各种度量单位安排在一个单元;有的是纵向设计,如将大小不一的自然数的认识安排在一个单元;有的是纵横设计皆有,如在"镜面对称"单元里,纵向整合图形的三种运动现象,横向整合直角坐标系和多边形的认识,呈现多样化的样态。

以"度量单位"为例,虽然中德两国教材有不少的相同点,包括:第一节都以实物或现实场景导入,以具体问题的解决作为每一节的结束,都引入数轴帮助学生理解数学概念,但是两国教材该单元的编排顺序不同,我国为"时间—货币—长度—质量—比例",德国为"长度—质量—时间—货币—比例",另外单元里各章节的教学深广度也存在差异。

表 3-2 "度量单位"教学对比

中国教材（人教版）	德国教材（康奈尔森图书出版社）
一上 《认识钟表》：认识时针、分针、整时。 《认识人民币》：通过生活场景认识元、角、分，知道它们之间的进率，利用进率进行简单的加减计算，解决问题。 **二上** 《长度单位》：身上的尺子（身体、一拃），利用尺子认识厘米、米及其它们之间的进率，认识和画线段，解决问题。 《综合实践：量一量，比一比》：在教室里测量讲台的长、教室的长、书桌的高、同学的肩宽等，选择合适的方式描述动物（鳄鱼、鸵鸟、企鹅等）的长度。 《认识时间》：认识时钟刻度（分针走1格是1分）、认识1时＝60分，解决问题。 **二下** 《克和千克》：认识克、千克，掌握1千克＝1 000克，认识用"千克"作单位的几种秤，解决问题。 **三上** 《时、分、秒》：通过具体生活场景认识秒，知道1分＝60秒，感知1秒有多长、1分有多长，解决较复杂的进率问题。 《测量》：认识毫米、分米，会估一估，知道1厘米＝10毫米，认识分米，知道1分米＝10厘米、1米＝10分米，会计算较复杂的单位进率，认识千米和吨。 **六下** 《比例》：比例的意义和基本性质，正比例和反比例，比例的应用（比例尺），图形的放大与缩小，用比例解决问题。	三年级第二单元，该单元内容如下： **单元导览** 准备课：展示不同形式的测量方式以及所用的测量标准，介绍古人测量的方法。 4.1 长度 4.2 质量 4.3 时间 4.4 货币 "长度、质量、时间、货币"这四节内容编排顺序都是：情境导入—完整呈现单位概念—教学进率—简单的单位数值计算—练习。每节都是先完整呈现所有的单位及其相互之间的进率关系，再出示每一个单位概念时都用对应的实物图来帮助理解。在长度、时间单位的教学中，均引用数轴模型。在长度、质量单位的教学中，均引用计量表帮助学习进率。 4.5 较为复杂的单位数值计算 如，不同单位间的数值计算（cm＋dm＋m），有小数点的数值计算（15.68kg：16）。（由于德国三年级以后才学习小数乘法，因此这个单元进行有小数点的数值计算时，都是借助单位之间的进率，将其转化成整数进行计算，如：15.68kg：16 = 15 680g：16 = 980g）。 4.6 生活中的数值——经济 在实际生活场景里进行各种数值计算。 4.7 尺度 通过地图进行比例尺的教学，课后习题以 GPS 地图为素材。 **单元练习** 单元目标回顾

　　中德两国的数学课程标准(大纲)中该单元学习目标基本相同:在实际情境中认识钱币,能进行简单的单位换算,了解货币的意义,有勤俭节约的意识,形成初步的金融素养;在生活情境中认识时、分、秒,结合生活经验体会并述说时间的长短,了解时间的意义,懂得遵守时间;知道24时记时法;认识年、月、日,知道它们之间的关系;能运用年、月、日的知识解释生活中的问题,提高初步的应用意识;结合现实素材,感受并认识克、千克、吨,以及它们之间的关系,感受等量的等量相等,发展量感和推理意识,积累数学活动经验。两国教材在这个单元的编写上也有不少的相同点,包括:第一节都以生活实物或现实场景来导入学习,以具体问题的解决作为每一节的结束,都引入数轴等学科工作帮助学生理解数学概念。只是德国教材更直白,更抽象,把图形的放大缩小与比例尺的学习结合一起,安排了大量实践活动,帮助学生积累数学活动经验,等等。

　　然而,在单元栏目设计上,德国教材形式多样,数量多,功能各异。在单元的最前面"感受课或活动课"还有"单元预览",用以知识梳理。"单元预览"提示学生:"在这个章节里你会学到,数值是什么,人们如何测量数值,人们如何换算度量单位,人们如何运用不同的数值来计算长度、尺寸、时间或货币,人们如何运用直尺……"我国教材虽未设置单元预览图,但会在每个单元后安排"整理与复习",每册会设计一两个综合实践活动。前者是导学,更有利于培养学生的自主学习能力;后者是引导学生反思和梳理知识、方法以及学习过程,更有利于学生系统化所学的基本知识和基本技能。

　　在活动环节与结构上,德国教材把各种度量单位的学习整合在一个单元中,每课时的主要栏目都依照"感受体验—核心概念—计算技能—联系生活—生活中的尺度"顺序编排。我国教材将度量单位分散在1—6年级进行学习,对应着不同年级学生的数学学习水平和习惯,既不能超前,更不应拖后。各年级里每课时的主要栏目都依照"生活中的尺度—核心概念—计算技能—感受体验"顺序而编排。每个章节都要求从本质上理解所学习的度量单位,都从最基本的度量单位入手,再类比迁移到更大的度量单位上,让学生通过感知度量单位的大小(1cm 有多长、1g 有多重、1s 有多久)发展"量感"。每个章节都会安排"估一估"的活动,发展学生的推理能力。

　　比较上述单元体例发现:我国教材单元结构版块分明、逻辑清晰,从单元标题到每一节的标题再到最后的整理和复习,一目了然。栏目设置的知识线索外显,便于教师更好地把握教学内容(图 3-1)。精心设计单元内容的呈现顺序和形式,为培养学科核心素养提供清晰的线索,努力促进学生的自我反思与评价。在呈现数学知识时,往往以阅读材料或主题图的形式呈现,起到概念引入的作用,且例题在呈现的过程中,问题情境更倾向于数学化,一个一个问题层层展开,例题也会以留白的形式让学生完成。

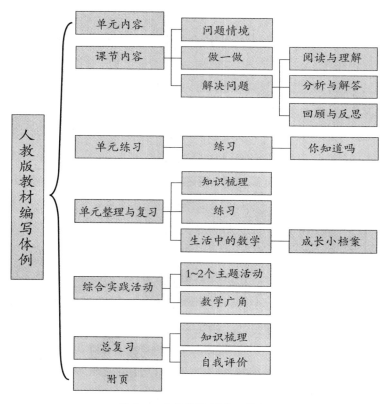

图 3-1　人教版教材编写体例

　　德国教材以"情境＋问题串＋练习"为脉络,有机整合多维度的学习目标,指向学生的能力发展,习题的形式多样且具有层次性,为学生提供个性化的学习机会。教材单元及知识节的标题经常采用生活化的语言,在一定程度上冲淡了内容的数学味,知识线索内隐,教学的开放性大。在问题解决设计方面,大多是给予真实的复杂的情境,让学生在情境中寻找问题。给予的问题情境往往信息量大,学生需要研究这些数学信息,知晓哪些是有价值的问题,哪些为可以研究的问题,哪些是与本节内容相关的问题。因此,面对问题解决的结论,可能更多元、多样化,需要通过验证和反思校核结论的合理性。

三、内容设计:中国难在深度而德国难在广度

国内总有人在议论,中国的小学数学比德国小学数学难得多,学习的任务繁重,压力更大。当我们仔细并广泛地比较中德两国的小学数学基本内容的设计,可以发现:德国的小学数学也不简单,只是其"难"和我国小学数学的"难"有一定的区别。

我国要求教材编写必须严格依据数学课程标准,每个年级的数学知识内容要遵循相应学段目标而设计。因而,各个出版社在编写教材时,对数学内容都挖得很"深",非常强调数学知识的本质属性,导致许多数学课都要求剖析数学本质,要求学生学习数学知识的来龙去脉。很多时候,老师教多"深",学生学多"广",都被精心策划着。

在德国,教材编写也要求依据数学课程大纲进行,但他们强调能力导向,注重数学的应用,解决现实问题所占比例相当大,涉及面比我国宽广。德国教材包含许多整合性内容,数学知识的呈现错综复杂,对学生处理数学信息的能力要求很高。还有,德国小学数学教学注重数学思考,学生初步理解或了解数学对象后要深度理解数学对象的内涵,往往要解释数学原理,评论数学学习的过程等等。因此,显得比我国更"难"。

比如我国教材在教学"比例尺"时,提供"虚拟"的平面图作为学习对象。德国教材则提供多个真实的机床设计图作为学生学习比例尺的素材,呼应现实工业应用的需要。这一点,也体现为他们编排的质量单位

中会出现毫克,会要求枚举现实社会里微小物体(如蜜蜂、跳蚤)的质量。另外,德国教材注重真实数值单位的计算,呈现给学生的计算问题都是客观世界中真实存在的,而不过多进行"教育学加工",因而许多问题的解决都涉及复杂的、真实的数据,经常出现小数或除不尽的数,数据与数据之间的关系也错综复杂,需要学生更灵活的处理数据的关系。

比较中德两国四年级数学教材中知识点的数量(广度),发现相差不大(我国 48 个,德国 54 个),但知识点交集较小(仅 24 个共同知识点)。两国数学教材涉及的知识点有较大差异。此外,德国教材出现一些我国小学教材没有的知识点,比如"数字模型""简单数列""逆推法""裴波那契数列"等。以"数的认识"为例。

表 3-3 "数的认识"教学内容对比

中国教材(人教版)	德国教材(康奈尔森图书出版社)
一上 《准备课》:1—10 的表征,比大小。 《1—5 的认识和加减法》:1—5 的读写,比大小,第几,数的组成,0(读写),整理与复习。 《6—10 的认识和加减法》:6—10 的读写、组成,整理与复习。 《11—20 各数的认识》:11—20 的认识,数的序列(用直尺比较数的大小),计数器,数学乐园。 一下 《100 以内数的认识》:数数,数的组成,数的顺序,比较大小。 二下 《万以内数的认识》:1000 以内数的认识,10000 以内数的认识,数的组成,万以内数的读写,数的大小比较,近似数。 四上 《大数的认识》:亿以内数的认识,数的读写,数的大小,数的改写与省略;数的产生,亿以上数的认识,数的读写,数的改写与省略,计算工具的认识,算盘,计算器,整理与复习。	《准备课》:发现:认识自己。 《走进自然数》:统计与认识数,呈现 10000 以内的数。 《自然数的呈现——十进制》:教材直接呈现完整的十进制表,用较多篇幅组织学习"大数的认识"(四位数及以上),还包括认识数轴上的自然数,让学生说出数轴上的点所对应的自然数;介绍"古罗马的计数法",类似我国教材的"你知道吗"。 《自然数的排序》:用数轴判断数的大小和排序。 《自然数的约算和估算》:四舍五入。 梳理与回顾。

我国教材从认识最基础的自然数开始,0—10、11—20、100以内、1000以内、万以内、亿以内、亿以上,随着年级的增长,数据的难度随之增加,前一个内容都是后一个内容的学习基础,每个内容之间都存在关联性。各个内容普遍采用实物图、小棒、点子图、计数器等各种直观手段帮助学生先理解数的意义,揭示数的本质,再抽象出数位表。要求学生掌握数的组成、含义、省略与改写,编写者在此方面花了大量的精力,另外十分强调分数级的作用。

德国教材通过多种真实生活的场景唤醒学生对数的感知,一个单元就认识完所有的自然数,包含我国人教版教材里四个年级的内容,认识数的步伐很大,未切分成细碎的知识点。教材先呈现传统统计法(类似我国的划"正"字)和条形统计图,从统计的角度切入"数的认识",然后用大量精力组织学习"数在生活中的应用"。虽然这个单元里的学习内容看起来前后联系不明显,但有一致的情境素材,都从实际的生活角度出发,融合统计知识和借助数轴进行。

对比表明,德国教材内容的难度主要表现在内容设计的广度上,我国教材的难度主要表现在内容设计的深度上。

在内容呈现形式方面,德国教材对数学知识描述的方式单一,语言儿童化、直白化、生活性强,知识具有明显的实践性和综合性。我国教材对数学知识描述的方式多样,语言数学化,数学概念严谨抽象,逻辑性强,知识具有较强的拓展性和延伸性,具体思维占主导,结论多是考察记忆和背诵的能力。

在内容设计要求程度方面,德国教材未抽象出数位表与计数器,也未要求学生逆向思考去求"近似数",对于近似数的概念停留在"认识"的层面上,未出现我国小学数学常见的练习题综合训练求近似数的方法、计数单位间的进率、数的组成、数的意义等。

对于690202000这个数,下列描述错误的是(　　　)

A.它接近7亿

B.左边"2"所表示的大小是右边"2"的50倍

C.数字 9 表示 9 个千万

D.它是由 6 个亿 9 020 个万和 2 个千组成

    我国教材习惯于围绕知识点设计"基础型练习""迁移型练习""拓展型练习"等栏目,通过习题训练使学生进一步理解与掌握知识。德国教材的习题设计功能不一,经常不是正课例题的延续,而是尝试型练习,探究类、开放性、实践操作类题目很多,这些习题对学生发现问题、提出问题、分析问题和解决问题的能力要求更高。

    相对于德国小学数学教材,我国教材在内容呈现上多表现为直观和归纳的方式,而直接抽象呈现的比例相对较低[①]。对于思维发展尚处在具体运算阶段的小学生而言,这比较符合其认知水平。然而,在认知要求上,我国教材在"掌握、运用"要求上的比例相对较低,建议适当提高这方面的要求,培养学生应用数学解决问题的能力。在几何直观领域我国教材要求"探究"层次比例较高,不利于培养学生演绎推理能力和创新能力,建议降低要求。除此之外,我国教材中无背景的习题较多,建议设置具有现实背景的习题,凸显数学与现实生活的联系。

---

    ①   巩子坤、何声清等:《中德两国小学数学教材难度比较研究》,《外国中小学教育》2014 年第 11 期。

第二节　例题选择与呈现比较

◇ 例题"学什么"的比较

◇ 例题"怎么学"的比较

◇ 例题"学到哪"的比较

　　例题是教和学的依据,是教学活动不可缺少的文本。作为知识具象体现的例题都经过精挑细选,具有较强的导向与示范作用。教材例题联结课程与教学,其功能已不仅仅是传递"学什么",还承载表现"怎么学"和"学到哪"的任务。分析教材例题设立的初衷和其典型性,挖掘并正确认识例题的教学价值,可以深入学科内部,了解教育的价值。本节以我国人教版教材(教育部审定 2013)和德国恩斯特·克莱特出版社、北莱茵—威斯特法伦州布赫纳出版社等的小学数学教材为例,从文本内容、学习形式、预期目标三个维度进行比较,探寻中德两国教材例题表达方式、学习逻辑、教学侧重点以及各自结构特色等差异,分析差异带来的教学区别。

一、例题"学什么"的比较

在我国数学教育界,不少人把例题分为 Q 型和 P 型两类。

Q 型例题,直接利用规则并按照一定程序去完成解答,使学生形成自动化技能。这类例题的拟制者认为,教学分为三个阶段,各自形成产生式、产生式自动化和形成产生式系统。

P 型例题,通过建立数学模型完成解答,获得策略性知识,形成执行复杂认知操作的产生式系统。这类例题的拟制者认为,教学可以分"弄清问题、分析问题、回顾反思、变式学习"四个阶段进行。[①]

也有人根据例题中蕴含的规律把教材例题分为概念型、基础型、技巧型、规律型和综合型五类。还有人把教材例题分为概念型和导出法则型两类,概念型例题如"乘除法的意义""比例""平均数",导出法则型例题如"商的中间有 0 的除法""小数乘小数"。

"学什么"是例题编写的基础性问题。例题要反映教学内容,选取和设计课程素材时,会基于数学特有的育人功能,体现数学课程内容的基本属性。中德两国小学数学教材例题在"学什么"这个问题上,看法很接近,都以基础性、普及性的数学知识为主体,讲究科学性、整体性和过程性,注重协调例题内容与学生认知能力的关系,既体现数学的严谨,又注重数学知识的可接受。比如,抽象的数学知识,例题会尽可能提供直观背景;复杂的代数运算,例题会安排梯度化的范例和练习;认识图形或几何形体的内容,例题会以具体的操作性活动为主。从整体上比较,我国教材里巩固"双基"性例题的比例大,德国教材里综合应用性例题的比例大,德国教材例题更关注数学内容的主干而非形式、细节。

以"认识时间"这节课的例题进行比较。德国北莱茵一威斯特法伦

---

① 陆明明:《数学教科书例题的分类及其教学建议》,《数学教育学报》2018 年第 2 期。

州布赫纳出版社 2018 年第一版《数学三角洲》五年级第四章第 128 页
"认识时间"的例题翻译如下：

该导入部分，创设了两个同学"约见面，错过时间"的对话情境。男
孩问："这么久你去哪里了？我们约好 16：00 见面的呀！"女孩答："对不
起，因为我实际写作业用的时间比我想的长了 20 分钟！"

例题提出学习要求"解释一下两个时间状语的不同，再列出所知道
的所有时间单位"。直接引出"时间点"和"时间段"这两个学习内容。

例题主体分三个部分（图 3-2），先直接呈现本节课所要学习的数学
知识。第一部分："在日常生活中我们运用到了很多时间单位，如秒、分、
小时和日。我们也可以用它们来表示'时间点'（什么时候）和'时间段'
（多长时间）。"第二部分："换算规则：1 天＝24 小时，对应的一般指从起
床到起床；1 小时＝60 分钟，对应的一般指火车车程；1 分钟＝60 秒，对
应的一般指游泳的时间；1 秒对应的一般指咽东西。"第三部分是练习。

图 3-2　认识时间

我国人教版教材对"认识时间"内容分别编排于二、三、四年级之中，
二年级学习"小时"，三年级学习"秒"，四年级学习"年月日"。我们以三
年级上册教材"秒的认识"的例题作为比较对象。

该例题以"新年倒计时、上学时间、运动场上的跳绳和跑步比赛"四幅生活情境导入。主体内容分为三部分：先呈现"秒"，"秒是比分更小的时间单位"。接着认识钟面上的秒针，掌握钟面上刻度的含义。再通过观察三个钟面发现 1 分＝60 秒。最后设计了用动作、声音表示时间长短的活动，让学生体验 1 秒有多长，帮助学生建立 1 秒的时间观念。另外还介绍其他常用的计量秒的工具及其用途：电子表和秒表，进一步认识用时、分、秒三个单位表示的时间或时刻。

后一节课的例题是教学"计算简单的经过时间问题"，要求学生分清时刻与时间段。

"认识时间"要"学什么"，中德两国的例题都设计了"时间点、时间段、时间单位之间的进率，以及秒和分对应的生活事件"等内容，一个时间段都包括时间数值与时长单位，进行计算之前都要求所有数值必须换算成统一的单位。两国的例题也都从学生熟悉的生活情境导入，基于学生已经积累的现实经验，以解决现实生活中的问题，推进学习；都直接揭示"计量很短的时间常用秒"，以直观的方式使学生整体认识和把握所学的时间单位；都运用了时间轴来帮助学生解决"经过多长"的计算时间问题；都引导学生联系生活事件来理解掌握"分与秒的长短"，设计多种供学生感知时间长短的活动，学习用秒进行测量。

德国教材将时间点、时间段以及时间单位之间的进率合在一个例题之中，注重整体学习"时间——是物质运动变化的持续性、顺序性表现"，不安排了解测量的基本方法，实践活动部分较为简单。我国教材则将这些内容分解在多处，罗列丰富的度量时间单位的工具，注重让学生发现和熟记"分和秒的进率是 60"这一关系，让学生通过"观察钟面上指针运动变化情况"推理得到秒和分之间的关系，这是德国例题没有的。

显然，中德两国都以基础的知识和技能为主，推动学生去认识数学的基础概念、法则、计算和证明。德国的数学教学中倾向于给出生活中的典型实例，直接罗列需要学习的对象，知识特征直显，"过程探究、学法指导"的细节处理不多，体现轻知识重能力的理念。我国的数学教学倾向于委婉呈现数学实例，试图能让学生经历数学知识的产生过程，在"是什么""为什么""怎么样"这些问题上搭建逻辑条理。我国数学教学例题注重知识迁移类推方法的渗透,安排不少的内容帮助学生了解数学概念、法则、公式,培养熟练技能,推动学生运用所学知识熟练解答数学问题,对例题进行延伸和拓展,体现既重结论更重过程的课程理念。

本章下一节将讨论"自然数加减运算"的例题。中德两国教材"自然数加减运算"部分的内容编排都按照由简到难的顺序进行,逐渐递进,从整数过渡到分数和小数;都先学加法,再学减法,从不进位到进位,不退位到退位。区别在于我国教材只涉及万以内数的加减法,包括三位数加三位数、四位数加三位数或加两位数。德国教材"多位数加减法"部分还包含六位数加五位数等比万更大的数,难度更大,数据更烦琐。我国先学小数的加减法,再学分数的加减法,德国先学分数的加减法,再学小数的加减法。

二、例题"怎么学"的比较

数学学习要怎么进行,哪些因素影响学生的数学学习,如何学习才能获得应有的学习效果,这是"怎么学"的核心问题。例题素材是学生学习数学知识的"引子",它不仅能引发学生的学习欲望,还承担联结学生生活经验、学习背景与学习主题,促进学生加深理解的作用,直接影响着学生"怎么学数学"。

学习数学应该是生动活泼的、主动的和富有个性的过程,教材例题应当给学生留有足够的时间和空间去经历观察、实验、猜测、计算、推理、验证等活动过程。教材例题提供的内容越是丰富,就越有利于帮助学生培养积极思考、动手实践、自主探索、合作交流的习惯,促使学生提出问题,解决问题,促进质疑、思考、交流、反思等学习意识的养成。

中德两国教材例题在"怎么学"的处理上存在较大的差异,我国教材例题较少简单"呈现数学"——以直接给出相应数学对象的内涵、体系的方式,而注重设计演绎推理成分多的内容栏目,通过多样化的探索活动让学生获取到知识。德国例题简单浅显,大部分是直接"呈现数学",不像我国例题那样在学习过程中的关键环节给出提示性的信息或问题。只是,我国各个版本小学数学教材例题里的"小精灵提示语"之类的"思维方向"似乎更针对于提示教师,让教师设计教学时在那一处做足"辅导"或是"可以这样地教"。总体而言,德国教材例题比我国例题更适合于学生的自学,但不方便教师设计教学。

以"多位数笔算加法"这节课的例题进行比较。德国北莱茵—威斯特法伦州布赫纳出版社 2018 年第一版《数学三角洲》五年级第二章第 38 页"多位数笔算加法"的例题翻译如下(图 3-3)。

图 3-3　多位数笔算加法

发现:你已经知道自然数加法。

描述一下你都运用哪些方式来熟练地进行加法运算的。再考虑一下,在哪种情况下你会运用哪种运算方式?

理解:人们在进行书面加法运算时,会把每个数位上下对齐,也就是个位和个位对齐,十位和十位对齐,百位和百位对齐。首先将个位的数字相加,再将十位的数字相加,以此类推。

牢记:

	千	百	十	个
	3	3	7	4
＋		7	8	0
＋			9	2
	1	2		
	4	2	4	6

个位:$4+0+2=6$

十位:$7+8+9=24$　　进一位:2

百位:$3+7+2=12$　　进一位:1

千位:$3+1=4$

$3374+780+92=4246$

如果在计算时某一列数字之和大于等于 10 时,就把前面的数字进一位,算入左边的那一列。

该课以"自然数的书面加法运算"为课题,例题学习连续三个数相加(加数是三位数或四位数),练习部分包括五位数和六位数等的连续加法。该例题以复习导入,让学生回忆加法运算的方式,思考不同加法运算适用于何种情况,为学习三个多位数相加作铺垫。在例题的主体部分,通过表格与数位相结合,强调数位对齐;用文字直接阐述加法的笔算算法,相当于直接告诉学生笔算法则;在笔算竖式旁边,附加横等式解释每一步骤运算的顺序及算理,演绎笔算过程。

我国人教版三年级上册教材《多位数笔算加法》的例题。

本课以"万以内数的笔算加法"为主要内容,局限于万以内的数。该例题以"动物种类数量统计表"导入新课,提出三个加法问题。依次为例题 1 的"三位数不进位加三位数",通过计算"271＋122"学会"竖式应该怎么写,从低位加起"。例题 2 的"我国湿地鸟类和爬行类动物一共有多少种"三位数单次进位加三位数问题,这是本例题的主体部分。学生用竖式计算"271＋31"时,会遇到"十位上 $3+7=10$,怎么写"的问题,继而引出"十位上满十向百位进一"的算法。例题接着要求举一反三"想一想——百位上相加满十,怎么办"。最后例题要求小组讨论:"计算万以内的加法要注意什么?"列举出三个学生对"万以内进位加法计算方法"

的小结。例题 3 是 298＋445 的连续进位加法问题，同时要求学生进行估算，验算结果对不对，把笔算、估算、验算结合起来，彰显计算服务于应用的完整性与系统性。

中德两国例题的"引子"有着较大的差别。我国例题从简单的实际加法问题开始，通过三个递进式问题对应学习笔算加法中的不进位、进位、连续进位计算方法，先让学生理解"为什么要运算"，学习运算服务于问题的解决，再强调"运算是刻画多个集合中事物数量信息之间关系的符号（组合）"。德国例题引导学生回忆加法算式，是延续前一节课的"加法与减法的关系"学习活动，从"加法和减法互为反运算，减法是加法的反运算"中突出"四则运算都是源于加法"。译文如下：

你已经了解"把所有的数字加在一起的运算是加法，减法是加法的反运算，在减法过程中人们将数字抽离出来。"

加法和减法互为反运算。

加法概念			减法概念		
56	+ 28	= 84	11	− 4	= 7
加数 1	加数 2	得数	被减数	减数	得数

德国例题用一道算式直接呈现"不进位、进位、多个加数相加"的内容，学生以"阅读、理解、牢记"为主要形式进行学习，认知的逻辑顺序为"进位→不进位→两个加数→多个加数"，整个学习过程的综合性和开放性都非常强。我国教材通过三个例题呈现"不进位、一次进位、连续进位"的内容，学生以尝试、猜想、反问、举一反三、小组讨论等为主要形式进行学习，认知的逻辑顺序为"竖式怎么写→从哪位加起→满十怎么办→十位百位都满十了怎么办"。如此的"先理解算理再归纳总结算法"，整个学习进程步伐较小，突出"从什么地方想""应当怎么想"的运算方法指导，帮助学生寻找到解决问题的突破口，真正理解"走一步，再走一步"的道理。

在怎么学习法则和理解算理方面,虽然中德两国教材例题都提出
"竖式计算的数位要对齐",但我国例题以"想一想竖式应该怎么写"的问
题形式引发学生去学习,德国例题将竖式笔算放入数位表格中,自然而
然"数位对齐",更直观、清晰。对于笔算法则的学习,德国例题是让学生
直接阅读理解,我国例题则要求学生小组讨论,再一起归纳计算法则。
我国例题提供反复操练、相互交流的过程,不仅促进学生逐步形成运算
技能,还会引发对"怎么算""怎样算的好""为什么要这样算"等一系列问
题的思考,使运算从操作层面提升到思维层面。

小学阶段的"加、减、乘、除"是学习数学课程标准"数与代数"部分内
容的基础。信息时代,算法概念的重要性日益突出。小学数学里,算法
无处不在。自然数加减的横式算法与竖式算法,凑十法,先乘除后加减,
从内到外脱括弧,九九表口诀等,都是极为基础而重要的算法。近些年
来,我国计算教学中只重视竖式计算的局面开始被打破,横式计算的地
位得到提高。在自然数与运算的每个阶段(20 以内,100 以内……)都先
学横式计算,然后再学竖式计算。横式计算容易使学生认识到可以从高
位算起,也可以从低位算起,容易让学生自己发现、选择不同的算法,选
择模型来解释计算过程。因此,德国例题在笔算竖式旁边,附加横等式
解释每一步骤运算的顺序及算理,通过横式计算并结合模型来实施算法
多样化的做法值得我们借鉴参考。我们国内对于竖式计算,不能只求学
生快速得出结果,还要关注学生的计算求索过程。

显然,我国小学数学教材例题更多地涉及操作、观察、演算,更常涉
及猜测、推理、概括、反思等认知活动,让学生通过操作实物、观察现象、
数字验算、归纳共性、说明道理等学习方式,去认识数学。这一点,分析
"乘、除法运算"这一课的例题里也可以发现。

德国北莱茵－威斯特法伦州布赫纳出版社 2018 年第一版《数学三
角洲》五年级第二章第 32 页《多位数乘、除一位数》的例题翻译如下:

书面乘法(图 3-4):数的每个数字都有自己的位置。在书面乘法中,
最好将最大的乘数按照他们的数位分割,分别与另一个乘数相乘,最后

将所有的结果相加，得出得数。举例：4 567＝4 000＋500＋60＋7（T——千，H——百，Z——十，E——个）。

Halbschriftliches Multiplizieren

Jede Ziffer einer Zahl hat einen bestimmten Stellenwert.

Beispiel: 4567 = 4000 + 500 + 60 + 7
= 4T + 5H + 6Z + 7E

Beim **halbschriftlichen Multiplizieren** wird am besten die größere Zahl entsprechend ihrer Stellenwerte zerlegt und dann schrittweise multipliziert.
Für das Ergebnis werden alle Teilergebnisse addiert.

4567 · 9 = ?
4000 · 9 = 36 000
500 · 9 = 4500
60 · 9 = 540
7 · 9 = 63
4567 · 9 = 41 103

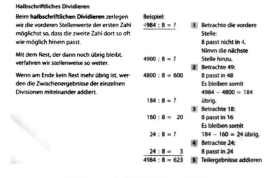

图 3-4　多位数乘一位数

在除法中我们要尽量把被除数前面的数位分割，使分割的数正好是除数的倍数。接下来剩余的数我们重复第一步的步骤，分割数位。当分割到最后的时候，将每一步除法得出的商相加。举例如（图 3-5）：

Halbschriftliches Dividieren

Beim **halbschriftlichen Dividieren** zerlegen wir die vorderen Stellenwerte der ersten Zahl möglichst so, dass die zweite Zahl dort so oft wie möglich hinein passt.

Mit dem Rest, der dann noch übrig bleibt, verfahren wir stellenweise so weiter.

Wenn am Ende kein Rest mehr übrig ist, werden die Zwischenergebnisse der einzelnen Divisionen miteinander addiert.

Beispiel:

4984 : 8 = ?	1 Betrachte die vordere Stelle: 8 passt nicht in 4. Nimm die nächste Stelle hinzu.
4900 : 8 = ?	
4800 : 8 = 600	2 Betrachte 49: 8 passt in 48 Es bleiben somit 4984 − 4800 = 184 übrig.
184 : 8 = ?	
160 : 8 = 20	3 Betrachte 18: 8 passt in 16 Es bleiben somit 184 − 160 = 24 übrig.
24 : 8 = ?	
24 : 8 = 3	4 Betrachte 24: 8 passt in 24
4984 : 8 = 623	5 Teilergebnisse addieren

图 3-5　多位数除以一位数

首先观察第一个数位，4 不能被 8 除，加上下一个数位。

观察 49，48 可以被 8 整除，于是剩余的是 4984－4800＝184。

观察 18，16 可以被 8 整除，于是剩余的是 184－160＝24。

观察 24，24 可以被 8 整除，将每一步的商相加。

德国教材把“多位数除以一位数”与“多位数乘一位数”编排在同一课中，因此两个例题的学习方式基本一致。德国例题里竖式笔算乘法是根据乘法的基本原理进行拆数计算的，要求从高位算起，把多位数按照

数位分隔开,依次往下算,写出每个数所在数位表示的具体数值,再将它们与另一个因数分别相乘再相加。他们将分步计算的过程体现在竖式中,学习方式有观察、对比、模仿等。这和我国教材要求学生依据位值制用竖式笔算有较大区别,我国更加注重学习符号化的运算,乘法竖式计算过程中要求讲析算理,让学生知道每个数字从哪里来到哪里去以及所表示的含义。我国的小学数学教学往往会把竖式计算和其他计算同时呈现在一个例题里,比如口算、估算。因此,我国学生在学习列竖式计算过程中经历的数学活动比德国学生丰富得多,包括操作学具或观察实物帮助理解算理以及进行验算等等。

在除法竖式计算中,德国例题用文字介绍除法的算法,通过例题"4984÷8"介绍把多位数按数位分割的方法——分割的时候从最高位开始,想除数乘多少最接近分割出来的整十或整百、整千的数,再作差,以此类推,计算到最后,再把每一步的商相加得到最后的商。

我国例题(图 3-6)会提醒学生,学习除法计算时,要看最高位,最高位不够除看被除数的前两位,前两位不够除再看前三位,要求学生说出每步计算时各个数字的"数值"——计数单位的个数,将试商的整个思考过程体现在竖式中。德国例题不这样建议,德国学生在试商的过程中容易出现"余数比除数大、无法一步到位地试商"等问题,学生有可能多次对比后才能找到最接近被除数的商,其课程对于计算熟练水平要求明显低于我国。

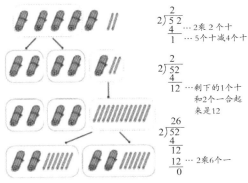

图 3-6 笔算除法

　　在加法运算的基础上学习减法、乘法和除法运算,统称为四则运算。基于四则运算例题的比较,可以发现:我国教材例题在"怎么学"方面显然比德国"上心"得多,注重从侧面给出反映数学本质属性的直观材料,引导学生去观察、讨论所给感性材料的特征,再通过概括等一系列思维过程使学生完成由感性向理性的飞跃。

三、例题"学到哪"的比较

　　庄子说"吾生也有涯,而知也无涯。以有涯随无涯,殆已",知识无穷尽,我们有限的生命是学不完的,如果毕生都在吭哧吭哧地学,大概会累死。那么,我们的数学学习应该学多广,学多深呢?

　　数学例题的编写,如果仅仅设计"展示""模仿""推理""练习"等类型的活动,教学活动指向就更为贴近"知道结果""掌握技能""学会程序"等类型的结果性目标;教材中若设计了"观察""思考""交流""猜想"等类型的活动,则其教学活动指向就更为贴近"探究对象""提高能力""加深理解"等类型的过程性目标。[①] 因此,数学例题的设计首先考虑让学生"学多广和学多深",针对相应的学习目标选择相应的数学活动,帮助学生了解某法则或是定律应用于数学解决问题,或者应用于实际与生产当中应当考虑的思路及其必需涉及的条件。另外,数学例题的内容设计都会讲究"弹性",以激发学生的学习兴趣、引发思考,促进不同的人各有所得。

　　比较两国"百分数和分数、小数的互化"和"角的度量、画角"这两节课的例题发现:"学到哪"的目标要求差异较大,我国教材例题内容难度明显高于德国例题,综合性、灵活性和技巧性的目标要求较丰富,导出法则型例题对学生探索、抽象、概括的能力要求较高。

　　德国恩斯特·克莱特出版社 2013 年修订版五年级第六章第 218 页教材《百分数和分数、小数的互化》的例题翻译如下:

---

① 张奠宙、孔凡哲等:《小学数学研究》,高等教育出版社 2009 年版,第 309 页。

份额经常用百分数来表示。

一次行动中检查了 200 辆货车。其中 40 辆货车有不足,另外 2 辆货车有严重的不足,因此必须报废掉。那么报废掉的货车占的比重是 $\frac{2}{200}$ = $\frac{1}{100}$,通常人们也用 1% 来表示 $\frac{1}{100}$。有不足的货车所占的比重是 $\frac{40}{200}$ = $\frac{1}{5}$,人们想把这个比重用百分数表示时,必须把 $\frac{40}{200}$ 约分,直到分母是 100 为止:$\frac{40}{200} = \frac{20}{100} = 20\%$,也就是说 20% 的货车有不足。

比重通常用百分数表示。1%(称为"百分之一")是 $\frac{1}{100}$ 的另一种表达方式。当人们把分数约分或者扩大成分母为 100 时,就可以写成百分数的形式了。$\frac{1}{4}$ 换算成百分数:$\frac{1}{4} = \frac{25}{100} = 25\%$。

当人们想把小数换算成百分数时,只需把小数点向右移两位,并加上百分号。循环小数也可以用百分数表示。

人们可以把分数换算成百分数,只要人们把分数写成十进制的形式(比如通过除法),就可以不用先把分母变成100,直接转为百分数形式。

本课只涉及学习"互相转化",目标相对单一、纯粹。该例题先呈现"调价了!物品价格超过 100 美分就可享受 10% 的优惠""大清仓!很多物品只以 50% 销售""清空!清空!您以 50% 的价格得到 100% 的货品"等商品打折优惠的信息,再以"图中的百分数代表什么?人们如何借助分数来表示图片中百分数相同的数值呢?在日常生活中百分数的形式会出现吗?这些代表什么"等问题引入新课。例题主体以"货车报废"为情境,凸显百分数的作用——常用来表示比重。用文字与表格相结合的方式直接介绍"转化"范例——小数换算成百分数:小数点向右移两位;分数换算成百分数:先写成十进制形式,再转换成百分数。

我国人教版六年级上册教材"百分数和分数、小数的互化"的例题从"比较两人投篮命中率高低"导入新课,让学生认识互化的必要性。例题主体部分,先分别介绍分数换算成百分数和小数,同时教学解决"求一个数是另一个数的百分之几"的问题。接下的例题 2 是例题 1 的变式,分别介绍百分数换算成分数和百分数换算成小数,联系起新知与旧知,整理"求一个数的百分之几"和"求一个数的几分之几"的意义。最后是归纳百分数与小数、分数三者之间互化的方法。

中德两国的例题都重视通过具体情境感受百分数、分数和小数互化的需要。德国例题把具体情境应用于"互化"数据的背景,我国例题把"互化"置于具体情境中,联系"合格率、命中率、发芽率"等各种百分率,把"互化"融于"求百分率""求一个数的百分之几是多少"这样的问题之中,通过解决问题同时掌握分数、小数与百分数互化的方法。这样的例题设计难度明显高于德国。

德国例题虽然有"循环小数的百分数表示形式"这样的内容,提出"百分数的意义——常用来表示比重",但是对认识"百分数、小数和分数三者意义的联系"方面的要求比我国的例题低。我国要求学生认识"小数与百分数,在形式上不同于分数,但是,它们都是从分数中分离出来的",分数中分离出十进分数,将其改写成不带分母形式的数(按计数原则进行计数)就是小数;分数中分离出分母是 100(或 1000、100000……)的分数,将其改写成带有(类似于)百分号(%)形式的数就是百分数。

另外,德国例题强调百分数通常用来表示比重、份额,是一种表达方法,侧重点在学习小数、分数与百分数互化的方法。我国例题强调百分数是一种"率",侧重点在学会互化并解决实际问题,例题不完全呈现小数、分数和百分数的互化方法,只是给予提示、建议,需要学生自己探索和总结,这样的要求也高于德国。

在分数与百分数的互化方面,两国例题也有区别:我国例题将分数换算成分母是 100 的分数,德国例题将分数先换算成小数再换算成百分数。两种方法均可,不同的情况下适当选择合适的方法。

综上分析,德国例题"学到哪"的目标设置上,对数学基本知识与技能的学习要求不高,对学生认识、探究、思考和领悟数学的"过程与方法"要求也较为简单,对学生参与数学知识学习的态度和对数学的应用较为重视。在这样的例题目标要求下,德国学生的学习过程就会有较多正面的情感体验。我国例题对数学知识与技能的学习要求相对更高,包含更多的"刨根问底",更多的过程探索。这一点也可以通过比较"角的度量、画角"的例题来得知。

德国恩斯特·克莱特出版社 2013 年修订版六年级第三章第 90～91 页教材《角的度量、画角》的例题翻译如下:

奥地利林茨的铁路是世界上最陡峭的铁路之一。铁路向上倾斜角度大概为 6°。绳索铁路和齿轮铁路可以有更大的倾斜角度。在瑞士的盖尔姆大路是欧洲最陡峭的山路,其最大倾斜角度为 106%。比较两个路的倾斜角度,在互联网上查阅更多关于路线的资料。

为了测量角度人们用统一的度量单位。将一个圆平均分成 360 份,每一份就是单位 1°。

在三角板上有一个半圆,半圆被等分成 180 份。

用这些可以测量或绘制角:三角形的零刻度应和角的顶点重合,人们应该将角的一条边与 0 刻度重合,数出来 0°、10°、20°…数到角的另一条边,这时人们可以读出角度。

有时第二条边太短,以至于人们不能直接读出三角板上的度数,为了测量出角度人们可以把边无限延长。

为了绘制角,比如一个 30°的角,应该先画出角的顶点和一条边。画第二条边时,有两种方法:旋转三角板,使 30°的刻度与已画出的第一条边重合;在 30°刻度旁标记角的大小,三角板的底面与已画出的边重合。

角的大小会用单位度°来表示。将一个圆平分成 360 份,每一份就是1°。角会根据他们的大小划分成不同的角的类型。

锐角小于 90°,直角 90°,钝角 90°至 180°之间,平角 180°,反射角 180°至 360°,全角 360°。

利用三角板也可以画出反射角,比如画出 210°的角。有两种方法:先画出 180°的角,再加上 30°的角;算出 360°与 210°的差,画出这个角。

我国人教版四年级上册教材在安排了"角的度量"之后，紧接着安排"角的分类"，最后才安排"画角"。德国教材把"角的度量、画角"设计为一节课，然后才是"角的分类"。两国的单元内容编排顺序看似差别不大，但我国教材在安排学习完"角的分类"后才安排学习"画角"，显然对"画角"技能有更高的要求。就这节课的例题而言，我国例题的逻辑顺序为"线段、直线、射线→角的定义→角的度量单位→度量工具（量角器）→角的分类→画角"，德国例题的逻辑顺序是"角的度量单位→度量工具（量角器）→量角器画角→角的分类→三角板画角（反射角）"，从中也可以看出我国例题的学习要求高于德国。

在导入部分，两国的例题都从角的大小比较引入新课。不同在于，我国在教授"比较角的大小"时先比较两个直接可以判断大小的角，再比较需要测量的两个区分度不高的角，从而引出度量角的标准和工具。德国例题通过比较奥地利林茨的铁路、瑞士的盖尔姆大路的倾斜角度引出角，要求学生上网查阅更多的资料，既拓展学生知识的广度，也注重培养他们查阅、收集资料的能力。

画图是程序性知识，两国例题同样注意对"画角步骤"等技能的归纳提炼，对学生画角精确度的要求都很高。只是德国例题鼓励学生探索各种画角的方法，结合图形直观演示呈现多种用工具画角的方法，包含画"反射角"，侧重点在于数学工具的使用，尤其是学会使用不同的工具来多样化地量角、画角。例如，旋转三角板使 $30°$ 的刻度和已画出的第一条边重合；在 $30°$ 刻度旁标记角的大小，三角板的底面与已画出的边重合；用三角板的固定角画角，等等。

我国例题强调"角"的概念发展顺序以及前后知识的衔接，在量角、画角之前，先教学线段、直线、射线和角的定义，然后引导学生认识量角器的构成，学会量角，估测角的度数，再在角的分类时以度数为标准讨论锐角、直角、钝角、平角和周角之间的关系，直接介绍直角、平角、周角等概念，最后才学习画角。给予学生丰富的感性认识之后再训练画角技能，因而画角的技能训练更加规范，要求也比德国更高。

第三节　德国教材特色赏析

◇ 广泛应用数学工具之数轴

◇ 数学素材贴近学生现实,更具时代特征

◇ 广泛联系融合,突出应用意识

　　教材是教师开展课堂教学的重要参考依据,我国小学数学教材的编制奉行"一纲多本"的方针,各版本教材有自己的鲜明特色。虽然不少专家、学者比较过国内各个版本的教材特色,但由于获取途径的不便、使用语言的不同、文化背景的差异等多方面因素,关于外国小学数学教材的特色发现相对较少。我们以德国恩斯特·克莱特出版社和北莱茵—威斯特法伦州布赫纳出版社的一至六年级数学教材为例,枚举德国小学数学教材具有切合实际、突出实用等等特色。

一、广泛应用数学工具之数轴

数轴是特定几何图形,用一条规定了原点、正方向和单位长度的直线来表示数。数轴的直线是由无数个点组成的集合,数包括正实数、零、负实数。在规定右边为正方向时,在这条直线上的两个数,右边上的点表示的数总大于左边上的点表示的数。数轴能形象地表示数,横向数轴上的点和实数成一一对应关系,每一个实数都可以用数轴上的一个点来表示。数轴具有数的完整性,不仅能够表示有理数和无理数,还能够表示虚数,还可以组成坐标系,构成严密的数的系统。

德国小学数学教材广泛应用"数轴",不仅在"数的认识""数的运算"方面利用数轴辅助学习,还在"认识时间""方程"和"解决实际问题"等方面借助数轴来帮助学生学习数学。学习"负数的运算"时,他们把数轴作为"数"与"形"沟通的工具,揭示"数轴"一词中"数"的意义以及数轴与数的密切联系。

数轴是一维的图,整数作为特殊的点均匀地分布在一条直线上,它是"数形结合"的基础。德国小学数学教材充分利用数轴这一重要的数学工具,要么以它作为学习研究工具,使学生具身于具体、直观的环境中,经历"直观形象—形象概括—本质抽象"的过程,充分体会数形结合的好处。要么通过它使数和数轴上的点建立起对应关系,揭示数与点之间内在的联系,使抽象的数量关系更加形象直观,烦琐的问题变得简单,也丰富了学生对数学的感知、感悟。比如:

1.1 利用数轴认识自然数

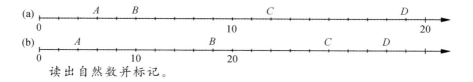

读出自然数并标记。

1.2 利用数轴认识负数

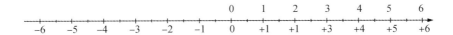

如上,数轴上,较小的数总位于左侧,$-4<+1$、$-6<-2$、$-2.5<0$、$0<1.5$。数和相对数在数轴上以 0 对称,比如:-3 的相对数是 $+3$,$+3$ 的相对数是 -3,$+5$ 的相对数是 -5,-5 的相对数是 $+5$。

1.3 利用数轴理解正、负分数的意义

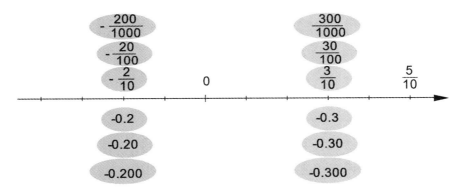

1.4 利用数轴认识自然数和比较数的大小

数数的时候人们数自然数 0、1、2、3、4……每个自然数都有一个比它大 1 的数,同样,除了 0 之外,也有一个比它们小 1 的数。如果有很多很多自然数,人们就用 N 表示。N 包含许多数。

比 9 大的自然数由更多的数字组成。

人们可以在数轴上表示自然数。

箭头方向是数值更大的方向。

2 在 7 的左边　　　8 在 5 的右边

2 比 7 小　　　　　8 比 5 大

这样写:$2<7$　　　这样写:$8>5$

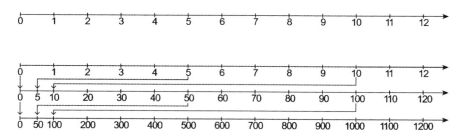

在数轴上,两个相邻自然数之间的距离相同,如果人们想表示更大的数值,就必须要把所有数值之间的距离相应缩短。

1.5 利用数轴比较大小

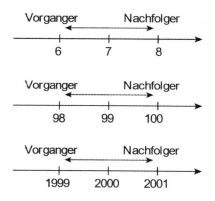

在数轴上表示某数字之前和之后相应的范围:数字 7 的前面的数字是 6,后面的数字是 8;数字 99 的前面的数字是 98,后面的数字是 100;数字 2000 的前面的数字是 1999,后面的数字是 2001。形象直观,解题快捷,学困生都能够理解。

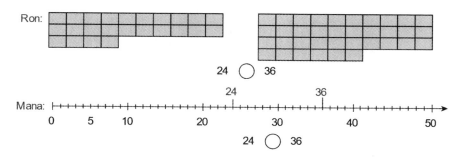

1.6 利用数轴学习正、负分数的通分

-2	$-\frac{3}{2}$	-1	$-\frac{1}{2}$	$-\frac{1}{4}$	0	$\frac{1}{4}$	$\frac{1}{2}$	$\frac{3}{4}$	1	$\frac{3}{2}$	2
$-\frac{2}{1}$	$-\frac{6}{4}$	$-\frac{1}{1}$	$-\frac{2}{4}$	$-\frac{2}{8}$	$\frac{0}{1}$	$\frac{2}{8}$	$\frac{2}{4}$	$\frac{6}{8}$	$\frac{1}{1}$	$\frac{6}{4}$	$\frac{2}{1}$
⋮	⋮	⋮	⋮	⋮	⋮	⋮	⋮	⋮	⋮	⋮	⋮
$-\frac{4}{2}$	$-\frac{9}{6}$	$-\frac{2}{2}$	$-\frac{3}{6}$	$-\frac{3}{12}$	$\frac{0}{2}$	$\frac{3}{12}$	$\frac{3}{6}$	$\frac{9}{12}$	$\frac{2}{2}$	$\frac{9}{6}$	$\frac{4}{2}$
⋮	⋮	⋮	⋮	⋮	⋮	⋮	⋮	⋮	⋮	⋮	⋮

1.7 利用数轴改写大数

要求学生读出数轴上字母代表的数字,然后确认数轴上的单位数字。

(a) A　B　C　　D　E　F　　G　H

0　1000　2000　3000　4000　5000　6000　7000　8000　9000　10000

(b) A　B　　C　　D　　E　F　　G　H

0　1Mla　2Mla　3Mla　4Mla　5Mla　6Mla　7Mla　8Mla　9Mla　10Mla

1.8 利用数轴求数的近似数

通过估算可以确定一个类似大小的数值,在此,人们常常关注需估算的下一位较小的一位位值。例如,需要估算到十位时,要观察个位数。

200　238　250　　300　　　　　　　200　　　　280　300

1.9 利用数轴学习自然数的运算

数箭可以生动地在数轴上表示加减法,例如利用数箭表示:$17+27$ 和 $35-18$。

+27　　　　　　　　　　　-18

0　10　1720　30　40 44　　　　0　10　1720　30

1.10 利用数轴学习正负数的加减运算

不仅可以帮助学生直观地理解运算的含义，而且形象直观，解题快捷。

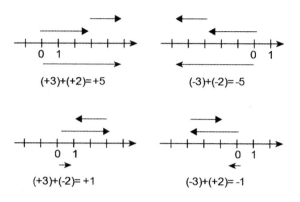

1.11 利用数轴计算"时段"

在数轴上表示起始时间点和结束时间点，就很容易求出过程经过的时间。

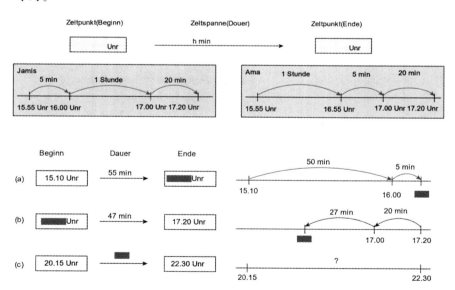

皮亚杰认为，儿童认知发展可以分为四个阶段，感知运动阶段（0～2岁）、前运算阶段（2～7岁）、具体运算阶段（7～11、12岁）、形式运算阶段

（11、12 岁以后）。感知运动阶段是智慧的萌芽，前运算阶段出现表象和直觉思维，具体运算阶段出现初步的逻辑思维，形式运算阶段出现抽象的逻辑思维。小学生的思维正处在具体运算阶段，数学学科具有抽象性、逻辑性、应用性的特点，小学数学教学应当根据学生的年龄特点和认知规律，运用各种教学资源、教学手段、教学方法，充分调动学生学习数学的积极性和主动性。因此，数轴是数学中较为重要的概念，是学生理解数学、学好数学的重要工具。

我国现行的教科书，特别是初中教科书，普遍用数轴来解释负数或者相反数，小学教科书也有个别领域用数轴帮助学生学习，比如自然数的大小比较、分数和小数的认识。德国教材善于利用数轴，贯穿过学习整个过程，应用广泛。中德两国的许多成功教学案例都证明数轴可以帮助学生理解几何意义、直观认识数和数的运算，数轴可以广泛应用于分类讨论、分析比较。

比如，德国教师利用数轴讲析习题：

在 $428÷7$、$570÷8$、$418÷7$、$641÷8$ 这四个算式中，哪个算式的结果最接近 60？

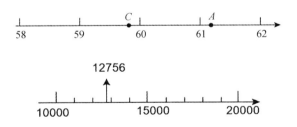

学生很快就排除 $570÷8＝71……2$ 和 $641÷8＝80……1$，部分学生不能比较 $428÷7＝61……1$ 和 $418÷7＝59……5$ 的结果大小，有一个学生认为其结果相等，因为他们只考虑商 61、59、60 都相差 1，未考虑余数。这时候，教师借助数轴让学生直观地看出它们谁更接近 60。结果 61 余 1 比 61 还大，因此在 61 的右边，记作点 A，结果 59 余 5 比 59 还大，因此在 59 的右边，记作点 C。图中很明显就看出 $418÷7$ 的结果更接近 60。

　　再比如,我国教师在教学四年级上册的"近似数"内容时,很多学生不理解——为什么要四舍五入,是舍还是入,为什么要看省略部分的最高位上的数是小于 5 还是等于或大于 5。例如"12756 省略万位后面的尾数求出近似数",为什么要将 12756 估成 10000,而不是 20000? 为什么只看千位的"2"? 只是单纯说,学生很难真正理解,借助例题数轴,将几个数的大小关系直观展示出来。10000 到 20000 这一段是10000,它们的一半是 5000,12756 只比 10000 多 2000 多,不够 5000,也就是千位上的 2 小于 5,所以把千位的 2 和 2 右边的数全"舍"去,改写成 0,12756 接近10000。像这样,直观地在数轴上体现数值,将抽象的问题直观化,帮助学生认识大小。

　　数学的显著特点是抽象,学生抽象能力不高,自然无法抽象出问题中最本质的东西,就会影响对数学的理解。小学数学教材如果能多一些利用数轴来解释和理解有关数学问题,对于突出重点、突破难点都有很大的帮助,可以使无从下手的问题变得有法可依,使抽象的数量关系变得直观可见,数与形有机结合能得到良好的效果。我国小学数学界可以多利用"数轴"来作为表达数学素养的题材或是呈现方式,将更多的学科工具用于提升数学教育质量。

二、数学素材贴近学生现实,更具时代特征

　　数学素材指数学教科书上的文本、图片、物体及其数量等一切可以利用来为教学服务的材料,是静态的、客观的,尚未形成数学思维的材料。良好的数学素材直接影响课堂教学效率。因此说,数学素材是数学教学的基石。

　　新时代的数学教育,要让学生面对实际问题时能够主动尝试从数学的角度运用所学知识和方法寻求解决问题的策略;面对新的数学知识时,能够主动地明了其数学背景,探索其应用价值。教材编写者要从众多的素材中合理挑出有现实意义的、有挑战性的那些内容。

　　我国各版本小学数学教材内容的素材普遍具有插图卡通化、例文术

语化、情境问题化的特点，以童话故事、卡通情境或游戏类的内容吸引学生的兴趣。德国教材在素材的选择上注重贴近学生生活的现实，重视数学素材与现实社会的联系。他们从学生生活中经常遇到的现象、问题入手，把日常生活中碰到的实际问题都编进教材，充分考虑学生的实际生活背景和趣味性，努力使承载数学内容的素材能使学生感到"有趣、好玩、新奇、有用"，让学生体验到自己是个"研究者"，是个"有用的人"。比如：

1.1 在常见的车牌标识中找到轴对称图形。

以"同伴笑脸图"作为感受对称美的素材，看到年龄相近的伙伴，亲切又喜欢。

1.2 以"头顶书、单脚站立"等活动作为感知"时间的长短"的素材。

德国小学课堂人数少,学生可以轻松、即时参与这样的体验活动,情境真实而高效。

1.3 学习"直角"时,先进行"折纸"发现直角,再把教室窗户夹角作为研究对象。

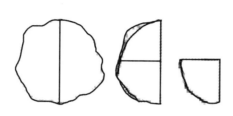 

这样的素材贴近学生所处时空,操作简单、便捷,最后才抽象出"两条直线相交夹角成 90 度的情况是两条直线互相垂直"。

1.4 通过"比重量"学习质量单位,在称量物品重量时,选择鞋子、剪刀、书、文具盒、牛奶和自己的体重。

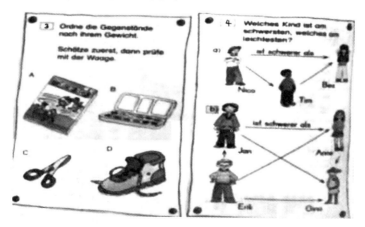

这些都是生活中常见的物品,学生可以天天接触到。

1.5 有 2 982 个乘客玩滑行轮车,每趟滑行轮车上面可以坐 14 个人。至少需要多少趟？3 435 个乘客至少需要多少趟呢？只需得出近似值。

用学生喜欢的"过山车"作为学习"近似值"的素材,趣味化又体现社会真实的"估算",有利于学生经历从现实情境中抽象出数学知识和估算方法的过程,发展推理能力等。

1.6 说出图中的数字。

自行车比赛是学生最喜欢的体育活动项目之一,五年级的学生几乎都有骑车的体验,这样素材非常贴切与真实。

德国教材联系生活、图文并茂,数学情境或者问题情境中,使用与生活实际有密切联系的素材,这样更加生动有趣,更易激发学生的学习兴趣,使学生认识到数学源于生活且应用于生活。

德国教材也有一些内容不太合适。例如,带分数乘法中出现"买一袋 $5\frac{2}{3}$ 千克的大米",现实生活中的超市里较少这样售卖,到超市去买米,一般都是 5 千克、10 千克整袋装,盐也是 500 克、1 000 克整袋装。

移动互联网时代和人工智能时代,小学数学课程实现从静态化、平面化、区域隔离化转向动态化、立体化、区域共享化,不能让小学生依然学习几年前乃至几十年前的"旧"知识。今天的小学生学习和获得的经验,将在几十年后他们进入社会工作岗位时使用,让数学教育不过时,让儿童赢得未来是每一位数学教育工作者应该深入思考的话题。

德国教材的素材选择除了贴近社会现实外,还与现代社会的发展密切联系,具有时代特征。他们的素材都是社会发展最新的成果,反映现代生产生活里较为先进的科学技术。另外,他们会妥善处理信息技术与数学教育的关系,突出科学性、技术性和实用性,使素材具备现实意义。

德国教材具有时代特征表现在:数学素材带有丰富的现代化元素,插图颜色鲜艳,构图逼真,内容多是当今社会最新科技发展成果,很少是几十年前的陈旧社会画面,和现代社会的发展联系更密切,更融合。这样不陈旧,不与社会革新步伐脱钩,与时俱进,具有时代气息,反映社会生活需要的素材能够真正激发学生的探究欲望,让学生在学习活动中体会到自己"有用",也能更好地拓展学生的数学应用视野。比如用手机app 里的量角器学习"量角"。

1.7 以汽车油表盘作为"分数乘法计算"的素材(当油箱"满"的时候,里面有80升汽油。想象一下,下面油盘表示的大概有几升汽油)

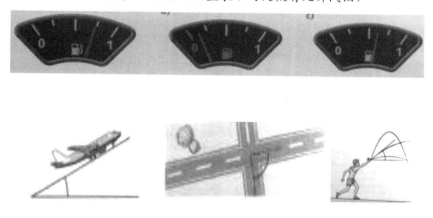

学习"直角与锐角"时,使用飞机起飞、雷达探测、运动员抛铅球等素材。紧密联系现实生活中"角"的应用实例,充分感受数学知识的"鲜活"与"实用"。

1.8 在学习"角"这个章节的"单元导览"中,使用与角有关的现代化对象,联合国会议场景、花样游泳、摩天轮、世界著名广场、古典名表等等素材,都与现代社会发展息息相关。

用"风车、风力发电机"等新能源生产工具作为"图形的旋转"的素材,彰显数学与科技的密切联系。学习"整数除法"时,用"自动化生产车间的流水线"为素材,情境图里的问题就是企业真实遇见的问题,容易激发学生学习兴趣,可以让学生经历发现问题、提出问题、分析问题、解决问题的全过程。虽然对于小学生来说,证明这些结论是困难的,但可以给学生留下进一步学习数学的悬念,感悟发现问题和提出问题的魅力。这样的素材鼓励学生自己得出一般性结论,且用数学的语言、数学的符号来表达一般性的结论,哪怕是很简单的问题。这样的素材,可帮助学生积累思维经验和实践经验。

三、广泛联系融合，突出应用意识

在未来的职场里，许多问题无法用单一的学科知识来解决，需要综合各学科知识，运用多学科思维来解决问题。因此，教育越来越需要发展学生综合思维能力以应对多文化共生的社会发展需求，以某个学科学习为基础的跨领域（学科）学习越来越受重视。

德国数学教材注重以现代数学内容及方法为统领，整合数学与数学以外的学科，引导学生综合运用所学习的数学思想、方法、知识、技能解决现实社会生活中的复杂问题，让学生体会数学知识之间、数学与其他学科之间、数学与生活之间的联系，运用数学思维方式进行思考，增强学生的数学应用能力。

他们不局限于传统单一的学科课程模式，而是通过学科间的契合点，整合信息技术、科学、语言、美术、音乐等不同学科的知识，让学生综合探索、逆向思维、合作动手，自主整合成新的知识。通过在教材里融入其他学科的知识、思想和方法，使得学生的数学学习变得更有魅力和更富文化底蕴，帮助学生构建更加完善的知识结构，全面发展学生的能力。

德国的数学教材还设计了很多科学实验活动，以实验、探究等活动展示"有生命力的数学"。他们或是让学生围绕教材提出的命题进行猜测和动手实验，或是利用教材提供一系列条件，进行实验，从中发现新问题，找到新规律，以培养学生的观察能力、操作能力、分析数据能力和解决问题的能力。

比如，德国教材设计了"对印的图案"数学活动，把科学和想象融入数学活动之中，让学生在美术对印创作的过程中，体验轴对称图案的绘制过程，即"上色—对折按压—打开添色"，其中"对折按压"使折痕两边的图形完全相同，"折痕"便是对称轴。这样的创作体验，有趣生动而又形象直观，学生在想象创作的过程中理解轴对称和对称轴这两个抽象的概念。此时，美术成为学生认识数学、学习数学的工具。紧接着欣赏生活中的对称现象，学生再一次感受到轴对称给人以"端庄、平稳、和谐"的美感。还组织"照镜子"活动，让学生想象不同角度的对称图形的另一半是怎样的,通过镜子折射验证自己的想象,借助科学学科的知识——镜面现象进行分析交流,并通过剪纸的形式进行巩固练习。

又如:用"音符"作为学习分数加法的素材,整合数学与音乐。"认识生活中的数",教材主题素材图文并茂,呈现《1 000 个为什么》、写给奶奶的信件、计算器上的数、鞋盒边的尺码、时钟上的数字、路牌、车票上的信息、裤子价钱等信息,素材极为丰富,所蕴含信息的综合性有助于数学课程目标的全面落实与达成。主题图中隐藏着许多数学信息,学生需要将图中的信息和文字题中的信息分类、对比找到信息间的数量关系。学生在解决数学问题时需要引入语文阅读法,比如,粗读、细读和图文转化,学会先把信息粗略地读一遍,弄清楚几个问题——要解决什么样的问题,有哪些已知信息,哪些是重要信息? 哪些是无用信息? 再进行细读,圈出信息中的关键词句,挖掘信息之间的联系,读懂已知信息之间的相互关系,并标注在关键词句的上面,等等。

以"调喝麦片"为主题综合学习"比例和分数乘法",教材用"健康的早餐是一天最好的开始"来引导,应用数学解决生活中的问题,同时进行营养学教育,引导学生关注健康饮食,树立现代健康生活理念。

一份燕麦(30 g)包含很多营养。其中包括 2 g 的脂肪和蛋白质,18 g 的碳水化合物。而人类 $\frac{3}{5}$ 都是由水分组成的。(1)计算一个重 50 kg 的少年,身体内有多少水,用 kg 表示。(2)表示出一份燕麦中脂肪和蛋白质以及碳水化合物所占的比例。(3)妹妹早餐将两份燕麦和牛奶混合吃掉了。她思考了一下,她已经得到了自己每日所需的能量的 $\frac{1}{10}$。那么她需要再吃多少份燕麦,才可以满足日常所需?(4)一个猕猴桃大概重 80 g,含有 64 g 的水。那么水分占总体重量的多少?

教育面向未来多变的社会,综合性、跨学科的知识和能力显得越来越重要,这也是我国当前课改中提出培养学生核心素养的重要原因。核心素养对当下教师和学生提出更高的目标,要求学生在面对复杂的现实情境中,能够综合运用跨学科的观念、思维模式和探究方法,过于细分和割裂的学科课程与实施是不利于核心素养的整体发展的。

现实中,由于数学的许多内容与其他学科知识有密切的联系,使得我们在学习其他相关学科内容时经常会遇到数学,或者在解决其他学科问题时,经常用到数学知识。因此,其他学科相关内容可以成为学习数学课程的基础和素材,反过来,也将促进学生对于"数学是其他学科语言和工具"这一论断的理解。另外,小学阶段课程内容中数学概念基本上都可以在生活现实中找到"原型",许多教材引入学习主题时都会从学生的生活现实、数学现实和其他学科现实去选择合适的素材作为载体。随着学生学习的深入,其他学科(自然科学、社会科学、人文科学)的知识也就成为学生的"现实"。

学习要建立在已有认知基础之上,包括知识技能、活动经验、生活背景等,我国小学数学教材编写应该"广泛联系融合"。我们要以数学学科为统领建设更多的跨学科综合课程,充分挖掘数学与语文、科学、美术、音乐、信息技术等学科之间的内在联系,不同学科知识连接与整合,将分散的课程知识按主题进行逻辑结构化,与儿童经验和生活联系起来,以主题作为学生进行探索学习的主要线索。

二十一世纪是数学大发展的重要时期,最主要的标志就是数学应用,无论数学应用的广泛程度,还是深度,都是空前的,在自然科学领域或人文社会科学领域都可以看到数学的应用。德国教材还有突出的特色——十分注重数学知识的实际应用,较少形式化的数学操练。

比如,德国教材以建筑装修为主题,先以铺地砖为情境学习矩形面积计算,再以"设计室内结构图"作为计算面积大小练习的素材,再以1∶100的比例尺呈现一个小公寓,计算浴室的面积。

德国教材从用"定点,一条绳子绕一圈画出大圆"的活动开始学习"认识圆",来自生活的素材让学生清晰认识到所学数学知识可以运用在生活中。了解容积与体积的相关知识之后,让学生尝试解决"货车车厢能装多少货物"的问题,用学到的数学知识去解决"货车载货量"的问题,突出数学应用意识。

第四节 思考 · 探究 · 实践

◇ 推进课程教材现代化
◇ 加大教材统合力度,推进课程结构综合化
◇ 学科整合让数学深度学习真正发生

我国对不同版本小学数学教材的比较研究已经很多,针对国际间的小学数学教材比较,特别是关于我国与德国的教材对比,也有个别成果,但聚焦课例,对教材体系、数学内容和素材的选择等进行综合对比的研究几乎没有。多维度剖析中德两国小学数学教材的结构、典型例题及编写特色,可以促使我们对小学数学教材改革创新进行思考。通过比较分析,建议要进一步推进课程教材现代化,加大数学教材内容的统合力度,推进数学课程结构综合化,通过学科整合催生深度学习。

一、推进课程教材现代化

教材的结构、内容和编排是质量的生命线。教材的编制应讲究科学性和先进性，既相对稳定，又与时俱进，内容选择应科学适当，符合课程标准规定的知识类别、覆盖广度、难易程度，能准确阐述本学科的基本概念、基本知识和基本方法，还能及时反映经济社会发展的新变化、科学技术进步的新成果。除此之外，高质量而又有特色的教材还要着眼于学生全面发展，遵循学生的成长规律，适应不同年龄阶段学生的认知特征，紧密联系学生的思想、学习、生活实际，有机结合知识、能力、情感、价值观的培养，充分体现教育教学改革的先进理念。

我国推行小学数学教材依照义务教育数学课程标准进行编写，为小学数学教学提供有效支持。为了落实新课程理念，培养学科素养，增强适宜性，小学数学教材每隔一段时间就会对教材结构、内容呈现方式等方面进行调整。经过不断修订优化，我国小学数学教材已经具有课程知识连贯、结构表征良好、变式设计多样等优势，成为实现数学课程目标、实施数学教学的重要资源。

2016 年 7 月，英国政府决定在接下来四年期间投入 4 100 万英镑，持续开展中英数学教育交流项目，在英国中小学广泛推广上海经验，他们陆续从中国引进数学教师。2017 年伦敦书展上，英国哈珀·柯林斯出版集团与上海世纪出版集团签订协议，翻译出版上海基础教育的数学教材，供英国的学生学习使用。英国教育界人士普遍认为，上海小学数学沪教版教材的知识点有系统的布局，更突出数学建模，每节知识都从情景实例引入，注重数学知识学习与应用。例题内容的选择具有浓厚的文化元素，贴近学生的实际，很有利于学生进行体验与理解数学、思考与探索问题。同时，教材的使用也给一线教师留有很大的自主选择与创造空间。

德国小学数学教材中也可见中华民族的数学文化元素——"双鱼图""洛书""七巧板",德国人认为我国数学教材是"高质量的,适合以班级为整体的教学,能帮助学生深度理解数学结构"。

我国小学数学教材把三角形中两条相等的边称为"腰",腰和底边的夹角叫底角,两腰所夹角称顶角。对此,德国老师表示,他们没有"腰"的概念,称为"两条相等的边"。相较而言,我国数学教材的定义更加细致,这有利于教师系统讲解"等边三角形与等腰三角形之间的关系",帮助学生更完整地认识三角形的特性。在德国,他们停留在认识"什么是等腰三角形""什么是等边三角形"。

德国小学数学教学较多是告诉学生"知识是怎样的",较少讨论知识的形成过程,练习里会留下许多让学生举一反三推理的内容。我国的例题注重呈现知识的形成过程,比如"指导学生从多个路径去探究发现三角形的内角和是 180 度",还会通过变式应用提供丰富的数学练习。在德国数学教师看来,这是值得称赞的。他们认为,中国小学数学教材充分体现数学学科特点,能够有效地促进知识与练习的融会贯通,在这些方面,中国的教材比德国教材要好得多。

教材的呈现方式对教师理解编写者意图,确定教学内容进度,把握教学重难点发挥重要的作用,也能推动学生转变学习方式,激发学习兴趣,增强学习体验。不同的呈现方式会对学习效果产生不同的影响。因此,应对我国现行小学数学教材有充分自信,但要不断总结以往的教材编写经验,广泛借鉴国外优秀教材案例,努力在教材的内容结构、内容组织、内容呈现、栏目设置、习题编排等方面有所突破,进一步推进课程教材现代化。比如,在数学情境与教学素材的选择上,更真实,更前沿,更现代化一些,让学生学到的数学知识能够服务于生活和适应社会发展,让数学学习帮助解决遇到的真实问题。

德国小学数学教材有"注重知识立体交互之间的关系,强调数学知识的应用学习,不同学段内容衔接贯通,各类内容协调配合"等明显特色,可以促进学生的数学思考和应用数学,方便教师自主开发数学课程。与我国人教版教材相比,这是有益的补充。

借鉴德国教材优秀成果的同时要规避他们存在的问题。比如,德国小学教材对百分数的定义是"分母是 100 的分数",这是有争议的,"米"可以用分数表示,但是它不是百分数,不能用百分数表示。德国教材给"面积"下的定义是"平面图形或物件表面的大小",这样的表述不准确。现代数学对面积概念的描述是"用以度量平面或曲面上一块区域大小的一个正数",我国小学数学人教版和北师大版教材对面积概念的描述是"物体的表面或封闭图形的大小",土地的多少、图形的大小就是我们数学中所说的面积①。德国教材例题出现"百分之 45",规范的写法应该是"百分之四十五或 45％"等等。

二、加大教材统合力度,推进课程结构综合化

儿童一般在分解的基础上认识世界,这种认知特点适用于使用单一结构的教材。但教育最终应使儿童实现对世界的整体认识,即不同学科的知识应该最终综合发挥作用。教材结构的综合化有利于高效实现"分解—综合"的过程。德国教材将学生置身于丰富的社会发展中,广泛引用各类资源,重视帮助学生掌握问题解决和数学实际应用,倡导用现代技术融合数学课程内容,综合化、整合性特征明显。我国在编写教材时应考虑社会的适切性,强调数学与其他学科的融合,与生活和传统文化的联系,加大数学学习内容的统合力度,用较多的有深度的数学文化课程,多跨学科研究、体验式学习的课程,形成各年级相关联的但不同类别的综合实践性课程内容。

小学数学的特殊性和儿童的认知特点都决定了小学阶段的课程内容应该源于现实并服务于生活。我们要从儿童自身的生活、知识背景出发引导儿童学习数学,帮助他们从日常生活中找到数学模型。选择儿童熟悉的、易于理解的生活素材作为教材内容,以儿童发展为中心引入现

---

① 吴正宪、刘劲苓、刘克臣:《小学数学教学基本概念解读》,教育科学出版社 2014 年版,第 307～308 页。

实生活问题,让小学数学教材内容生活化,不要强求每个学生具备相同的数学背景,要尊重儿童社会生活经验的差异性。

小学数学教材结构要着重关注核心素养的整体性,因此,综合化的过程中还需要注意实现外部结构的综合,不能将其简单与其他课程进行拼盘似的组合,要以课程综合为理念,将其他学科的课程内容、课程实施方式、学科思想方法渗透进小学数学教材之中。除外部结构的综合之外,数学教材内部知识结构也可以围绕知识领域进行统合,例如,估算、简算、口算、笔算等课程内容均可以在计算领域之下进行整合。

2022 年修订的《义务教育数学课程标准》,"综合与实践"部分增加"主题活动"比例,数学教师要开发可以操作、启发思考的课程,注重跨学科研究,提供体验式学习素材。学校可以从一至六年级每个年级确定一个项目式课程,不同年级的"项目课程"类别不一样,但六个类别的项目课程应该整体关联且逐年发展递进。学生进入学校读书后的每一年都经历一个项目课程,每一个项目课程都突显主题性研究。

例如,有一所小学以"统计之美"为主题设置三年级的课程内容。依据《义务教育数学课程标准(2022 年版)》中"统计与概率"的学习要求,"能收集、整理具体实例中的数据,并用合适的方式描述数据,分析与表达数据中蕴含的信息,能用条形统计图合理表示数据,说明数据的现实意义",安排"历历可数""调查高手""机智过人""剖玄析微""统统有数""统领天下"等项目式学习内容。

四年级以"计算策略"为主题课程内容,开展有趣的计算、巧算活动,提高学生计算兴趣、计算能力和计算思维的灵活性。安排"加减有理""乘胜追击""步步为赢""机关算尽""不在'画'下""心中有数"等项目式学习内容。

五年级以"图形之幻"为主题课程内容。根据学生生活经验和认知规律,调动学生多种感官进行探究活动,经历剪、拼、画等动手操作活动,体会图形变化的神奇,进一步帮助其发展空间观念。安排"巧思乐拼""边边角角""移步幻影""纵横交错""多维空间""形'影'不离"等项目式学习内容。

六年级以"文化之润"为主题课程内容。经历搜集、阅读、交流有关数学历史与文化的过程,开拓学生视野,引导其感受数学的奥妙和神奇。用博大精深的数学文化陶冶学生的心灵,帮助学生提高数学核心素养。安排"古人计数""花样测量""朝夕之间""大数时代""鸡兔同笼""'圆'远流长"等项目式学习内容。

三、学科整合让数学深度学习真正发生

新时代的教育强调培养实践能力,发展综合素质以及创新能力,让学生习惯进行跨文化、跨学科学习成为当前课程改革的方向。2022年修订的义务教育课程方案要求围绕发展学生核心素养,精选和设计课程内容,强化学科实践,推进育人方式变革,设置"跨学科主题"学习活动,占本学科总课时的10%,强化学科间的相互关联,增强课程的综合性和实践性。课程整合是落实核心素养培养目标的主要手段,能消弭学科间的壁垒,学校教育不仅需要传播多学科的基础知识,更要在课程学习过程中帮助学生发展跨界学习能力和综合思维能力,以应对多文化共生的社会发展需求。

课程整合既有跨学科的整合,又有学科内的整合。小学数学在学科内进行整合教学,是从中观的课程建构和微观的课堂教学角度研究学科关键能力的落地路径。数学学科内整合,教师要从小学一年级到六年级一以贯之,进行比较、联系、统整,打通和激活小学各阶段的数学学习,丰富和延展学科教学,让数学深度学习真正发生。其中,组合、整理、协调、串联是实现数学学科内整合的有效方法。

数学知识以约定和逻辑为基础,是有机整体且不断更新完善。为了让学生充分地认识到数学知识间的整体联系,构成数学知识框架,数学教师要抓住数学学科本质和特殊性,把相近的数学知识嵌入核心概念模型中,将相近的数学知识进行模块化组合,让学生明了每个知识点在整体结构中的位置,明了与邻近知识点的区别和联系。数学教师可以把内

部结构相同、在知识发展体系中作用相近、学习基础相似的知识内容整合在一起,有机地将相近的数学知识融入结构相对一致的体系中,帮助学生更准确地认识数学知识的本质,增强学生的数学抽象、推理能力,强化数学模型的体验。

如运算定律是一种模型化知识,在不改变运算结果的前提下灵活处理运算顺序,可以达到简便易算的目的。人教版四年级下册的交换律,其表达式是一个恒等式,在对原来的算式进行等值变换过程中,数的位置变化了,其他都不变。因此在该单元教学时,可以把加法交换律和乘法交换律这两课时的内容整合在一节课中,在学生学习完加法交换律之后,提出并探究"加法运算中存在着交换加数和不变,其他的运算中是否也存在这类的关系"这样的问题,以此串联乘法交换律的教学。学生以前在计算和解决问题的活动中积累了不少四则运算的经验,有丰富的认知基础,已经不知不觉地认同"加法交换律和乘法交换律"这两个规律结构。因此,在实际教学时,学生能很快地列举出许多运算例子。有的学生直接列举乘法交换律的算式,提出两者的相同特征;有的学生说明除法和减法没有交换律,如"$30-5=25,5-30$ 就不等于 25""$30\div6=5,6\div30$ 不等于 5"。学生经过比对所枚举的式子中的相同定律特征,能清晰地看到"加法交换律"和"乘法交换律"的相同本质要素——两个数的位置变了,结果不变。在接下来总结乘法交换律教学中,学生就可以很轻松地用数学的语言表示乘法交换律,对交换律的结构认识就非常深刻。

如上述案例就有利于帮助学生建立交换律的"等值变形"模型,加深学生对交换律模型的建构。教师这样组合相近知识展开教学,有助于让学生体会变与不变的数学思想,有利于学生在学习过程中发现和归纳规律,建构数学的模型。

除此外,可以把具有相同逻辑结构的"连减、连除"两个简便性质的教学内容整合在一起。这样,学生很容易就掌握"$234-66-34=234-(66+34)$""$180\div5\div6=180\div(5\times6)$"这两类简便运算。

数学是逻辑性、严密性和系统性很强的学科,小学阶段的数学知识结构循序渐进,有突出的阶段性、有序性和统整性。因此,教学过程中有机整合小学阶段数学学习的同类方法,让学生常常对数学方法进行小综合和数学方法的模仿迁移,自主地系统建构普适性的数学方法十分必要。复习教学时,可以梳理同类的数学方法,帮助学生整体认识数学,将已学会的碎片化的方法系统整理起来,实现质变的突破。

例如,在六年级下册开展图形与几何复习教学时,对图形面积这一领域的内容进行整合,帮助学生系统认识探求面积(平面图形)的相同过程,感悟图形测量中蕴含的方法和思想。教学步骤如下:先让学生看图形想面积计算公式,分别整理出平面图形的周长与面积计算公式;接着引导学生讨论不同图形的面积推导过程;然后让学生看视频回忆探索各图形面积计算公式的过程,从"转化"的先后顺序、共同存在的"等积变形"等方面整理探索各平面图形面积计算公式的内在联系(图3-7);学生发现各种平面图形都采用划分、割补的方法,把它们转化成长方形或已学过的图形,从而推导出面积公式;最后学生小组合作,绘制各平面图形面积计算公式推导过程的"思维导图"。如此整合教学的过程,有助于引导学生追溯面积公式的由来,领悟割补转化、等积变形的数学思想,形成探究图形本质的方法,实现"温故而知新"。

平行四边形 ——割补—— 长方形
三角形 ——补—— 平行四边形
梯形 ——补或割补—— 平行四边形
圆 ——分割—— 长方形(平行四边形)

图 3-7 各平面图形面积关系

此外,从整数运算到小数、分数运算,许多算法相同,算理也一脉相连。可以整合同类算理的教学,通过联系旧知,剖析新知的算理本质,让学生发现共性。如在教学异分母分数计算的最后部分,组织学生观察对比三组算式(图 3-8)。学生很容易就发现:整数、小数、分数的加、减计算,都要求计数单位相同才能直接相加减,从而实现认数的一致性。

$$\begin{array}{r} 1\ 2\ 6 \\ +\ 2\ 7 \\ \hline 1\ 5\ 3 \end{array} \qquad \begin{array}{r} 1.2\ 6 \\ +\ 2.7 \\ \hline 3.9\ 6 \end{array} \qquad \begin{aligned} &= \frac{2}{5} - \frac{1}{10} \\ &= \frac{4}{10} - \frac{1}{10} \\ &= \frac{3}{10} \end{aligned}$$

图 3-8　三组算式的对比

2016 年 9 月,教育部发布《中国学生发展核心素养》的总体框架,其为 2022 年完成的各学科课程标准修订,为今后课程建设和教育评价等指明方向。中国学生发展核心素养以科学性、时代性和民族性为基本原则,以培养"全面发展的人"为核心。在三维目标的基础上提出核心素养,并不是抛弃三维目标,而是在其基础上进行深化和发展,直接指向育人。数学学科育人,很重要的途径就是通过数学情境渗透学科思想。因此,数学教师可以通过协调数学问题情境,借助每种情境的特质展开针对性教育,有效帮助学生内化数学的情感、态度和价值观,使得相关数学育人主旨能落到实处。

运用直观手段是丰富学生表象最有效的办法。在教学"数的运算"时,可以把图形与几何领域里的同类问题情境协调整合在一起,借助有效的观察思考,帮助学生建立丰富的表象,突出比较、分析、抽象和概括等数学能力的培养,增强数学思想方法的渗透效果。例如,把乘法分配律的理解与求两个长方形面积的问题情境整合在一起(图 3-9),这两个同类数学情境,学生都很容易理解,形象直观,不仅能更有效地渗透数形结合的思想,也能凸显具体运算问题和一般数学原理之间的关系。

$$1.25 \times 0.8 + 1.25 \times 0.4 = 1.25 \times (0.8 + 0.4)$$

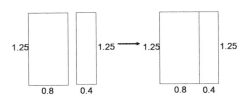

图 3-9　求两个长方形面积

又如,教学一年级 20 以内的加减计算,教师可以把加减运算的学习融入数学游戏情境之中,结合加减计算练习和玩扑克牌游戏,让学生随机抽取一张扑克牌,然后在数轴射线上将原来的小圆点"跳"到另一个位置上,所"跳"的距离格子数是扑克牌面上的数字,结合枯燥的计算教学和扑克牌游戏,结合可视化图示和游戏教学来搭建学习的"脚手架",很受学生的喜爱。

禅学中有这样一则故事:徒弟问师傅,一碗米值多少钱?师傅略加沉思,说:那要看在谁的手里。要是在一个家庭主妇手里,她加点水蒸一蒸,半个钟头,一碗米饭出来了,那就值一块钱;要是在小商人手里,他把米泡一泡,分成四五堆,包成粽子,那就值四五块钱;要是到了一个更有头脑的大商人手里,把它发酵、蒸馏,酿成一瓶酒,有可能值二三十块钱。同样是一碗米,到底值多少钱,会因人而异,关键取决于如何处理。其实,我们的数学情境也是这样,同样的问题情境,不同的理念,会有不同的效率、不同价值。有的数学情境教给学生知识,有的教给方法,有的传授思想,有的激发求知热情。核心素养的培育、发展离不开丰富的情境,数学学科核心素养要求学生不仅掌握解决真实情境问题所需的知识和技能,还要具备解读与解决情境问题的情感和态度。教师把相关联的数学情境协调在一起,可以帮助学生对多样化世界中纷繁复杂的真实数学问题进行统整性的抽象,促进学生将习得的数学方法迁移到不同的问题情境中,帮助学生提高对真实复杂数学情境的认知、辨别、顿悟以及综合体现其所具有的知识、能力、态度。

整合课程的根本目的是优化课堂教学,切实提高数学教育的质量和实效。基于一定的培养目标与数学主题,从"项目"的角度去串联相近的数学学习活动和教学形式,构成系列的数学学习活动模块或单位,可以超越原有对知识的"点"式理解,从更高一层的"网"思考知识在真实情境中的可能性。因此,教师要善于构建数学学习活动的"延伸点",注重发挥课外活动、社会实践和学科文化的重要作用,拓宽教学时空,加强课内课外、校内校外、书本内外的教育合力。

比如,以"位置与方向"为例进行"大单元"的教学设计。第一课时,组织学生学习学科知识,完成教科书上的内容学习。第二课时,进行与"位置与方向"有关的绘本阅读教学,把《寻找神秘宝藏》这一绘本引入数学课堂,进行拓展教学。第三课时,让学生将所学到的知识技能运用到生活中。班级里的角落藏着多个神秘"宝藏",每个小组有一张相关的线索,如"以教室第三组第三桌×××的位置为起点,东偏北30°5米的位置"等,学生运用卷尺、指南针等工具进行寻找宝藏。第四课时,要求学生绘制校长室这一建筑标识的位置与方向,学生应用知识完成指定的实践任务。

　　新知识的建构依赖于已有知识,相近的几个数学活动能促使学生运用多种感官去观察、体验、感悟、思考,得出更有价值的观点或结论,获得更多对数学知识解决生活问题的真实感受,从而实现深度学习数学。教师可以在延伸数学主题活动时,对已有的教学环节添加想要改善的元素,减去教学中不必要的环节,将以往教学中的部分替换为学生更容易参与的教学活动,引导学生在实践中运用知识,这样的学习效果往往会超出教师预设的教学效果。这样探究体验、反复实践的数学学习,有利于学生深度认识和理解数学本质,也有利于学生将数学学习行为和学科精神认识内化,采用自主、自觉的行为。

　　在学科内整合小学数学的课程与教学,教师要沉下心来钻研科学的学科整合路径,摆脱教材、教参、课标等的束缚,进行积极探索和尝试。教师要提高专业素养,深入解读数学知识,融入教育智慧,才能有所创造,使得通过整合后的教学更符合学生的实际,显著提高教育教学质量。

第四章　课堂教学比较

第一节　教学设计比较

◇ 教学设计的要素比较

◇ 德国年度教学设计

◇ 德国"互相垂直、平行的线"教学设计例析

　　教学设计是运用系统方法,将教学理论与学习理论的原理转换成对教学目标与教学内容的分析、教学策略与教学媒体的选择、教学活动的组织以及教学评价等教学环节进行具体计划的过程。从教学设计的基本要素、程序、结构和特征进行比较,分析德国小学数学教师的教学设想——预测课程内容、学习环境和规划的教学行为及其所引起的效果,可以更好地解读两国小学数学课堂教学差异。

一、教学设计的要素比较

教学设计不同于传统经验式的"教案",它是将学与教的原理转换成教学材料和教学活动方案的系统化过程。有效的教学设计需要依托教学理论和学习理论,先探索教学系统中各要素之间及与整体的本质联系,在设计中综合考虑和协调它们的关系,再具体规划各环节,形成组织与实施课堂学习活动的方案。

我国小学数学教学设计一般包括:教学目标分析、教材内容分析、学习者特征分析、教学策略设计、学习过程设计、媒体和资源设计、教学评价设计。比如:福建省小学数学教师教学技能大赛对教学设计要求如下:

一、概述

小学数学(教材版本)几年级上(或下)册。

简要描述课题来源和所需课时。

概述学习内容。

概述这节课的价值以及学习内容的重要性(重难点)。

二、教学目标分析

从知识与技能、过程与方法、情感态度与价值观三个维度对该课题预计要达到的教学目标进行整体描述。

三、学习者特征分析

说明学习者在知识与技能、过程与方法、情感态度等三个方面的学习准备(学习起点),以及学生的学习风格。

说明教师是以何种方式进行学习者特征分析,比如说是通过平时的观察、了解;或是通过预测题目的编制使用等。

四、教学策略选择与设计

说明本课题设计的基本理念、主要采用的教学与活动策略以及这些策略实施过程中的关键问题。

五、教学资源与工具设计

教学资源与工具包括两个方面：一是为支持教师教的资源；二是支持学生学习的资源和工具，包括学习的环境、多媒体教学资源、特定的参考资料、参考网址、认知工具以及其他需要特别说明的传统媒体。

如果是其他专题性学习、研究性学习方面的课程，可能还需要描述需要的人力支持及可获得情况。

六、教学过程

这一部分是教学设计方案的关键所在。一般会说明教学的环节及所需的资源支持、具体的活动及其设计意图以及那些需要特别说明的教师引导语。同时会清楚标注每一个阶段的教学目标、教师教的行为和学生的活动方式。

七、教学评价设计

向学生展示他们将被如何评价（来自教师和小组其他成员的评价）。另外，可以创建一个自我评价表，学生可以用它对自己的学习进行评价。

八、帮助和总结

说明教师以何种方式向学生提供帮助和指导，可以针对不同的学习阶段设计相应的不同帮助和指导，针对不同的学生提出不同水平的要求，给予不同的帮助。

在学习结束后，对学生的学习做出简要总结，或是布置一些思考或练习题以强化学习效果，也可能是提出一些问题或补充的链接鼓励学生超越这门课，把思路拓展到其他领域。

德国小学数学教师设计的教案，有许多要素和我国是一样的，基本内容都包括：教师姓名、学校名称、专业、课时主题、授课时间（日期）、授课时长（分钟）、学习过程、教学媒介、年级与班级、教室、地点与日期。

其中，关于学习过程设计的具体内容，一般包括：从教学大纲和课堂

实践两方面出发，阐述本课时主题的意义；对学生基础知识、学习积极性
和学习能力等方面的学情分析；学习目标（认知、情感、技能）；能力状况
分析，包括数学能力、方法能力、社会能力和个人能力；从教育学角度对
教学设计进行分析与说明——教学目标分析与说明、教学设计分析与说
明、预计教学成果检查手段的分析与说明；参考文献；附录。

表 4-1　德国小学课堂教学计划表

时间	行动阶段	教师活动	参与者活动	学习方法	学习媒体
	问候				
过渡：					
	复习				
过渡：					
	导入新课				
过渡：					
	小组成果展示				
过渡：					
	自我反思				
过渡：					
	观察员评价				
过渡：					
	课程总结				
课程结束：					
板书结构布局：			帮助任务/引入性问题：		
			家庭作业：		

　　德国数学教师在设计教学方案时，普遍会把"学习方法"这一栏置于
中心位置，以学生"学习行动能力"为导向详细设计每个环节教与学的形
式（表 4-1）。他们备课时会关注学生想要什么，处在怎样的环境，具备哪
些学习能力等等，据此寻求合适的教学方法，利用适当的教学媒介组织
课堂和安排教学环节。

　　德国教师在选择教学媒介时会充分考虑教学目标、教学内容和教学方法等各方面的因素，使教学媒介充分为以上三个方面服务。在科学技术发展迅急的当下，电子设备、多媒体已经广泛进入德国小学数学课堂教学并不断更新。因此，他们设计的教学媒体往往是开放的，伴随其他学习形式同步进行。

　　能力导向是德国重要的教学理念，德国数学教师普遍把"数学学习能力发展"作为教学的主要目标。教学设计中一般把课程教学要实现的目标分为认知型、情感型和实践型三种类型。认知型目标即传授学生知识，培养学生的批判和反思能力；情感型目标即该教学目标需要学生主动参与和体验；实践型目标即让学生利用所学知识解决问题，培养学生的动手实践能力。德国数学教师设计主要数学活动时，都会努力让学生通过"独立地获取数学信息、独立地制定学习计划、独立地实施学习活动、独立地评估学习成果"，学会构建自己的经验和知识体系。

　　在以"能力为导向"的教学设计中教师会广泛选择模拟教学、角色扮演、案例分析、项目引导、卡片展示等教与学的方法，详细设计合作学习、分站式学习等活动。

　　对于合作学习，德国教师会在"合作学习"之前为小组工作中的角色分配好任务。谈话主导者是小组组长，在小组中分配角色，公开主题并且引导话题；计时者，把握约定时间，提醒时间到了；记录员记录小组工作的成果；演示人在全班演示小组工作成果。教师还会详细要求每个小组成员都对小组的成果负责，每个成员参与工作，每个成员对于自己在小组中接受的任务负有责任，每次讨论确保使用"正确的方法"，避免伤害他人。

　　在小组合作学习中，德国的课堂允许学生小组每个成员自由表达想法，接受他人的想法，每个成员要让正在讲话的人把话讲完，每个成员应该在小组中公开自己的情况，小组成员在规定的范围内表达观点，之后小组会形成"总观点"，小组每个成员都要解释这个总观点。

　　对于分站式学习，德国教师一般会设计包括以下所描述形式的要点：练习站——学生获取丰富的练习，温习作业，学习游戏，练习案例等等；创意站——艺术和手工产品，写故事，绘图等；考察站——科研任务，同样在其他学习场地，通过互联网等。

德国盛行的"能力导向"教学设计，被各国广泛学习借鉴。许多欧洲国家认为这是新的教学准备理念，是先进的教育观念，是小学学科教学的指导思想，是新的教育思潮。

我国小学数学教学设计的重点是课堂学习内容和课堂教学活动编排，以设计"教师教什么和怎么教"为主。我国数学教师普遍认为，教学目标的分析与确立是学科教学设计中至为重要的环节，它决定着教学的总方向，学习内容的选择、教与学的活动设计、教学策略和教学模式的选择与设计、学习环境的设计、学习评价的设计都要以教学目标为依据来展开。因此，教学设计前都会用很多的精力去研究教学内容——数学学习的对象。

我国教师很注重对教学策略的设计，会详细预设在不同的教学条件下，为达到不同的教学结果所采用的方式、方法、媒体，将其具体体现在教与学相互作用的活动中。我国小学数学课堂教学采用的基本方法有讲解法、演示法、操作实验法、发现法、练习法、活动教学法。

二、德国年度教学设计

教学设计是实现教学目标的计划性和决策性活动，以计划和布局安排的形式，对达到教学目标进行创造性的决策，以解决教什么和怎么教的问题。年度教学设计是教学设计中最为系统的工程，它从一个学期的角度出发，根据章节或单元中不同数学知识点的需要，综合利用各种教学形式和教学策略，通过一个阶段的学习让学生掌握一个相对完整的知识层级的内容。

年度教学设计由整个学期的教学目标和教学对象的分析、教学内容和方法的选择以及教学评估等子系统组成，各子系统既相对独立，又相互依存、相互制约，组成有机的整体。诸子系统有序地成等级结构排列，前一子系统制约、影响后一子系统,而后一子系统依存并制约前一子系统。因此,年度教学设计要关注教学目标的设定和教学内容的整合性,重视知识点之间的联结及其运用,利用可得到的课程资源,从单一走向综合,按大任务(或观念、项目、问题)的逻辑将相关知识或内容结构化。

以德国"年度教学设计"为例①。"数字魔法"第4册年度教学设计适用于小学数学教师补充扩展的附加课程,教学设计中的"KV"表示"数字魔法"主题教材的配套练习用书。

表 4-2 德国年度教学设计

周	页码	主题 (练习册)	学科课程内容	过程相关能力	补充材料
1—2	4/5	穿越欧洲	**数字和运算** ——将数学与实际情况联系起来 ——从各种来源获取相关信息(比如从文本中) ——寻找实际情况的数学解决方案 **量和度量** ——在实际情况下处理不同的量 ——从不同来源获取量的信息(例如,从文字中) ——用量来解决实际情况	建模沟通	——骰子和石头 ——可能阻止其他运算 ——可能产生新的任务 ——KV 1 穿越欧洲,第115页 ——KV 2 阅读——询问——计算——答案,第116页 ——KV 3 国家及其首都 ——KV 4 欧洲地图

---

① Bettina Betz,Angela Bezold 等:《数字魔法》(第一版),康奈尔森教育出版社 2016 年版,第 23 页。

续表

周	页码 (练习册)	主题 (练习册)	学科课程内容	过程相关能力	补充材料
1—2	6/7 (4)	千,百, 十,个	**数字与运算** ——数字系统的呈现并理解数字之间的关系 ——系统地使用并掌握十进制的结构(与重要性),理解并指出不同数字之间的关系 ——估算和确定数字,数字大小比较;同时解释并评价不同的比较过程(例如,针对某个特定任务) ——在万以内的数字范围中计算并运用结构 ——将20以内加法运算运用到更大的数字范围内 ——解决万以内的问题	沟通论证展示	——约100个1美分硬币,软糖熊、书籍、纸夹、小册子 ——十进制材料:板、条、立方体 ——KV1记忆达1000,第119页 ——KV2记忆超过1000,第120页
	8/9 (5/6)	1 000之内,超过1 000	**数字与运算** ——数字系统的呈现并理解数字之间的关系 ——在一百万的范围内能够灵活的数数来准确定位某个数值(在前、向后、逐步) ——比较数字并明确数字之间的关系 ——在一百万以内的数字范围中计算并运用结构 ——了解算术方式及其规律 ——发展算术方式,继续进行并系统地变更它们(例如,数字序列)	解决问题沟通论证	——课堂上数轴到1000或2000 ——用于注记和分配、分配号码的记事本 ——KV1数轴,第123页 ——KV2数字谜语,第124页 ——KV3空白放大镜

续表

周	页码	主题 (练习册)	学科课程内容	过程相关能力	补充材料
3	10/11 (7)	过去一年800的重大发明和时间	**数字和运算** ——将数学与实际情况联系起来 ——提取相关信息,提出数学问题 ——找到实际情况提出数学解决方案,比较并评价其解决方案 **量和测量** ——学习量的测量 ——时间段的测量,以及计算开始和结束时间 ——量的运用 ——比较时间段,核查计算结果并就其合理性进行讨论	解决问题 沟通 论证	——有关发明人和其发明的儿童读物等的信息材料 ——有关发明家戴姆勒和阿迪森的文本和问题,第127～130页
			基础知识测试,第41～51页		
4	12/13 (8/9)	1 000以内的加减法	**数字与运算** ——数字系统的呈现并理解数字之间的关系 ——系统地运用十进制系统 ——划分1 000范围内的数字并说明其关联和结构 ——在一百万以内的数字范围中计算并运用结构 ——可以将心算从1＋1到20以内的的数字的运算方法转移到更大的数字范围中,并运用运算术语"加"和"减" ——使用和解释运算方法,并发展优化的运算过程;比较和评价各种运算过程,并论证结果	解决问题 沟通 展示	蜕膜材料;板块,立方体 KV 1 加法练习1/2,第133页 KV 2 减法练习1/2,第134页

续表

周	页码 (练习册)	主题	学科课程内容	过程相关能力	补充材料
5	14/15 （10）	书面加减法	**数字与运算** ——在一百万以内的数字范围中计算并运用结构 ——可以将心算从 1＋1 到 20 以内的数字的运算方法转移到更大的数字范围中，并运用运算术语"加"和"减" ——自动运用书面加减法运算过程 ——使用和解释运算方法，并发展优化的运算过程；比较和评价各种运算过程，并论证结果	解决问题 沟通 展示	——练习四的小方块 ——登机问题 ——KV 1—3 定位测试和避免典型错误类型的习题，第 137～139 页 ——KV 4—6 定位测试和避免典型错误类型的习题，第 140～142 页 ——KV 7 骰子，第 143 页 ——KV 3 形成数字和减法，第 144 页
6	16/17 （11）	阅读图表	**媒体教育** ——反思媒体内容,促进对信息的严格筛选和评估数字和运算 ——用数学解决实际问题 ——从各种来源中提取相关信息并提出数学问题 ——发展、使用和评估解决数学问题时的合适表达	沟通 展示	——入学情况 ——"阅读"并绘制 KV 1/2 图表 1/2 页,第 147～148 页 ——KV 3/4 毫米纸 1/2
	18/19 （12）	设立一个水族馆	**数字和运算** ——用数学解决实际问题 ——从各种来源中提取相关信息并提出数学问题 ——显示各个解答步骤之间的关联并证明其合理性 ——发展,使用和评估合适的表达方式 ——寻找和比较对于实际情况的数学解答,并评价不同的解决方案 **量和测量** ——在实际情况下量的运用 ——用量来解决实际问题	建模 沟通	——"父母""孩子"和"祖父母"可以粘贴在黑板上的小卡片

周	页码	主题 (练习册)	学科课程内容	过程相关能力	补充材料
7	20/21 (13)	大小数的乘法和除法运算	**数字与运算** ——数字系统的呈现并理解数字之间的关系 ——系统地使用并掌握十进制的结构（与重要性），理解并指出不同数字之间的关系 ——在一百万以内的数字范围中计算并运用结构 ——自动灵活地使用小乘法表的运算以及其反运算 ——将小乘法表的运算知识运用到更大的数字范围内（例如 6×4＝24　60×4＝240） ——使用学术术语"乘"和"除" ——使用和解释计算方法并证明结果合理 ——通过对 10、100 或十位数的约分解决 2000 以内的乘除法问题	沟通论证	多系统块（一个立方体，张力棒，几百个盘子）
8	22/23 (14)	结合并呈现	**数字与运算** ——用数学解决实际问题 ——从各种来源中提取相关信息并提出数学问题 ——发展和使用解决数学问题时的合适表达（比如：表格、缩略图） ——发展和运用问题解决的方法（事前准备或后续工作），并把这种方法运用到相似的问题中	解决问题呈现	——纸本形式的 Eulalia、Simsala 和 Bim ——棕色三角形当做冰淇淋锥和彩色圆圈作为冰淇淋的奶油（棕色，奶油，白色，粉红色，红色和黄色） ——入学情况

续表

周	页码	主题 (练习册)	学科课程内容	过程相关能力	补充材料
8	24/25 (15/16)	基础知识1(你适合吗1)			补充材料,供有特殊需要的学生和成绩优异的学生使用,比如学习目标规划和进一步的促进思路,第157页
9	26/27 (17)	半书面乘法	**数字与运算** ——在一百万以内的数字范围中计算并运用结构 ——自动灵活地使用小乘法表进行运算 ——使用和解释计算策略,寻找优化的解决方案;比较、评价不同的算法,并证明结果 ——要根据给定的任务确定哪种计算类型适合该解决方案(比如,心算或半书面运算),列出有意义的,易于理解的注释(例如中期结果、分步计算结果) ——解决1 000以内的乘法任务	沟通论证	——盖上支架或两张白纸
	28/29 (18/19)	半书面除法	**数字与运算** ——在一百万以内进行计算和运用结构 ——自动灵活地使用小型乘法表及其取反运算(例如42÷7＝6或42÷6＝7,其反运算为6×7＝42) ——使用和解释计算策略并发展优化的解决方案;比较和评估不同的计算方法并论证结果 ——自动运用除法的书面运算(除数不超过10,包括余数) ——通过反运算检验结果	沟通论证	

续表

周	页码	主题 (练习册)	学科课程内容	过程相关能力	补充材料
10	30/31 (20)	解答的六个步骤	**数字与运算** ——运用数学解决实际问题 ——从不同的材料中提取信息,整理出数学问题 ——展示每个解题步骤中的关联 ——找出、运用并评价合适的表达方式 ——找出实际情况的数学解决方案,比较并评价不同的解答过程 **量和测量** ——量在实际情况中的运用 ——用量来解决现实问题	建模 展示	——KV1—8 解答的六个步骤,第171~178页
11	32/33 (21/22)	通过表格和草图使复杂的问题变得简单	**数字与运算** ——运用数学解决实际问题 ——开发、使用和评估解决数学问题的合适的表达 ——寻找事实情况的数学解答并比较和评价其解决方式 ——发展和使用解决问题的策略,将这些策略运用到相似的问题中 **数据和概率** ——收集数据并以结构化方式显示 ——从各种来源提取相关数据和信息,描述其数学关联 ——从各种表示形式中提取相关数据,将数据转换为其他合适的展示形式	建模 解决问题 沟通 论证 展示	——KV1—4 略图和表格,第183~186页

周	页码	主题 (练习册)	学科课程内容	过程相关能力	补充材料
12—13	34/35 (23)	从 1 到 100000	**数字与运算** ——数字系统的呈现并表达其数字关系 ——总结收集数字时找出并使用其,从而可以将数字范围扩展到 100000(例如,10 个个位数上的 1＝1 个十位数上的 1) ——系统地使用十进制系统的结构(重要性) ——在不同的数字表示形式之间建立关系,以便准确判断其数值 ——分解 100000 以内的数字,使用数字卡片解释关系和结构	沟通 论证	——多系统表格:盘、杆、骰子 ——KV 1—6 数字卡片,第189～194 页
	36/37 (24)	100000 以内数数,交流	**数字与运算** ——数字系统的呈现并理解数字之间的关系 ——在收集数字时认出并掌握其数字结构,证明过程合理性 ——运用十进制并在不同的数字表示形式之间建立关系,以便准确判断其数值 ——分解一百万以内的数字,解释关系和结构	解决 问题 交流 论证 呈现	——盘子或石头,立方体 ——KV 1—6 号码卡,第 189～194 页 ——KV 1/2 状态表
	38/39 (25/26)	100000 之内的 数字在 数轴上 表示	**数字与运算** ——数字系统的呈现并理解数字之间的关系 ——通过灵活的计数,在一百万以内的数集中准确定位某个数字的大小、位置并建立数字之间的关系	沟通 论证 呈现	——有 11 个结的绳结或晾衣绳 ——可用于画制数轴的模板 ——入学情况 ——KV 1—6 号码卡,第 189～194 页(或适用于 SB 第 34～35 页)

续表

周	页码 (练习册)	主题 (练习册)	学科课程内容	过程相关能力	补充材料
14	40/41 (27)	100000 以内的 数字心 算:加减 法	**数字与运算** ——数字系统的呈现并理解数字之间的关系 ——系统利用十进制结构,在不同的数字表示方式之间建立联系 ——分解一百万以内的数字并解释其中的关联和结构 ——一百万以内的计数并运用结构 ——将乘法表直到20的乘法知识运用到更大的数字中,同时运用学术术语"加法、减法、和、差" ——能在一百万以内的数字中进行加减运算 ——发展数学模型,描述其符合性	沟通 论证 呈现	——游戏块、骰子 ——KV 1—6 号码卡,第 189~194 页(或适用于 SB 第 34~35 页) ——KV 1/2 谁占据了毛虫最多的领域?第 201~202 页
	42/43 (28)	100000 以内心 算:乘法 和除法	**数字与运算** ——数字系统的呈现并理解数字之间的关系 ——系统地使用并掌握十进制的结构(与重要性),理解并指出不同数字之间的关系 ——在一百万以内的数字范围中计算并运用结构 ——自动灵活地使用小乘法表的运算以及其反运算 ——小乘法表的运算知识在更大的数字范围内运用 ——使用学术术语"乘"和"除" ——运用并解释计算机巧,选出优化的解答方式;不同的计算方法进行比较和评估,并解释其评估结果 ——一百万以内的数字划分因数或倍数进行乘法和除法	交流 论证	——游戏块,骰子 ——KV 1 计算金字塔,第 205 页 ——KV 2 游戏,第 206 页

续表

周	页码	主题 (练习册)	学科课程内容	过程相关能力	补充材料
15	44/45 (29)	袋子里面是什么？	**数据和概率** ——收集数据并系统呈现 ——收集和比较来自现实生活和其他来源的数据(随机实验的结果)，以更广泛的表格和图表系统呈现 ——提取各种来源的相关数据和信息(例如，条形图、理货清单)并描述其数学关联(例如，蓝色立方体的数量是绿色立方体的数量的三倍) **数据和概率** ——执行随机实验并比较概率 ——对于简单的随机实验，比较结果并根据预测进行检验 ——系统的改变简单随机实验的条件(例如，香包中的立方体的颜色)，比较在不同条件下的实验结果	交流论证	——不透明的袋子、钉(或珍珠)四种颜色(红色、黄色、蓝色、绿色)
	46/47 (30/31)	基础知识2(你准备好了吗?)			对有特殊需求的学生和成绩优异的学生的补充材料，以及学习目标规划和其他想法的补充材料，第211页
16	48/49 (32)	几何城堡	**空间和图形** ——在空间中定位自己 ——通过模板或为空间结构创建简单的构建计划，找到二维空间和三维空间之间的联系 ——认识并表示几何图形 ——自由绘制平面图形，同时注意其平面图形的特征	沟通论证呈现	——KV 1/2 几何城堡1/2，第221~222页

续表

周	页码 (练习册)	主题	学科课程内容	过程相关能力	补充材料
16	50/51 (33)	长方体	**空间和图形** ——在空间中定位自己 ——摆弄立方体并发挥想象力（倾斜运动，边缘模型上的路径），描述过程与结果 ——认识并表示几何图形 ——在描述平面图形或立体物体时学习使用"直角"一词 ——描述正方体与其他立方体之间的异同，比较其边或平面模型	解决问题交流	——KV 1/2 长方体倾斜模板1/2，第 225～226 页 ——KV 3 头几何 1/2，第227 页 ——KV 4 绘画课程：徒手画1/2，第 228页
18	52/53 (34)	长方体网格	**空间和图形** ——在空间中定位自己 ——摆弄平面物体和立方体，发挥想象力（在脑海中想象网格）描述过程和结果 ——认识并表示几何图形 ——比较立方体的平面模型 ——构建不同的长方体网格；描述网格时使用学术术语"全等" ——找出并检验网格和实体之间的关联，合理描述它们	解决问题沟通论证呈现	——为任务一作准备（六个矩形，以便在开发过程中找到其他网格结构） ——"每个孩子上女巫楼梯"的彩色纸板和两条窄长的建筑纸条

续表

周	页码	主题（练习册）	学科课程内容	过程相关能力	补充材料
19	54/55（35）	慢慢到百万	**数字与运算** ——数字系统的呈现并理解数字之间的关系 ——百万内的数字认识并比较 ——分解百万内的数字并找解释其关联和结构 ——在数据收集时认出并使用其结构，解释过程	建模沟通呈现	——可以剪下大的数字的杂志、书本、报纸、小册子等 ——KV 1—6 数字卡片，第130～134 页
	56/57（36）	百万之内数数、运算	**数字与运算** ——数字系统地呈现并掌握其数字关系 ——百万以内的数字准备识别、定位 ——在收集数字时识别并使用其结构，证明过程 ——系统地使用十进制的结构（重要性），在不同的数字表达方式中建立关系，以便更精准地确定其数值 ——在百万内分解数字，并解释其中关联和结构	解决问题沟通论证展示	——瓷砖或石头，立方体 ——KV 1—6 号卡套四，第189～194 页 ——KV 1/2 状态表（适用于 SB 第 36～37 页）
	58/59（37/38）	百万之内的数轴	**数字与运算** ——数字系统地呈现并掌握其数字关系 ——通过灵活的计数准确定位百万以内的数字，描述数字之间的关系	交流论证展示	——绳索、晾衣绳、衣夹 ——用来绘制数轴的模型 ——KV 4—6 号卡套，第 192～194 页（或适用于 SB 第 34～35 页）

续表

周	页码	主题（练习册）	学科课程内容	过程相关能力	补充材料
20	60/61（39）	1000000以内心算:加减法	**数字与运算** ——数字系统地呈现并掌握其数字关系 ——系统地使用十进制的结构（重要性），在不同的数字表达方式中建立关系 ——在百万内分解数字，解释其中关联和结构（比如1000000＝100000＋900000；1000000＝10×100000） ——在一百万以内的数字范围中计算并运用结构 ——将20以内的乘法表的知识运用到更大的数字范围中，在其中使用学术术语加、减、和、差 ——进行一百万以内的加减法	交流论证展示	——游戏块、骰子 ——KV 1—6个数字卡第189～194页（或适用于SB第34～35页） ——KV 2谁占据了毛虫最多的领域，第202页（或适用于SB，第40～41页）

三、德国"互相垂直、平行的线"教学设计例析

小学数学中是否应该讲授垂直与平行的概念，世界各国的处理很不相同。在一些西方国家，垂直与平行首次出现于教材是在初中，我国是小学四年级。我们通常将平行线定义为"在同一个平面内不相交的两条直线叫平行线"，因为两条直线不相交，指"无限延长"不相交，因此，四年级学习垂直与平行时，不仅涉及线段，还要讨论直线。

关于垂直与平行这部分知识，中德两国教材编写存在着区别。德国恩斯特·克莱特出版社2013年修订版五年级教材里的"互相垂直、平行的线"是该单元的第五节课，整个单元内容栏目为"直线、曲线→点、笔

直、伸展→相互垂直的线段→相互平行的线段→互相垂直、平行的线→画正方形→土工板上的数字→视错觉"。其中先用两课时学习"相互垂直的线段"和"相互平行的线段",再用一课时学习"互相垂直、平行的线"综合课,这三课时都只涉及"线段"。对"平行"的处理为:先讲垂线,再讲距离,然后让学生画垂线量距离,得出这两条线段之间的距离总是相等的,最后说这两条线段是平行的。

我国教材以"平行与垂直"为课题名称,在人教版四年级上册作为学习认识平行四边形和梯形的基础课程,涉及线段和直线。教材例题从"同一平面内,两条直线不同的位置关系"引出平行和相交,然后对"平行线、互相平行、垂线"等概念进行明确定义,接着教学画平行线和垂线,且要求学会多种画法。

在德国巴伐利亚州德克亚学校,易老师给出她五年级数学"互相垂直、平行的线"教学设计方案。在德文原著翻译的基础上,我们结合实践经验略有微调,具体如下:

"互相垂直、平行的线"教学设计

教师:易老师

教育机构:德国巴伐利亚州德克亚学校

科目:数学五年级"互相垂直、平行的线"

内容:

一、课题信息

【学习任务】练习独立阅读思考,以小组形式进行,在 A4 大小的纸上记录与"互相垂直、平行的线"有关的问题。绘制互相垂直、平行的线。小组制订计划,进行与"平行的线"有关的应用,通过教师与学生的对话,思考怎样才能使平行的线达到最大化的价值(思考并记录)。

【需要的帮助】在寻找互相垂直、平行的线时,可能会出现什么问题?有人一直用尺子制造平行的线,但不是很成功,以至于他想用描的方法来完成,但还是不成功,请你为这个人找出不成功的原因,并建议他使用何种方法,解释原因。

填写评判表格,在卡片纸上写下建议。

二、学生的基础知识以及学习的积极性和学习能力

【数学能力】学生应了解物体形状边框以及线段的概念,了解分类以及相关要求,会折线,采取措施解决问题。

【方法能力】在小范围内学习知识,用幻灯片或海报形式汇报。此外,可以听其他小组的汇报讨论结果,获得信息并记录。大部分能够围绕自己观点收集信息。

【社会能力和个人能力】班级里的学习风气较好,学生能够以小组形式学习,独立完成工作。

三、过程与成果

1.老师介绍互相垂直与平行的线。

2.动手折纸,在折叠后的图纸(图1)中寻找互相垂直或平行的线。

材料:每人若干张纸,彩色画笔。

图 1

活动:先对折纸,把纸张再次打开,把互相平行的线段描成彩色。

思考:还可以怎么折纸,也能得到互相平行的线段?

活动:用三张纸尝试折纸,能得到什么样的折痕?

思考:如何让别人相信你发现了垂直和平行? 用工具(图2)进行证明和交流。

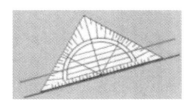

图 2

3.找出生活中垂直和平行的线。

材料:卡片与照片,报纸等。

图 3

活动一:在图片(图 3)中找出互相垂直和平行的线段。

活动二:将报纸上含有互相垂直的线段的照片剪下来,把这些照片粘在一起,用彩色笔把垂直线段描出来。

思考:在剪、贴反复的过程中多次认识相互垂直、相互平行的线段。

4.从学校周边的建筑物和教室学具柜里的实体模型(图 4)找到平行和垂直。

图 4

活动:寻找和指认。

思考:球体中有垂直和平行吗?

5.运用平行线设计密码。

帮助:提供材料供各个小组观察。介绍学习任务(分站式)——在各个"站点"进行独立活动,可以选择必须完成的或按兴趣可选择的。

活动一(必须完成的任务内容):仿照"条形码",设计新的条形码。要求在课程结束前进行汇报。

活动二(或单独完成,或小组合作):小组合作,创造作品。

产出与效果:作品成果,填写自我评价单。

汇报成果:卡纸、幻灯片。

材料:涂色笔、条形码、钢琴键盘图案(图5)。

图 5

图 6

6.了解"铅垂和水平仪(图6)"辨析两条线垂直与平行的关系。

介绍:在日常生活中为了描述线段,经常会提到"垂直的,竖立的""平行于地面的""垂直的""直立的"和"水平的"。

交流:设计绘图、建筑装修、工厂公园哪里会用到"具有平行和垂直特征"的工具,如何使用这些工具。

    虽然这节教学设计只服务于该单元学习里的一个课时,但易老师还是从单元视角出发,按照完整的学习行为体系思路来设计这节课,学生参与本节课学习活动的基础和目标都已有所考虑。她先直接"介绍互相垂直与平行的线",为学生介绍总体概念,使学生对该堂所学知识有总体的把握。其次,她把学习内容分成若干个认知发展环节,提供与之相匹配的教学形式和学习场地,如小组合作创作,共同完成项目任务,以此激发学生的学习兴趣和积极性。创造力和实践性通过最后一个环节的"涂色和建筑制作"来实现,具有整体性学习的特征。老师不割裂学科知识的学习,把五年级学生可以接受的几何知识与其日常经验"统整"在一起,联系美术中的手工制作相关内容,学习变得生动、有趣,学生的动手实践能力和创造潜能得到尽可能的开发与培养。

    借助教学设计里的"过程与成果"可以发现:易老师沿着"操作发现—寻找比较—创作应用"思路设计这节课。先组织学生折叠图纸,引导学生在动手的过程中发现折叠线中的"秘密",既培养动手操作能力,又引出"垂直和平线的线段"。接着,她提供来自生活的素材,让学生寻找平行线和垂线,包括铁路、动物笼子、建筑线条、商品条形码,这些素材贴近生活实际,将几何课中的内容和日常经验结合起来,能有效激发小学生探索知识的兴趣。学生在该节课中的思维发展路线为:揭示周围世界中的平行与垂直线段,再从抽象的几何图形联想到周围世界的各种对象。

    易老师设计了"从教室学具柜里的实体模型找到平行和垂直"环节,让学生观察的对象有长方体、正方体、三角锥、球体等实物。正方体、长方体是多面体,每个侧面都是矩形,相对容易。要从三角锥、球体、圆柱体中寻找平行与垂直关系,就需要辨别其特征——角、棱和面,这样的学习活动,将促进学生深入了解多面体的几何结构。

    "分站式学习"是新的教学方法,服务于差异化学习。在创造"平行线"环节,易老师使用了"分站式学习"。为确保分站式学习的效果和进程,除了时间控制外,她还写了一些提示性的小纸条(如进程、组织构架形式等)。每个站点都有时间提示,必须什么时候完成,学生根据总体规定将时间自主分配在每个站点上。在规定的时间内，他们应做完站点内容，也可以根据速度选择其他感兴趣的站点。在这过程中，学生用适合自己的学习方式积极主动地探索解决问题。

易老师通过折叠等操作，用"描"出图片或实物模型的直观方式，让学生感知"平行"，理解"平行"。课程最后，介绍建筑师绘图、装修常常使用的"铅锤""丁字尺"，充分揭示数学在建筑生产中的价值。

从这节课的教学设计可以看出，重点为认识"平行线、垂线"，并不太关心学生学习和记忆"垂直和平行线的概念"，较多的是通过"找、认、指、描、画"等操作活动让学生自己认识和巩固平行与垂直这两个概念，在不断地实践活动中发展空间想象能力。

第二节　德国小学数学课堂教学方法与学习方式

◇ 德国小学数学课堂的典型样态

◇ 小学数学课堂教学听访印象

◇ 广泛开展项目式学习和使用学习地图

介绍学校或班级时,德国教师自始至终讲述学生从入学到毕业的过程,或学生校园生活的剪影,画面始终以学生为中心。我们观摩了十几节数学课,努力寻找常态课下德国师生真正的课堂生活。对我们触动最大的是——德国教师想尽办法让学生感到"教室是我们自己的",慢慢地帮助每一个学生,事事、处处、时时都注意满足学生学习过程中的需要。除此外,德国小学数学课堂采用"项目式学习"教学方式,进行"温暖的评价",都令人称赞。

一、德国小学数学课堂的典型样态

走进德国小学数学课堂，最直观的感受就是"宽松"，和我国课堂严肃的学习氛围有较大区别。

上课前，教师都会要求学生坐好，注意倾听。许多教师坐着上课，甚至坐在桌子上。大部分学生都参与学习活动，很少走神或做小动作。即使有人走神，全班才十几个人，教师也能轻易发现，会马上提醒。

课堂上，德国教师不会一直要求学生保持"安静"，但课堂上鲜有吵闹现象，教学氛围很活跃。他们很注重交流，师生关系更像朋友。教师讲课时，学生可以坐在座位上随时提问。教师与学生交流的次数很多，学生回答问题时会举手并获得教师的同意，但不用站起来，坐在自己的位置上发表看法即可。对于学生的这些举动，德国教师不但不介意，而且大加鼓励。只要学生勇于发言，即使学生提出的问题并不好或者价值不大，教师都会持鼓励的态度。学生答得不好，教师也不会批评。他们非常重视让学生树立学习自信心，敢于在课堂上大胆提问，大胆发表自己的见解。德国教师普遍认为，培养学生的创造精神，首先得给学生宽松的环境，要让学生感到没有什么问题是不可以提出的。

小学生注意力难以长时间保持集中，班级学生超过二十五个，教师就得把精力放在组织教学上，而不是教学上。课堂上，教师的关注点一般是让学生参与学习，而不是学生的具体学习情况。在德国，小学数学教师面对十多个学生，每个学生都能得到关注，他们能够全班齐步一题一题地一起做，一个一个地帮助有困难的学生。教师可以很具体地发现学生的变化，变化了多少。教师注重课堂上学生之间的互动质量，课堂大部分时间都留给学生思考、探索。我们经常看到，课堂里老师抱着双手站在学生后面看他们在讨论什么，遇到什么问题。

德国教师上课基本上是直接切入问题，广泛使用实物投影和思维导图,一般不使用 PPT。上课时,教师一边讲解一边画思维导图,学生跟着在纸上画,很多时候画得比教师画的还"好看"。

在德国,小学数学教师喜欢用提问组织课堂教学,用一个一个的数学问题串成一堂课。"问题"主要由教师提出,部分由学生提出。教师不会在课前就精心写好解答步骤,许多答案都是现场组织语言。然而,无论是事先准备好的设问,还是即景性的追问,都直接面对学生学习过程中的问题。他们提出的数学课堂问题很少是要求判断"是不是,对不对,可不可以"的是非性问题,很少让学生齐答,也很少像"挤牙膏"那样提问——老师说出问题和答案的前半部分,让学生说答案的后半部分。他们提出的数学课堂问题很开放,提问之后会留一定的思考时间给学生,他们经常问学生"你如何解释这种现象,为什么是这样的"。

和我国小学数学课堂一样,德国的小学数学课堂也经常出现个别同学的回答代替群体学生的思考,也同样能看到优秀学生"称霸课堂",积极举手参与讨论,广泛地回应教师的各个问题,占据大量的发言和对话机会,并和教师一起推进课堂活动的发展,其他学生则跟着学,陪着学。

在德国,小学不限定教师每节课的规定量,教师可以弹性完成教学计划,课堂教学内容安排很自由。他们的课堂教学具有"内容由团队一起开发、实施方案根据具体班级而制定、教师可以个性化执行"的鲜明特点。

相对而言,我国的小学数学课堂承载的任务较多,常常逼着老师"快教""快说""快考",无法慢慢地帮助学生。对此,我们要"慢"下来,多关注学生的过程学习和个体差异,把分层教学做得更好一些。

当前,我国的小学数学课堂学习存在三大困境:一是虚假学习。学生坐在那里,看上去在学习,他们假装自己听懂了,不断点头,但不会发现问题,没有学习主动性。他们知道教师要的行为表现或答案是什么,最经常的是配合教师的教学,往往不知道自己所学是为了什么。二是机械学习。学生学了,但很快就忘了,只关注正确的结果和考试成绩,对与考试无关的学习内容没有兴趣,很少思考知识间的联系与应用,很少进行策略性、元认知式的学习,所学知识难以迁移到新情境中。三是竞争性学习。许多学生认为自己的成绩最重要,同伴的学习与自己无关,同伴与自己的学习之间是你输我赢、你赢我输的零和竞赛。他们很少有机会体会"同舟共济",课堂对话、合作,因此未获得良好的社会性技能,也不能进行深度的对话与讨论。

教育的变化极其缓慢、细微,它需要生命的积淀,需要雨露的滋润。成长有一定的顺序,在某个年龄阶段应该学习什么,感悟什么,这是相对稳定的。强求学生改变这种顺序,过分地人为加以干涉,只会毁了学生。所以,教师应静下心来陪着学生慢慢地走,以智慧主导下的耐心和爱心去瓦解粗暴,需要教师遵循学生成长的自然规律,允许学生以力所能及的速度去成长。

让小学生"慢"学,是因为有"思"的学习活动,才能看得"深",教得"浅"。数学知识技能的获得要在实践活动不断发现、不断体验感悟消化。不断试错,不断强化,学生从不知到知再到深知,从不能到能再到熟能生巧,循序渐进、螺旋上升。这一过程或许有长有短,但基本环节无法略过,别人也不能代俎越庖,希望在越来越短的期限内创造越来越多的奇迹,只能是一厢情愿。

实际上,慢是另一种程度的"快"。教师适时告诉学生答案,或者不用固定的正确答案反复训练学生,这样的教学,学生眼中的新异和未知事物消退的速度就不会这么快,学生的好奇心可以被新异和未知事物激发。慢下来,学生可以更好地体悟,可以通过反思观察、直觉感悟、抽象概括和实践应用,促进身心协调发展。学生在不断的体验、感悟、反思中发现知识的内在联系,能使书本知识与生活联系起来,让学习不再拘囿于教室。真正优秀的教师,其教学是有节制的,对于学生的疑惑并不轻易给出答案,此所谓惑不可轻解。

教师应真正尊重学生的差异,尊重学生的个性,站在学生的立场上看问题,倾听他们的声音,和学生一起学习、做事,慢慢地帮助每一个学生,让教室真正成为学生"自己"的教室。要减少课堂学习知识任务,让学生慢慢地悟,慢慢地改变。

二、小学数学课堂教学听访印象

数学课堂听访印象一:从分层学习开始

在德国,班级可以按学生的能力进行编排,教师会根据学生的水平层次布置学习任务。每位教师都会根据学习进度和考试情况将学生分成几个小组,不同小组拿到的学习材料会有区别。有特殊需求的学生会配备助教,单独辅助他们学习。

德国小学数学课堂教学的明显特征是自我导向,学生每天都在有条不紊地自主学习而不失纪律。学生在课堂上可以选择感兴趣的学习内容,以自己的速度和方式学习。教师会与学生协商制订学习计划,根据个体需求进行调整,选择适合学生智力、学习风格的学习指南和教学方法。

在“两位数加减一位数”数学课上,德国老师一开始就向全班十八个学生提供三种难度不同的计算连线题(图 4-1)。材料一是二位数加一位数,两组算式的加数位置对调但结果相等;材料二的两组算式是加法和减法互逆关系,每个算式直接呈现得数,学生不必计算但要发现对应的关系;材料三比前面两组材料更具有挑战性,左右两组算式包含加减混合运算,学生要先分别计算出每个算式的结果,再将相同得数的算式连线起来。大部分学生选择使用材料一,老师在学生完成练习之后进行集体讲解。助教老师在旁边辅导一个学生,这个学生使用材料二,助教老师还给这个学生提供百数图、数轴、数的拼组图,帮助他进行计算思考。几分钟后,有七个学生再次选择材料三进行学习。

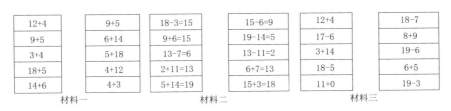

图 4-1　三种难度不同的计算连线题

　　自主学习是终身学习者必备的能力,课堂分层教学为学生自主学习创造了条件。德国学校将学生的差异作为课堂一切活动的开始,致力于为学生营造适合学生个体的、宽松自由的学习环境,确保每个学生参与学习的全过程,让每个学生都能有所学,最终激发自己的潜能。

　　课堂进行了十二分钟后,我们看到有四个学生自己组成小组,互相挑战答题速度,然后交换批改答案,独立与合作的学习随需要自然产生,随时随地发生,而不由教师课前控设。

　　有三分之二的时间,富有爱心、责任感的助教都静静地指导那个有学习困难的学生,老师提供百数表、计算器等三种工具帮助学生计算,这种一对一教学,完全满足个性化需求。距离下课还有六分钟,那个学生回到同学的身边,认真倾听同伴发言。这个学生认为自己已经完成学习任务,助教老师就允许他参加同学的讨论。

　　德国教师很关注学生的学习差异,注重观察学生学习的过程,却不注重学习结果的整理,较少给出结论,他们没有在组织学生交流讨论后进行归纳总结的习惯。课要结束时,教师只用简单几句话对课堂情况进行小结,不进一步归纳或总结。

　　德国的分层学习,允许每个人的速度不一样,尊重差异,保证每个学生都能学到,都状态良好地参与学习活动,这样才能促进学生在自己的水平上发展,他们才会积极投入学习,而不是被动学习。

　　教学是教师的教与学生的学的统一,这种统一的实质是交往。交往的本质属性是主体性,教师与学生都是教学过程的主体。教师应熟知学生的个性特点以及知识掌握情况,精心设计并使用不同的教学材料、教学形式、教学方法,创设不同的教学情境,使每一名学生都能最合理地利用好学习时间。

　　数学教育目标的差别化和弹性是目前国际小学数学课程设计时重要的考察内容。德国的课程大纲将学生的学习状态划分为八个水平,突出数学课程目标的差别化。在课堂里,教师的教学从差别化安排多种可供学生选择的数学素材开始,包括探究某个数学专题、数学的阅读活动、应用数学、数学史的有关专题等的差别化，对学生的要求也有弹性，学生可以根据自己的水平选择参与活动，或补习，或补充，或发展，或深化，这使得不同水平的学生都有收益，有利于每个学生的成长。

差别化课程实施的目的是增强每个学生的能力、才能与兴趣。除了德国，许多国家也注重差别化学习。韩国第七次数学课程改革的主题是"差别化数学教育课程"。差别化课程体现在基础教育时期分为两段，第一段是国家共同基础教育时期（从一年级到十年级，相当于我国小学一年级至高中一年级），要求所有学生必须学习相同的必修课程，但每门必修科目的内容深广度依学生能力而异。第二段为选择教育时期（从11—12年级共两年，相当于我国高中2年级到3年级），学生可以接触不同的有层次的课程内容，设定有区别的数学课程目标。

数学课堂听访印象二：娴熟使用学科工具

德国小学数学课堂上，教师和学生都能娴熟使用学科工具，这给我们留下深刻的印象，许多教师独立开发教具和学具，运用于自己的课堂，使教学焕然一新。

德国教师常把学具操作看作学生必须具备的能力。我国许多小学数学教师往往认为要适度使用学科工具，不让学生过度依赖操作，认为这会妨碍抽象思维能力和计算能力的发展，学具操作是学生学习数学的桥梁，最终目的是摆脱具体的束缚，达到抽象的水平。

在伦琴学校一年级的数学课堂上，我们参与了"数的组成"的教学活动。

全班只有17个学生。上课一开始，教师让学生围成一个圈，出示"7、29、38、9、145"等5张数字卡片，然后指名让一个学生到围坐的圆圈中间用卡片纸表示其中任何一个数的组成。

被指派的女孩把7个圆形卡片摆成一行，左边0个，右边7个。通过对话，老师和同学们都知道这个女孩表示的意思是"7＋0＝7"。

在获得老师的肯定之后，这个女孩叫另一个女孩到围坐的圆圈中间摆出其他数字的组成。

这时,第二个女孩用珠子摆出 9 的组成,她在一个平板上(有许多小方格可以置放珠子)上面放 5 个珠子,下面放 4 个珠子。摆完之后,她请身边的一个男同学说"5+4=9"。接着她自己又叫了坐在她对面的一个男孩到围坐的圆圈中间摆出其他数字的组成。

就这样周而复始地循环了 4 次之后,老师让所有学生各自找数字,从学具袋(图 4-2)里找一个自己喜欢的"工具"用于表示数的组成。

课堂上一共出现 11 种不同的"工具",有一个同学还用计算器

图 4-2 德国学生数学学具柜

计算。老师不强调纪律,每个学生都集中注意力用自己选择的工具表示自己选择的"数字"。

一段轻音乐响起,学生更换"工具"继续"组合"表示不同的数字。这时一个黑皮肤的男学生拿出"计数器"(图 4-3)计算"6+13=   ",一个亚裔女学生拿出口算本,口算的内容和我国一年级的口算练习一模一样。不同的学生做不同的练习,大部分人单独做自己的,有两个学生互相挑战比赛,有三个女生围在一起轮流"组数"。

图 4-3 计数器

过了十多分钟,轻音乐响起,学生开始自我评价和互相评价。这节数学课就这么结束了。

这是一节真实性学习,使用大量的学科工具辅助开展个性化数学教

学,每个学生都在学自己的数学,没有人"陪读",没有人虚假学习。这是学习方式个性化的数学课堂,学生可以选择各种各样的工具,按自己的需求和兴趣选择学具研究数字,不用顾及自己与别人的差距,不用遭受来至同伴挑战的压力,轻松又独立。课堂上的合作是自动自发的,不经刻意安排,一切都自然而自然。

除了这节一年级"数的组成"数学课,我们还在另一所学校的五年级"统计"数学课里看到大量的学科工具应用。

"统计"这节课一开始,教师就要求学生互相测量"身体长度",然后进行数据分析和结果比较。中德课堂的组织文化不同,德国学生拥有更大的自由。整节课里,学生有的测量身高、手臂宽,有的测量手腕粗细、脖子粗细,现场测量时有用米尺、红外线测量仪、称、卷尺……因为测量工具的多样化,学习氛围特别活泼,学生与学生之间进行着丰富的交流。展示作品时,我们看到,学生绘制的数学统计图和我国学生的许多作品内容相似,但形式大不同。我国学生普遍是单人独立地手工绘制统计图,德国学生几乎都是小组合作用计算机绘制统计图。

德国学生的统计图以条形统计图和扇形统计图为主,形式较为规范,作品的科学性更强。学生熟悉调查内容,每一部分的数量或百分比都会详尽地标注在统计图中,单位明确、分类精确,可以看出德国学生具有较高的计算机应用水平。

数学课堂听访印象三:"温暖"的评价

在德国格尔齐梅克学校三年二班的数学课的最后五分钟,老师播放一段轻音乐。学生纷纷停下正在进行的活动,拿出自己的"评价量表"。

学生在"评价量表"上给自己打分,涂上星,再找身边的同学评星。找谁评价,学生自己选择,老师不要求,班级也不事先约定。

几乎每个互评都是满星。听课后,我们想找一组没有互评满星的学生,没找到。学生给自己评星时,会有不涂满星的情况。全班 16 个学生,有 3 个学生没给自己评满星。

接着,老师让所有学生围坐成圆圈(图4-4),在圆圈中置放两个图标,分别是"笑脸"和"哭脸",两个图标在同一直线上,相距大约一米。

这时,只见学生一个个拿一粒珠子,然后按顺序逐个走到圆圈中间,把自己的那粒珠子放到

图 4-4 学生自评互评活动

图标上,或是图标外。大部分学生把自己的珠子放在"笑脸"图标上,有一个学生把自己的珠子放在两个图标的中间,有一个学生把自己珠子放在"哭脸"图标上,有两个学生把珠子放在"笑脸"图标之外,其中一个贴着图标边沿,一个距离约十厘米左右。

所有同学放好珠子后,老师走到把珠子放在"哭脸"图标上的同学身边,轻声问学生,他们的对话声音非常小,我们都听不到具体的内容。

很快,课就结束了。

下课后,我们才了解到,这是老师组织同学评价自己在这节课上的表现,对自己表现满意的放在"笑脸"图标里,放在"笑脸"和"哭脸"图标之间,表示对自己的表现介于满意和不满意之间,靠近"笑脸"图标近一点的,表示"相对满意"。

在这所学校的四年级数学课上,我们又听到另一段充满"温暖的评价"。

在课快结束的最后三分钟,数学老师拿出棉花、核桃、石头三样物品,分别装在三个盘子里(图4-5)。

学生排队依次到老师的身边,挑拿其中一样。有的学生拿棉花,表示这节数学课对他来说是"轻飘飘的";有的学生拿核桃,表示这节数学课对他来说是"可以把智慧撬

图 4-5 学生自评用的实物

开——有启发、有成就"；有的学生拿石头，表示这节数学课对他来说是"沉重，压力太大了"。

每个学生手上都拿到一个物品，老师召集拿到核桃的学生围在自己的身边，问了他们很多问题。在其他学生下课后，老师来到拿石头的学生身边，轻声对话。同样，他们对话的声音非常小，旁边的人都听不清楚具体的内容。

德国小学数学课堂的评价过程，令我们非常惊讶。这样的评价温暖至极，学生除了自己反省，给自己评价之外，更是有所暗示。这样的评价组织方式效果好，形式好，有对话，有比喻，更保护了学生的自尊心。

三、广泛开展项目式学习和使用学习地图

随着社会的发展，教育目标不断变化。数字时代，社会越来越重视学生的真实学习能力，以应对多文化共生的社会发展需求，学生应该能够在真实的社会场景里完成项目学习。今天的学校教育，开展项目式学习帮助学生拥有赢得未来的能力，是必然的选择。

项目式学习也是真实性学习，即学生在项目式学习中经历直面现实的问题解决而展开的学习过程。强调通过问题研究、解释说理、实践操作，借助诸多伙伴一道协同学习，从不同视点展开分析，超越学校课堂与学科教材，同社区与社会链接起来。

项目式学习是基于问题解决的探究式学习，即以特定的问题解决任务为中心，在接连一定的时间内，选择探究学习模式，增强自主学习与探究性学习能力，发展健康的社会情感和创造精神。强调开展协同性学习，学生以小组的形式分工合作，通过互助协作完成项目学习任务，培养合作意识和可持续发展能力。

项目式学习是跨学科主题性学习，学生完成学习任务时要整合知识，综合运用数学、文学、科学、信息技术、物理、艺术等多学科知识，通过整合学习提高综合素质，增强能力。

项目式学习，让学生经历接近真实世界的体验，帮助学生发展问题

意识,学会直面问题情境,从现实的状况与理想状态的对比中发现问题;学会依据学习场景设计课题,开展直接接触探究问题对象的体验活动,使之成为之后展开探究活动的原动力。学生展开观察、实验、参观、调查、探险等活动,通过这些活动收集解决数学问题需要的信息,展开传递给他者或直接自己思考的学习活动;通过学习把各自既有经验与知识链接起来;有利于自觉联系归纳与表达同信息的重建、自身的思考和问题的解决。

德国小学数学课堂广泛开展项目课程以及常规课里开展"项目式学习"活动,作用积极。他们通过项目式学习活动让学生运用跨学科多维知识解决真实性问题,发展学生的真实性学力。这样的课程与我国北京市 PDC 课程联盟、全球的 PBL 教育联盟倡导的教育理念一致,都以项目完成为载体,通过项目任务挑战式学习,发展学生的综合实践能力和创新能力。

德国小学数学课堂广泛进行的项目式学习有别于常规的课堂教学,他们一般以驱动性问题为导向,用项目为基础,面对解决具体问题和多学科知识融合为特征的学习内容,通过团队相互合作交流来解决问题。这样的学习组织形式,学生为独立的思考者与学习者,教师为支撑者、引导者。

德国教师使用多元化的教学策略进行基于项目的教学组织。比如,问题化策略——围绕学生的问题,开展不同方式的研究性学习;任务化策略——以完成项目任务为目标,驱动学生进行研究性学习;先讲授再自学策略——先听教师讲授相关知识,再动手实验观察发现的教学方法。

开展项目式学习时,德国教师经常性使用思维导图、流程图等"学习地图"辅助活动交流或成果展示。

"学习地图"亦称"学习进阶"或"学习轨迹",是进入 21 世纪以后伴随世界范围内"核心素养运动"的兴起而日益引起广泛兴趣的概念。主要用语词或范例对一个观念日益复杂的思维方式进行序列化描述,是一个收集想法、形象化想法和展示想法间联系的方法,对思维、想法、观点和相互联系进行视觉展示。因此,它所特有的结构化程序方法特别适合用于项目式学习交流的好工具。学习地图的优点是能促进找出想法和论点,促进创造性,促进结构化的行为方式,辅助思维。缺点是不适用于复杂的题目或者问题,不能一目了然,不能揭示时间上的相关性,通常不能不言自明,需要演示。这样的优缺点正适合小学生遇到的不太复杂的问题。

德国小学生很熟悉各种学习地图,高年级学生都能够熟练使用流程图进行分析和结构化,有的甚至会使用各种图表对原因和作用进行视觉展示,分析问题时,对过程进行结构化。德国的数学教师也喜欢借各种图表开展教学,明确问题,找出主要原因并写在主枝上,找出次要原因并写在分枝上,再对画出的图表进行讨论和评估,找出最有可能的原因并制定解决方案,把最佳的评估办法用在实践之中。

以下是德国学校进行数学项目式学习活动的实录片段。

活动片段一:五年级的数学项目式学习课

教师先展示讲解直升飞机的结构,播放两组直升飞机下降的视频,其中一组的直升飞机螺旋桨长,下降速度慢,另一组直升飞机螺旋桨短,下降速度快。然后,聚焦"直升飞机的螺旋桨越长下降越慢"这一核心问题,开始项目研究。

学生的研究方法很多样,大部分学生是结伴"拼、组装直升飞机",更换同一架直升飞机的不同长度的螺旋桨,记录螺旋桨的长度和飞机上升下降的时长。有四个学生打开电脑,在网络上搜集资料。十七分钟后,有五个小组的学生举例介绍了所记录的数据,有两个小组进行了操作演示,老师请了四个学生分享项目研究前的猜想和实验后的思考。学生汇报之后,老师并没有统一归纳结论,只是说了一段鼓励继续通过实践去证明自己猜想的话,然后就组织学生学习"比例"的知识。

活动片段二:三年级几何学习课的"交流环节"

在学生用线、尺子等工具测量完长方形的周长之后,老师组织学生进行交流,时间 20 分钟左右。

老师把四名学生分成一组,让他们各自围坐在长桌边,每人发一张 A3 纸。老师直接提问:"你们怎么理解长方形的周长?"

学生安静地在纸上写出自己的看法。五分钟后,老师要求学生交换纸张,了解别人的想法,标出自己的问题或想法。又过了大概五分钟,老师要求各个小组进行讨论。

有的小组很快就得出统一的观点;有的小组勉强达成小组意见;有的小组考虑每个人的想法,选取每个人的一个适中的观点进行汇总,其中一个小组提出五个观点。

小组讨论大概进行十分钟。之后,各小组轮流演示解说,有的是整个小组的成员都站起来,有的是一个人包办解说与演示"学习地图"。

类似这样的项目活动的适用范围很广,能够保证每个同学都积极参与,高效地收集学生不同的想法,调动与运用各个学生的知识,促进相互理解与沟通。

活动片段三:制定数学学习周计划

这是周一上午的数学课,老师组织学生制定"学习周计划"。

活动一开始,老师就说:"同学们,我们要为整个星期制定一个完成作业的计划,比如算数、写作、地理等。"然后,学生纷纷拿起纸张,开始熟练地进行操作。

有的学生列出完成相应作业的内容,包括独自完成、搭档合作完成或小组合作完成的方式;有的学生决定自己的学习速度和完成作业的顺序;有的学生制定了监督自己学习活动的进度表(监督表格)。整个过程,老师只是充当"伴学"的角色。

我们于课后访问了数学老师:学生都能自律自觉执行这份周学习计划吗,这个周计划有什么好处?

她笑着回答:"制定这个周计划的目的就是让学生学会自我安排学习的进程,并能够控制管理自己每天的学习安排。有一部分学生可以真正学习,有一部分学生并不能很有效完成这个计划,因为这个项目的学习需要纪律性、学习动机和自律。"

活动片段四：四年级运算定律（交换）的探究成果"总结环节"

数学老师把"运算定律（交换）的研究成果是什么"这一问题分成三个小题目"较小数字的灵活地、自动的计算"，"运用简便算法"，"怎么借助运算定律来掌控运算过程"。

然后，要求同个小组里面的每个同学只回答上述三个问题的一个。五分钟左右，学生在小组内报告自己的思考成果并展开讨论。最后，小组在课堂上解读小组交流的成果。

这样的项目活动，每个同学都为共同成果出力，有些优秀的、反应较快的学生在同学发表观点时觉得无聊。

活动片段五：三年级交流学习结果的"组织方式"

学生完成数学练习之后，老师要求每个同学挑选两个不同的题目，完整地解答这两个问题，做好分享交流的准备。

老师把学生组成两个圆圈，面对面坐着（图1）。内外两圈面对面的同学组成搭档，相互讲述自己挑选的数学练习题和答案。搭档一起完成"互评表"中的任务——判断答案是否正确，解答思路是否科学。接着外部圆圈的同学按顺时针方向旋转——找到新搭档，如此不断听讲与表达，学习各个练习题。

图1 学生交流形式

这样的项目活动，被德国老师称为"滚珠"，整个过程十五分钟左右，参与活动的学生都积极、兴奋，氛围十分热烈。

从上述五个项目活动片段可以看出，德国教师组织开展项目式学习时并不对原课程内容进行简单删减，也不做成简单的拼盘，而是重新审视传统的学科分类，软化学科界限，改变单纯以学科逻辑组织课程内容的方式。他们以问题为核心进行课程整合，注重提高学生综合应用各科知识解决问题的能力、创新意识与实践能力。

德国学校重视项目式学习在教育教学中的应用，各个学科都探索了一段时间，明确了范围，也取得一些成果。许多德国数学教师认为：德国学校正努力在数学学科教学中使用项目式学习，以数学为主，打破学科过度分界，实施跨界学习、主题化学习、项目式学习能促进学生综合能力的发展，这是趋势。对此，他们正在计划，每个年级设计一个年级学生必须完成的数学项目式学习任务。

近年来，我国越来越多的学校实验项目式学习，也有一些数学教师进行学科探究式项目设计，他们根据数学课程标准选择适合的项目内容，细化分解成项目活动目标，然后根据主题进行"已知、需知"的分析，再提出"驱动性问题"，制定"评价量规"，最后对项目成果进行评估与反思。

学科探究式项目学习需要设计科学有序、环环相扣、行之有效的项目计划，要充分考虑各方面因素。包括：学生通过项目学习接触到的不同学科的核心概念、不同学科的学习方法、不同学科的学习方式等都应该符合教育目的，符合班级学生特点；项目学习中，学生应该不由自主地参与他们所从事的学习活动，要给学生充分的选择权、自主权，充分发挥每个人所长，参与问题的讨论以及解决过程中，从而确立自己对问题的理解；研究的内容和问题要从学生已有的知识经验出发，基于真实的生活情境。

《义务教育数学课程标准（2022 年版）》跳出学科逻辑和知识点罗列的窠臼，按照学生学习逻辑，以结构化的方式（如主题、项目、任务等）组织课程内容，要求"综合与实践"主要包括主题活动和项目学习，第一、第二、第三学段主要采用主题式学习，第三学段可适当采用项目式学习，以解决现实问题为重点，综合应用数学和其他学科知识解决问题，体会数学知识的价值，以及数学与其他学科的关联。为此，会有越来越多的中小学校组织学科教师协同教学，统筹设计涉及综合性、实践性较强的跨学科内容，引入实施大观念、大任务或大主题驱动的问题式学习、项目学习、主题学习、任务学习等综合教学形式。

第三节　教学评价与反思比较

◇ 中德小学数学有效教学的特征比较
◇ 德国小学数学听评课要求
◇ 中德小学数学教师评议"长度单位"

　　课堂教学评价是以教师课堂教学行为为评价对象所进行的价值判断，一般可以分为主教行为、辅教行为和课堂管理行为三类。本节比较中德两国数学教师课堂教学的主教行为和辅教行为，主教行为包括显示行为、对话行为和指导行为，其中的显示行为指教师在课堂里的讲述行为、板书、音像显示行为和动作显示行为；对话行为指问答行为和讨论行为；指导行为指练习指导、阅读指导和活动指导。辅教行为包括教师对学生的学习动机的培养与激发，有效的课堂交流、课堂强化和积极的教师期望。

一、中德小学数学有效教学的特征比较

德国重视教师课堂教学行为评价,他们对教师授课进行评价,目的不是评优,而是为了对教师课堂教学行为进行价值判断,指出教师教学中存在的问题,制定改进教学的措施,提高教师的教学能力,促进教师的专业发展。在组织课堂教学行为评价时,德国学校注重评价的全员参与,坚持以教师自评为主,辅之以学生评价、同行评价、家长评价和专家评价,以此反思并找出教学行为的不足之处,确立努力的方向,实现教师素质的全员提高。

近些年,德国教育政策从"投入控制"到"输出控制""结果控制"转变,学校教育不仅关注学生课堂上学习的内容,还关注学生应该获得的能力。具体就小学数学课堂教学而言,意味着学生仍然需要掌握基本知识,如掌握乘法表和扎实的算术方法,或者了解基本的几何术语,但课堂教学不能止步于此,在任何情况下都要不断提高数学能力,这一任务被放在突出的位置。

弗朗兹·伊曼纽尔·韦纳特认为,能力是受个人支配或通过习得的认知技能,来解决特定问题,以及在解决问题时灵活、成功、负责的运用与其相关的动力、意愿和社会条件。描述某人是否有能力,是他了解并且可以做某事(认知技能和能力),可以在不同情况下用这些知识和能力去解决问题,以积极主动的态度(积极性、自愿性和社会准备度)、负责任的态度去完成。因此,单纯的知识储备不足以真正胜任某一领域的工作,有能力的人必须灵活批判地运用自己的技能和知识。

现实中,学生确实知道一些知识,他们在所谓的技术任务上做得相对不错,但他们无法将知识应用于问题解决或独立完成任务,他们显然不具备所定义的"能力"。德国教师认为,"任何伴随着学生个人学习成功的教学都不能仅仅对'学习内容'感到满意,而应该是确保学生能够在各种需求情况下灵活地运用所学知识和技能"。

因此,在小学数学课堂教学行为评价中,德国教师比较少列出应在课堂上处理的教学"输入",而是描述学生所需的"输出"。他们会反复批判反思如何优化数学课堂教学,让学生有足够的数学能力顺利过渡到下一阶段的教育或生活中,他们认为理想情况下这些"输出"应该是可以测试或衡量的。因此,他们经常聚焦"能力导向教学"这样的主题,并以此"思想"作为一节数学课"有效性"的评价核心标准。

他们提出"有效的数学课堂教学"具有十大行为特征:

一是教学结构清晰、过程、目标、角色、规则明确,有必要的礼仪,学生有自由空间。

二是通过好的时间管理,守时,排除琐碎的事务,进行有规律的学习节奏。

三是促进学习的气氛,通过相互尊重,自觉地遵守制度原则,承担责任,公平合理和相互关怀。

四是清晰的教学内容,通过通俗易懂的主题阐述清楚学习任务,学习过程合理监控,主题过渡合理有效,保证成果的措施恰当。

五是有意义的沟通,通过参与制定计划、课堂谈话、学生对话、学习日记和学习反馈,得到充分表达。

六是方法多样性,储备丰富的处理技术,多样的行动模式,一致又多变的授课形式和方法。

七是个别促进,通过自由空间、耐心和时间,通过内部的差异和协同,通过个人学习情况的分析和计划,促进有特殊需求的学生。

八是思考型的练习,通过学习方法的有意识启发,练习任务合理准确,合理变化和应用有着密切的关联。

九是清楚的成绩期待,明确的回馈(公平和适时)。

十是学习环境的准备,包括良好的秩序、巧妙的空间安排、空间设计的美感和移动的可能性。

具体关于"合作学习"的有效性评价,他们还会详细列举教师课堂教学行为需要达到的目标,比如:学生能通过自主学习、合作学习等多元途径参与课堂活动,学习过程经历较完整;激发学生思考与探究,体现教师对课程主题的深度理解与把握;关注个体,合理分配机会并引导学生。

我国小学数学教育界对于课堂"有效性"的特征认识和德国小学数学教师的区别较大。我国小学数学教师认为"有效教学的标准"具有如下四个特征:

一是教学思想正确。在传授知识的同时帮助学生培养能力,帮助学生发展智力;按照教师的主导作用与学生的主体地位相结合的规律进行教学;面向全体学生;充分挖掘教材内在的思想性,做到教书育人。

二是教学方法恰当。教学目的明确,重点突出;难易适度,课堂组织严密;能够联系实际,因材施教;教法灵活,反馈及时。

三是教学素养良好。教师的知识基础扎实、广博;教师能为人师表,言行规范,精神饱满,板书有序。

四是教学效果显著。能够达到预定的教学目的,实现教学要求;课堂的教学结构紧凑,教学安排适当;课前课后的实际效果良好。

我国小学数学教师广泛认为,"好课"有明显的特征:

首先是有效的课。学生参与了有价值的学习,参与了有用的、针对普遍需要解决的问题的学习;教师什么时候讲、什么时候问、什么时候引导、什么时候练、什么时候自主学习、什么时候合作学习,都是心中有数的,有计划性与组织性。

其次是学生充分参与的课。教师充分调动学生的主观能动性,发挥学生的主体性作用;学生的主体参与度高(取决于教师的教学观念以及对教学内容、方法的整体把握);能帮助学生培养自我意识、竞争意识和创新意识,留给空间让学生充分发展思维。

再次是充分关注差异的课。课堂上每种教学组织形式各有特点和优长,教师能根据不同目标以及不同情景加以灵活多样的综合应用。能够有利健康发展,课堂氛围和谐活跃。

最后,"好课"是一节解决问题的课。不仅解决教师或同学提出的问题,还解决其他学习过程中带出的问题,更能激发产生问题,包括静态的知识问题或是动态的思维问题。

二、德国小学数学听评课要求

在德国,学校有各种各样的听评课研讨活动,包括行政管理人员对教师或是同行之间对课堂教学的成败得失及其原因做切实中肯的分析和评价,从教育理论的高度对现象做出正确的解释。

在德国,小学数学教师开展的评课活动,一般以对一堂课的优劣进行整体、全面的评析为主,从教学思想、课程内容设计、教学结构、资源提供、学法安排、媒体应用、个别学生帮助、能力培养、师生关系、教学效果等方面进行全方位的评价分析。有时也会进行探讨评议,对一堂课中出现的新事物(如学生的新情况、新学法、新专题)或把握不了的新问题进行探讨性评析,比如,如何看待全体发展与差异要求、全面成长与个性特长教育、学习方法能力与数学能力、传统学习方式与现代学习方式的关系等等。

在德国,小学数学界对教与学过程的评价标准有很多,比如"德国小学数学课程计划实施绩效评估表(表 4-3)"、"德国教师授课情况评价表(表 4-4)"和"德国柏林地区学校课堂观察评价标准"(表 4-5)。这些都是根据德国《中小学教育标准》和各州的学校质量实施标准制定出来的比较科学的课堂教学评估表格(或细则),他们会根据这个评估表格(或细则)评估一堂课的优劣。

表 4-3　德国小学数学课程计划实施绩效评估表

评估项目	A	B	C	D	E
教师负责使整个学年的课程计划(或半年计划)与教学大纲、教学标准和核心课程相符;制定计划帮助学生系统进行学习,把握进度;以受教人为导向选择学习材料;照顾特殊学生群体的需求和个别学生学习效果。					
传授正确的专业知识;以学习小组的形式传授内容;传授学生方法能力;根据情况引入外部专家。					

评估项目	A	B	C	D	E
构建透明和结构化、有整体框架的课堂；以学习小组为导向考虑到学习的起始位置；为学生设置清晰和透明的学习重点和目标；激发学生积极性，创建以目标、学习和成绩为导向的课堂氛围；调节课堂的问题和灵活设置适当的提问。					
使用以受教人为导向的方法，并使用适当的多媒体；使用以目标导向和成绩水平相符的方法；在学习小组内和基于内容变化使用教学方法；使用以目标和结果为导向的多媒体。					
合理使用预计的时间；使用足够的时间并保证教学效果；保证时间和学习效率的平衡关系。					
教师能够分析和评估学生的表现；反映适龄学生的教学；定期审阅学生成绩；分析学生的表现；根据合适的法规评价和判断学习成果；了解有特殊学习困难和特殊需求，并在必要时采取措施。					
教师通过自己的行为，认识到把教育学生作为自己职业的重要组成部分的任务；课堂教学目标和课外部分始终保持一个界限；维持学生亲密和距离之间的平衡；教导和控制学生共同生活的规则，树立榜样。					
具有教育能力和社会能力；反映自己的思想和行动，承认自己的错误，如果有必要，进行开放性咨询；理解和解决问题。					
能够帮助学生了解和咨询；给予学生足够信息和咨询，充分了解学习成效。					
具有沟通能力，表现出受教者可以接受的行为；了解和使用解决冲突的规律和策略；客观，合理地批评。					

表 4-4　德国教师授课情况评价表

学校：＿＿＿＿＿＿＿　　授课教师：＿＿＿＿＿＿　　日期：＿＿＿＿＿＿＿＿

班级：＿＿＿＿＿＿　　　学科：＿＿＿＿＿＿＿　　课程名称：＿＿＿＿＿＿＿

评价标准	评价			备注
	差	一般	较好	
课程安排				
备课充分，内容丰富				
与实践应用紧密相连				
教学目标设定清晰				
依据课题及教学目标选择教学方法及教具				
教学过程				
课程目标及安排深入浅出，便于学生理解				
课堂秩序管理				
激发学生的参与积极性				
上课气氛活跃				
合理安排学习任务				
评估学习任务果				
与课题及课程目标相对应，培养学生独立思考、独立完成学习任务的能力				
选用多种教学方法				
选择教具及媒体类型				
提高学生社会能力				
兼顾每个学生的长短处				
能够应对突发事件及问题				
学生纪律				
表达清晰流畅，教态端正				

续表

评价标准	评价			备注
	差	一般	较好	
对教师本次授课的总体评价				
完成教案				
教学过程是否能达到教学目标				
对课堂氛围进行评价				
听课反思,对教学方法的改进建议				

评估结果:

□基于此次听课_____(先生/女士)可授予教师资格。

□我们推荐_____(先生/女生)参加教师进修培训。

□基于此次听课,不能授予_____(先生/女士)教师资格,还需再次听课。

联邦教育局:_____ 专业顾问:_____ 校长:_____

日 期_____ 结 论_____

表 4-5 德国柏林地区学校课堂观察评价标准

上课时间:____年____月____日 执教者姓名:_____ 执教者所在学校:_____

课程名称:_____ 学生班级:_____ 授课时间:_____ 评分者签名:_____

评价维度	评价要点	权度	课堂观察与记录	得分
课堂导入	1.导入自然、流畅,顺利引出课时主题,学生进入专注状态 2.能以恰当的方式让学生理解本节课的目标 3.时间控制得当,一般不超过 3 分钟	10		

续表

评价维度	评价要点	权度	课堂观察 与记录	得分
学习活动	1.活动有设计、有趣味,紧扣目标,问题驱动,任务清晰,结构完整 2.学生能够通过自主学习、合作学习等多元途径参加课堂活动,学习的过程经历较为完整 3.教师引导活动时的指令清楚、适时、恰当,能够将学习引向深入,能够关注全体 4.活动生成围绕教学目标,不生硬、不跑题	30		
展示分享	1.鼓励学生说出不同的答案或解决方案、提出自己的问题 2.引导学生关注、思考课堂上生成的有关目标达成的信息 3.有意识创设安全氛围,学生在分享的过程中有安全感,敢于个性化表达观点和感受 4.关注个体,合理分配机会,能够引导学生倾听	30		
课堂总结	1.梳理本节课学到了什么,回应目标 2.拓展与延伸本节课的要点,学生有学以致用的意愿 3.时间至少3分钟	10		
整体评价	1.学生课堂参与度达到90%(目测学生参与度高) 2.超过三分之二学生达成教学目标(有证据表明目标达成度高) 3.教师语言、行为、观点无明显不当 4.能根据课堂生成对环节、流程、内容进行灵活处理和安排,激发学生思考与探究,体现出教师对课程主题的深度理解与把握	20		
总分		100		

德国学校广泛使用这些表格，用于听课、评课、诊断和课堂教学指导，也用于各州文化教育部对学校教师每五年一次的评判型、鉴定型考核。他们的评课基点与视角很宽广，涉及评教学环节的设计、教材的灵活应用、教学细节的处理等。

从评议内容可见，德国学校注重"教—学—评"的一致性，他们用一个动词（学习活动）及其宾语（内容）来描述预期学习成效，明确环境条件和要求学生达到的标准。采用与该动词对应的教学活动来营造学习环境，这种做法极可能带来预期成效。采用的学业评价任务同样包含该动词，使得教师在评估量表的支持下，判断学生的学习表现是否达标以及达标的程度。最后将这些判断转化为等级评定标准。

德国教师对教学目标以一个动词加上行为内容来表示，包括两个最基本的要素。根据布卢姆的教育目标分类学，每一个行为动词代表不同的认知层次。课堂里的每一个教学目标、教学活动、教学评价，都要围绕着具体认知层次，具体任务目标来展开。这里所指的认知层次和任务目标，体现在使用的行为动词上。德国学校进行教学评价的时候，清醒地保持专注度、一贯性，目标评估时紧紧抓住这些行为动词或者与之相当的认知层次的行为动作，让教师清楚地认识这节课的教学目的，对教师课堂教学行为的有效性进行针对性评价。

听评课活动中，德国小学数学教师很重视评价"教学过程设计"。他们认为教学的节奏通过授课过程来体现。因此，他们会从课的流程设计进行评价，比如：导入——在相关背景下学习——保障、结果、前景——熟练与应用。他们认为教学流程应该支持学生独立学习，杜绝程序的干扰，遵守指导框架。

"导入"环节的评价主要看德国小学数学教师关注其是否有"鼓励和指导"价值，看指导框架、引入主题的中心要点、建立在事先的理解、允许学生参与、任务关注这些维度是否合理。他们希望课堂导入学习主题时，无论是开放的或引导式的导入，都要有双重功能——激励和引入主题，都能迅速吸引整个班级学生关注。

评价数学课堂的"价值"时，他们关注学生数学能力的构建、学习方法能力的扩展、社会和交际能力的促进。他们认为,评选出"成功的课堂学习",才能记录、深化、批判性地评价和理性的认识。

为进一步提高教育质量,适应知识社会的发展要求,前些年德国联邦教研部出台了"加强实证教育研究框架计划",在基础教育领域,他们推行测试和评估课堂教学质量。因此,近些年来,在听课的过程中,德国教师会和任课教师一起参与学生的小组活动,会一起调动学生积极性和鼓励学生自我纠正。他们深入学生的学习过程,收集他们的行为表现,根据学生个体差异,从学生的合理的、主导的需要出发,培养和激发其较高层次的需要,帮助其获得学习的能力。

三、中德小学数学教师评议"长度单位"

关于"长度单位——千米、米、分米、厘米、毫米",我国人教版教材分为五个例题进行教学,其中有一个例题是教学"用长度单位度量物体的具体方法,体会测量的本质"。德国教材在四年级的同一单元里安排学生认识所有的长度单位,包括教学毫米与厘米单位之间的进率。

德国小学数学四年级"长度单位"这节课,先安排"用铅笔、脚步等不同的测量工具去测量物体的长度",接着介绍"古老的测量长度的方法以及长度单位的发展演变历史",最后引出"现在人们用米来作为基本单位"。这和我国教材有些相似,我国小学数学人教版四年级教材首先呈现"古人用庹量巨石的宽度、用推量布的长度以及用脚长量竹竿的长度"的情境素材,让学生初步体会"测量长度必须要有长度单位",同时了解"很久以前人们用身体的某部分作为长度单位"。

中德两国小学数学教师在共同听完德国老师上完"长度单位"一课后,进行了评课交流。

其教学片段如下:

一、10:15—10:19 老师介绍"长度单位"

老师："众所周知,我们今天最经常用的长度单位是米,米可以接着划分为更小的单位(分米、厘米……)或者组成更大的单位(千米)。从何时起我们开始运用这些长度单位的呢?"

老师借助 PPT 呈现图片,介绍"长度单位的由来":"1790 年,法国科学研究院在国会上首先确定了长度、质量和时间的基本单位,同时大小的基本单位参照自然物,自 1889 年这些单位在一个国际会议上被认可为标准单位,并运用到现在。"

老师说:"以前人们是如何测量长度的呢? 在很久很久以前,人们借助身体的某一部分来确定物体的长度:寸、拃、码尺或者英尺。这些单位之间的换算很复杂:1 英寸＝2 cm 5 mm、12 英寸＝1 英尺、9 英尺＝3 码尺。这些单位的大小没有统一,一码尺在不同的地区可能表示的长度也不一样,以至于有 100 多种不同长度的码尺,比如 Aachener 码尺——66 cm 7 mm,科隆码尺——56 cm 2 mm。"

"社会上物体长度的尺度差距是十分大的,比如一个显示器对角线的长度大概是 17 英寸,自行车轮胎的直径是 26 英寸,飞机可以飞到 12 000 英尺高,足球球门长 24 英尺、高 8 英尺。"

……

二、10:20—10:33 学生收集资料与交流问题

老师让学生独立到网上查阅资料——有哪些单位? 在德国很多地方用到了英尺和码尺单位,为什么呢?

之后组织学生交流:"你查到哪些资料,你发现了什么?"

在学生交流中,老师提出"自然物的哪些大小被认为是大小的基本单位"和"为什么统一基本单位是很必要"等两个问题。

有几个学生回答了问题。

三、10:34—10:44 第一次测量与讨论

1.实际测量

老师:"我们可以运用很多测量仪器去测量一个物体的长度,只要所有的测量仪器的刻度标准都是一样的。"

学生被分成若干个小组,每个小组用不同的测量仪器(比如,铅笔、脚步、手掌)测量班级内的物体,再在练习本上填写表格。

测量仪器	铅笔	脚步
黑板宽度	24 倍	
教室宽度		
课桌长度		
门的高度		

2.交流成果

每组学生完成任务之后,都自觉地与其他小组的同学进行比较表格上所记录的测量结果数据。

老师让一个小组的同学汇报成果。

其他学生可以自主发言评价。许多学生围绕着"同一个自然物用不同测量仪器来测量,结果不一样,没办法比较"这个观点进行发言。

老师让学生思考:"为了使大家的测量结果一样,在测量中每个人应该注意哪些事项? 考虑一下,用不同的尺寸来测量物体长度而产生了什么样的问题?"

学生越来越清晰地意识到"统一长度单位作为测量标准是很有必要的"。

四、10:45－10:55 第二次测量与讨论

老师说:"在上面表格中,你们用某些测量仪器得出的结果是一样的,当然,你们用另一些测量仪器测出的结果可能是不一样的。你们要尝试着找出原因。"

老师要求每个学生独立使用"一种仪器"测量指定的一个自然物。

学生测量之后,有两组学生进行了汇报。

学生集中讨论其中一个小组学生出现的问题——一个标准的测量仪器应该具有哪些特征,以至于无论任何人使用,都可以得出可靠的结果。

五、10:56-11:02 教师讲解知识

老师暂停了学生的讨论,借助 PPT 讲授:"我们可以用已知的基本单位来测量物体长度。之前人们用英尺和码尺来作为长度的基本单位,现在人们用米来作为基本单位。比如,在一次短途散步,或是跨一大步,或是把手指呈 U 型,或是方格纸的两个小方格。这些都有共同的特点,线段的长度由长度数值和长度单位组成。"

接着老师又介绍:"在进行计算前所有的数值必须换算成统一的单位,长度单位换算:1 km＝1 000 m、1 m＝10 dm、1 dm＝10 cm、1 cm＝10 mm。"

经过 47 分钟的学习,结束了这节课。

听完老师的教学之后,中德两国小学数学教师互相交换了对这节课的评价意见。如下是德国数学教师对这节课评议内容,在德文基础上,我们结合语境适当进行了补充。

我的同事很成功,在课堂上和学生相处得很好。她的学生在课堂上感觉开心,都积极投入学习。

第一个环节就能让学生迅速地进入学习状态,几乎每个学生都专注听老师讲话。第二个环节老师用不同的方式,学生很感兴趣查阅资料,维持了较稳定的注意力。整节课上老师有些地方采取了自主学习,有些地方采取合作学习,也有采取探究学习的,通过不同的学习方式搭配,实现了让学生的注意力保持在一种稳定的水平,而不至于大起大落。

根据认知规律,每个人集中进行学习的时间,只有 15～20 分钟左右,学生的注意力是很容易涣散的。老师提供了不同的学习方法,让学生克服困难。当然了,我们可以做得更好,比如,我们可以尽可能给学生提供表现成功的机会,给学生提出问题的时候,可以留出更长的、足够的等待时间。

之前人们用不同的测量仪器按照不同的标准来测量物体的长度,这种测量结果很难与别人统一。学生进行测量活动后,很多人都认真思考

"为什么要统一基本单位是必要的"这样的问题。老师这样做可以帮助学生以后也去思考"交流比较时最好有共同的标准"。

我们的学生不应该仅仅学会数学知识,而是应该学会对知识持批判态度,不盲目迷信书本或老师所讲授的内容,他们在数学表达和交流中学会批判性地思考他人的观点是最重要的。老师为学生提供表达和交流的机会,在教学中适时适当地为学生讲述数学知识的发展历程,让学生了解数学知识是动态变化的,而这种变化的重要原因之一便是对原有知识的批判。当学生提出质疑时,老师认同学生的不同观点,并和学生一起探讨其观点的价值,没有压抑学生的批判意识。

什么时候称得上学生有数学能力呢?为了回答这个问题,我们有必要弄清学生必须知道的知识和能够做到的事情,以便我们老师可以在任何情况下负责任地成功解决数学问题。为此,老师首先考虑"这节课的数学问题是由什么构成的",只有这样才能具体得知解决数学问题时的要求,她成功做到了。

《思想的学府》的序言写道:"一个大问题的解决伴随着一个伟大的发现,但是在每个问题的解决时都有一些发现。"这表明,通常数学问题是没有给定的解决方案的——人们必须自己发现它们。在这方面,解决数学问题时的要求远远超出纯粹算术处理。因此,任何想要在数学科学方面有所成就的人,除了基本的技术技能和能力外,还需要钻研精神和毅力。这个班级的学生做到了这一点。

我国小学数学李教师认为,德国老师执教的"长度单位"这节课和我国小学数学教师的授课有很大的区别。

老师让学生在活动中思考"哪些可以作为测量的基本单位",这是我国许多教师不可能提问的。她让学生采用自主探究的方式,选择多种的测量工具进行测量,而我国一般只会让学生用"拃"去度量桌子的长度,方法较为单一。选择多种测量工具进行测量的目的都是为了让学生明白测量单位不统一,测得的结果不一致,从而体会到统一长度单位的必要性。

古时候的人曾用身体的一部分作为度量工具,老师的数学课里就会让学生用身体尺去度量物体长度,这样的活动设计丰富且有意义,学生也更加深刻地感受到活动的目的。

老师安排长度单位换算是从大单位到小单位的顺序,采用直接告诉的形式教学长度单位之间的进率。老师直接出示现在常用的长度单位以及它们之间的进率,列举生活实例帮助学生感知"米、分米、厘米、毫米"的大小,建立空间观念。而我国小学数学教师一般会以相反的顺序进行教学,先组织观察,再引导、推理得出进率关系的结论,进行所谓的探究式教学。

厘米就是一个统一的长度单位,而且它最方便被学生感知,我国教材选择将"厘米"作为学生学习的第一个长度单位,用厘米作为测量的基础。为此,我国教师在教学时,喜欢借助实际大小的厘米尺,让学生感知1厘米有多长,再通过比画、比较等操作活动加深对1厘米长度的认识,体会测量长度的本质,丰富学生的表象,同时给出表示厘米的符号"cm"。然后,我国教师会借助测量黑板长引出选择合适长度单位的重要性,进而体会到引入较大单位的必要性。通过观察米尺、比画等活动,帮助学生深化对米的认识,逐步形成1米的实际表象,最后通过观察米尺教学米和厘米之间的关系。

与我国小学教学安排相比较,德国学生课业负担明显较轻松,学生有充足的时间进行各种测量活动,其在学校学习期间外也有充足时间玩耍或进行家庭社会类的各种活动。因此,德国老师对于长度单位的教学注重测量策略,给予学生充足的实践体验。他们较少提"训练"二字,其实"训练"与"机械训练"是不同的,反复地、无意义的训练才是不好的。德国有些学生的计算能力不好,就是因为没有训练。其实,任何事情都有"度",训练过了不行,但没有训练也不行。

评课,是指对课堂教学的成败得失及其原因做切实中肯的分析和评价,并且能够从教育理论的高度对一些现象做出正确的解释。中德两国小学数学教师共同对一节课例进行评价,分析学习是否真实发生以及课堂教学后学习成果的产出情况,不同的观课评课视角表达着各自对课堂教学行为的理解。

　　德国教师进行评课前,会去核查教学目标的达到程度。这里的教学目标既是根据教学目的总体要求预设的目标,又包括根据课堂教学情境变化衍生出来的满足学生需要的情境目标。他们认为,在没有偏离教学总目标的情况下,教师应该灵活机动地充分考虑和积极调动学生的兴趣、好奇心、创造性和主动性。另外,他们还会对评价对象的个人进修需求提出建议,及时将这一需求告诉学校,便于校方迅速采取相应的措施。

第四节　思考·探究·实践

◇ 要更加理性地改革课堂教学方式
◇ 数学教育创新要加速发展数字化教学能力

　　　　中德两国的小学数学课堂教学各有优缺点，取长补短，就会是非常好的教育。观察与分析德国教师的课堂教学行为之后，可以借鉴他们重视在课堂上培养学生创造力的理念，学习他们"广"和"博"的教学方法，尤其是在突破信息化常态应用瓶颈问题方面可以得到许多启示。我们认为，要更加理性地探索课堂教学方式的变革，数学教育创新要加速发展数字化教学能力。

一、要更加理性地改革课堂教学方式

我国的数学课堂教学有许多优势，在一个班有 40 多名甚至 50 多名学生的情况下，数学教师娴熟使用先进的教学策略，使用全纳、差异化且高标准的教学方式实现课程目标，让学业程度不同的学生都能从中受益。即使是只有几年教龄的年轻教师，都能打造出无缝衔接的流畅课堂，他们的教学策略融入方式和时点，与学习活动浑然融洽。

然而，我们的数学教学也长期存在问题，比如：教师讲和学生听过多，独立思考和合作学习不够；学生接受性学习过多，研究性学习不够；学科知识学习过多，主题性学习和综合性学习不够，等等。

当下我国小学数学课堂正在深化课堂教学改革，我们需要更加理性地推进变革，在从"知识为中心"向"学习为中心"转变，从"浅层学习"向"深度学习"转变，从"被动学习"向"主动学习"转变的过程中，传承已经有的"中国优势"，融入世界先进的课堂教学经验，推动数学教育大国变成数学教育强国。

德国的小学数学教师常常不按照教材上课，很多时候是通过让学生提出问题来组织教学。他们努力让学生自己提出有价值的问题，然后通过全班讨论或是小组合作来共同解决问题。有些时候，课堂上学生可能因一个问题而讨论半天，到了下课时间"不了了之"，学生留在墙上的"板画"也是"残肢断臂"，甚至结束时教师连点评式的话语也没一句。但是在这样的课堂里，学生都积极参与每一次讨论，努力探寻合理的结论。或许，这是由于德国课堂能突破教科书的"权威"和教师标准化答案的桎梏，学生的思维不受任何限制，就像自由的奔马在草原上任意驰骋，于是学生思维开放，得到很好的发展。

在德国的小学数学课堂上，学生可以自由地在教室里行走，到挂有标准答案的黑板前对答案，或到后排的学习区选择适合自己的练习，老师只是适时协助有困难的学生完成任务。学生完成每一板块的练习后，都可以把自己的感受表达出来——很开心、一般般、不开心。德国教师认为："犯错误是学习中必要的过程，要在错误中不断更正，不断进步。"练习的过程中，学生可以自我选择、自我评价、自我更正，能得到美好愉悦的学习体验。

德国课堂主张分层教学，学生一般被分成不同的能力组，学习不同的内容。德国教师认为，数学是人的天赋和禀性，就像音乐与绘画。因此，教师充分研究学生并依据学情自主掌握学习进度，给予学生充足的自主发展空间，激发其主动性和积极性。他们花很多时间和精力去熟悉每个学生，据对学生的深度了解，为不同水平的学生安排不同的学习任务，分层设计学习实践的内容。

德国教师不注重数学教学内容的统一，教学法的选择较为随意和个性化，导致整体水平无法得到有效保证。长此以往，学生之间的差异越来越大。为此，2016年以来，德国（等欧洲国家）的数学教师走进我国上海等城市，借鉴我国小学数学教育的成功做法。比如，我们让高阶的学生做解释、进行复杂运算、多角度解决问题、解决模糊性问题，他们和教师一起推进教与学的活动；中阶的学生在教师和同伴的帮助下对思考过程进行口头陈述，对知识进行应用和迁移；有困难的学生对数学事实进行多次识记，对数学概念进行练习和回顾，等等。近些年，部分德国小学数学课堂已经不再进行能力分组，教师通过全班步调一致的教学，要求每个学生都要达到课前预设的统一的教学目标。

德国教育家第斯多惠认为，教学的艺术不在于传授本领，而在于激励、唤醒、鼓舞。课堂上，德国教师的主导作用比我国次要得多。他们教师的课堂语言生动，有多样、灵活、生动、丰富的特点，他们不注重数学语言的精确表达，也不强调简洁、富有逻辑性。比如，他们的课堂没有"减数"和"被减数"之分，没有"除数"和"被除数"的说法，很多教师也不知道准确表达"分子"和"分母"，更不会说区分"交换律""结合律"和"分配律"。

我国数学教师的课堂语言抽象，注重利用现有的数学知识进行推导,解决未知的问题,培养学生的逻辑思维能力。这也导致我国教师在课堂上话语权很大,教师提问、理答、追问、总结等主导语言很多,占整节课的时间很长。我国数学教师非常注重使用精确的数学语言,能把复杂的数学概念阐释得十分通透,引导学生也这么做。有许多时候,学生可能不那么熟悉,在交流数学的发现时会从远及近,从不准确到准确,从不完整到完整,从模糊到清晰……但我们的数学教师很耐心,会很有技巧地帮助学生澄清误区、比较异同、逐步提炼至精确,很好地传授了数学概念和培养数学思想。

随着我国和欧洲学校课堂教学的密切交流,近些年,德国教师开始重视数学基本事实的记忆,要求学生使用比较完整的口头语言解释数学概念、过程和方法,原来的许多要求正在发生越来越大的变化。

在教学方式上,德国教师注重学生的直观体验,更善于利用教具、学具调动学生的积极性,利用图形为学生解释数学问题,经常会设计一些问题、项目任务让学生自己观察、讨论、分析得到新的知识和方法,鼓励学生讨论交流。但是,他们不太注重数学原理方面的解释,不太注重培养学生的计算能力,揭示解答的过程也不太注重提供方法来帮助学生避免常见的错误。虽然德国的数学课堂上有很多丰富的教学用具,但教学往往停留在具体操作层面,教师并不帮助学生从具体操作提高到数学抽象的水平。近些年,德国教师开始注重教学的设计,采用小步前进的方法实施教学,课堂教学注重帮助学生掌握基本技能,现在低年级的德国学生已经不用"扳手指头"就可以快速进行十以内的加减计算,高年级学生能记诵乘法口诀。

教师应该和每一个学生建立良好关系,让学生都能享受课堂,保持兴趣。我们要理性地看到,德国小学数学课堂教学正在不断借鉴我国的做法,正在校正轨道。我们要正确处理人类社会发展成果和现代化科技成果、学生个体经验和学校班级群体教育、数学知识和学科实践等关系,充分关注学生学习活动目标和对象的二重性,在教学中促使能力与知识相互转化,让学生在有意义的教学活动中健康成长。

2022年修订的义务教育课程方案和课程标准,明确指出要以深化教学改革为突破,强化学科实践,推进育人方式变革。学科实践既注重学科性,也注重实践性和真实的社会性,更强调通过实践获取、理解与运用知识,倡导学生在实践中建构、巩固、创新自己的学科知识。为此,要探索与素养目标和内容结构化相匹配的、学科典型的数学课堂方式,克服教学中知识点的逐点解析、技能的单项训练等弊端,增加如观察、考察、实验、调研、操作、设计、策划、制作、观赏、阅读、创作、创造等实践要素,为学生提供参与学科探究活动,经历建构知识、运用知识、解决问题、创造价值的过程。

二、数学教育创新要加速发展数字化教学能力

社会与数字科技之间的关系越来越紧密,学生置身于数字化科技之中,虽然被称为"数字居民",但简单的数字化科技产品的运用并不能帮助他们提高数字化能力。前些年的国际比较调查得到关于德国八年级学生的"数字化能力"的成绩也证实了这一观点。德国学生的数字化接受能力(信息收集、评估和组织)和输出能力(信息制作、转换、交换、安全运用)测试结果出乎意料——德国位于中间位置,接近欧盟平均水平,略高于经济合作与发展组织平均水平。30%的德国学生未达到最低标准,只有2%的学生达到最高水平。总体来说,女生水平略高于男生,尽管男生认为自己很有能力。

德国教育当局意识到上述问题之后就迫切提出需要做出改变,而且切切实实地迈出坚实的步伐——全力发展数字化能力的学习与教学。他们于2016年年末提出"数字化世界的教育"纲领,认为当今和未来的老师应该具备数字媒体科技教学方式的运用能力。德国各州除了制定教学大纲之外推出相应的教师培训标准,并在所有教师进修继续教育中规划落实。他们对学校数字化课堂教学提出"质量要求",要求现代信息技术要运用到每个学科之中,每个学科的课堂教学必须遵循上述要求,实施情况及效果会被抽查检验。

数字化不只是"科技设备",数字化是学科的综合,适用于所有学校。如果仅仅用数字媒体代替黑板或网络查询资料,并不能真正培养出数字化能力。我们面临教育内容、方法和结构方面的挑战,需要将数字化融入跨学科教育中。信息科学的基础教育是必要的,因此所有学校必须设置信息科学的选修或必修课程。然而数字化不能仅限于一个学科,学生在课堂上为进入数字化社会做准备,我们不能消极地在一个学科里运用科技,而应该是各个学科都积极地使用。

我国学校必须尽早培养儿童青少年对数学数字化学习的兴趣。编程教育应该纳入我国小学必修课程,编程教育不仅是为了学习知识,也是为了让学生获得逻辑性思维,提高解决问题的能力。

教师的数字化教学能力对于教学有重要意义,它能影响学生的学习动力、师生间的互动及学生能力的发展。除了主管和负责数字媒体的运用之外,教师必须对数字科技持开放态度,成为接纳数字科技的表率,要巩固已有的技能,学习发展个人的数字化能力。以开展 VR/AR/MR 助力课堂教学变革为例。

传统的学习重在基础知识的习得和基本技能的培养,而能力的发展基本上等同于解题能力的训练。面对势不可挡的科技创新浪潮,面对不断加快的世界变化和充满不确定性的未来,按照传统模式教学和思维已难以适应时代的变化。VR/AR/MR 技术可用于营造事物发展变化的虚拟环境,生成具有沉浸感、临场感和多维感的高级人机界面,能让学习者在计算机仿真系统里与虚拟的人、物或景进行互动。

VR(虚拟现实)是利用多源信息融合交互实现三维动态视景和实体行为系统仿真,使用户沉浸在模拟环境中,让人和互联网之间能够进行深度的互动和沟通。AR(增强现实)通过计算机图形学和视觉技术,将虚拟的信息应用到真实世界,使得真实的环境和虚拟的物体实时地叠加到同一个画面或空间。MR(混合现实)包括增强现实和增强虚拟,指合并现实和虚拟世界而产生的新的可视化环境。

VR/AR/MR 已经不再是单纯的技术手段,而是全新的思维方式。借助 VR/AR/MR 技术实施的教育具有多感官参与、突破时空限制、完全沉浸感、真实学习情境等特点，该技术与教育结合正在颠覆和创造出新的教学方式。

许多学科的教学会涉及或抽象、或微观、或空间与时间跨度较大的内容，其中有些知识远离学生的现实生活，不被学生所熟悉。如果教师仅以口头讲述或借助图片、模型等教具来讲解，由于言语转换、内容表征或视听角度等方面的局限，可能导致学生看不到、听不清楚或想象不到等问题，导使学生对知识的理解出现偏差。VR/AR/MR 技术都是创设真实情景的有效工具，虚拟环境不仅使学生受到视觉、触觉、嗅觉等各种感官刺激，给学生超越现实、身临其境的感觉，还能让学生通过感官、语言、手势甚至表情，以比较"自然"的方式与计算机进行实时交互，使学生置身于逼真效果的综合学习环境中。这样的沉浸体验互动性强，可以使学生脱离抽象而乏味的文字与图片教学，让抽象的知识变得立体可见，有利于学生在富于感性和趣味性的三维虚拟世界里启发构思，引发出更多的灵感，让学习表现更加优异。

教师可以用 VR/AR/MR 开展实景教学。学生戴上 VR 眼镜，形形色色的海底世界立刻展现在眼前，学生可以全景式"游览"海底里的珊瑚，千奇百怪的鱼儿，一切都触手可及，美轮美奂。有时可以让学生看土壤里植物种子发芽变化的全过程，沉浸在种子发芽需要的各种环境之中，学生置身于大自然中，感觉飞禽猛兽在身边擦肩而过……学生身处智能模拟的实景学习环境，总是反复戴上、摘下几次，和裸眼看到的现实场景进行对比，确认自己"穿越了"，然后"哇、哇"惊讶于这种身临其境。这种全方位的立体仿真技术带来"沉浸感"，给学生带来前所未有的感观刺激，增强了学习体验，深受学生的喜欢。

传统的安全教育多为言传身教，学生无法亲身观察试验的场景，难以理解危险行为导致的严重后果。借助 VR/AR/MR，模拟真实的高危或极端火灾环境，学生戴上 VR 眼镜，置身于火灾"现场"，学生尖叫，拉扯自己的衣服，惊恐、哭泣，情绪变化之大，体验之深刻让人难忘。在虚拟现实的实景里开展安全教育，接受实时的交互性体验学习，几分钟的教育效果远远超过往常的传统德育说教课堂效果。而且可以到以前去不了的地方,让学生体验不易接触或不易观察到的事物,没有做"真实的事情"时所要遭遇的危险、费用或实际消耗,既仿真安全又经济。

三维场景强调趣味性,这也是当今"数字原住民"的特点,好玩的东西、立体的东西、动态的东西,甚至是现实世界不存在的东西,都是当今学生喜欢的。VR/AR/MR技术支持下的实景教学,从情感、态度与价值观方面激发学生的学习热情、探究兴趣。当利用技术将虚拟场景融入真实世界时,学生能获得观察微观世界、感知抽象概念的机会,不仅有助于将知识融会贯通,把学习体验转化为学习情感;还有助于保持持续、高昂的学习欲望,学习投入大幅上升。这样一来,学习不再是负担,而是丰富体验。

一线教师总是试图把前沿的信息技术或概念用在实际课堂中,许多信息技术融合的课堂教学都停留在这一层面,而不是利用信息技术改变课堂结构。改变教学结构是信息技术与教学融合的必经之路,更是技术与教学深入融合的高价值成果。VR/AR/MR打破传统的单向传授知识的教学模式,让教学内容外在形式的生动性与内在结构的科学性更加紧密地结合起来,可以促进学生在虚实融合的环境中与学习内容互动,最可能从传统的"被动接受式"变为"自主探索式"。将该技术用于改变课堂学习结构,首先要创设虚拟现实或增强现实的情境,接着组织学生体验、实践、讨论、对比等来学习知识并解决问题,最后通过表达、交流和反思等获得成长。

以往,小学语文教师教授《望天门山》时,都是先利用生字学习软件,帮助学生理解生字;再抓住"望天门山"四句诗中重点字词,利用图片和视频资料,通过重点字词感悟理解古诗的意境及含义,进而体会作者用词的准确和巧妙;接着组织学生有感情地朗读和背诵这首诗,感受祖国山河的壮丽,体会作者乐观豪迈的情怀。教师把VR/AR/MR技术引入课堂后,先利用视频、图片、动画等呈现李白游天门山看到的每个场景,让学生观看并发表感想,利用古诗词学习工具记录自己所要表达的内容;接着让学生按照场景,将自己的感想与李白的诗词逐句对比分析,找出差距,在此基础上,深入分析李白诗词的绝妙之处。震撼的视觉效果、身临其境的现场感,让学生对古诗中的内容有了更加深刻的感受,学生对文本的理解也更加直观、具体。如此地"化静为动",哲学式对比和感悟诗词之美交融并发,学生敏锐而深刻的理性精神将会获得更好的培育。

在实验教学方面,借助 VR/AR/MR 技术能弥补科学课里由于实验条件难以规范、实验过程难以控制、实验结果难以观察等不足,提供模拟现实世界的全景微缩,快速推演时空跨度较大的内容,使原本不易观察、难以理解,只能通过想象、简单模拟、记忆的实验活动,以直观逼真地实现。教学"简单电路"一课时,教师通过 VR 创设小明"新家装修"的情境,以设计安装电路为任务,引导学生一步步将纸质的设计图转变为 KT 板上的"真实"电路。借助 VR 技术 360°模拟真实客厅环境,让墙体透明化显露出埋在里面的电路排布,使学生沉浸在"真实房子的电路"里,更加努力地探索和设计。利用高科技撬动课堂教学的结构,学生好像拥有"瞬间移动"的超能力,从课堂环境瞬间来到"新家",学习结构也自然发生重大的变化。

在生动、逼真、自然交互的 VR/AR/MR 技术虚拟环境中,学生接触的学习材料不再是单纯的符号知识,而是进行与实践有本质关联的活动,参与者与虚拟环境能够融为一体。在 VR/AR/MR 技术支持下的智慧平台上开展评价活动,对学生的学习过程进行动态监控和实时记录,伴随式数据采集和运用大数据计算和分析,可以对学生的信息进行深度挖掘,精准获知学生的学习情况,帮助教师发现问题及预测学生表现,对学生的学习过程进行有效干预,改善学习效果。这种全样本的数据采集,亦可以形成完整的个人学习档案和评价体系,为学生学业发展评价提供现实依据。

小学数学教师在测评学生作图能力水平时,可以让学生在 VR 空间环境中画"长方体",评价系统根据学生画图过程中使用的工具,通过 VR 数据分析系统辨别学生所反映的"为什么两条平行线画不准确,四条高的长度长短不一"等问题,评价学生的操作能力和动作技能。这比以前让学生画个长方体再进行作品评分更精准科学。

VR/AR/MR 技术还可以安全和有效地帮助学生聚焦行为,认识不同自我。因此在心理健康教育方面使用 VR 等技术能有效支持心理测评工作,增强学生在咨询情境中的自我效能感。心理健康教育教师可以把学生带到装有虚拟现实设备的房间里,让学生与虚拟人进行交流(包括吃饭、聊天、争论等),或者让学生坐在舒服的椅子上打开相关设备,让学生感觉进入崭新的、安详的环境中,比如海边、田野、星空,融入场景当中后,教师再运用专业的知识,通过虚拟现实的设备传导语音信息,配合着身临其境的环境,开展心理诊断活动。

虚拟现实技术引入心理咨询,和普通心理咨询技术相比,其能够最大限度地还原现实场景,当事人不必陷入想象和回忆,咨询辅导会更加真实、立体。当事人回忆心理创伤场景时,也不会因为需要维护自己的形象而受到外界因素的干扰,不忍去回忆,效果更具有可迁移性和时效性。

由于学生各有社会、文化背景、知识结构和个性特征,每个人的学习风格、思维方式也有显著差别。在传统的教学模式下,教室不可能为每一位学生制定个性化的教育评价,但 VR/AR/MR 提供的人机交互技术却可以用于个体化评价及个性化教育。许多学生,因为是在单独的虚拟环境里考试,都敢开口对话,口语诊断与纠错效果也非常明显。

随着大数据技术的运用、脑机接口、各种智能感知设备和技术应用,认知心理学的理论与技术实现融合,学生的身体行为、性格、精神将被更全面地感知,更全面地记录。教师不但有机会收集到每个学生全面的学习过程与成果信息,也可以收集学生所处的学习环境与资源信息,为教师全面分析学生的学习需求、深入剖析影响学生学习过程与效果的因素提供依据。因此,教师要主动寻找信息技术和数字学习资源的支持,实验形成性评价和过程性评价,通过挖掘和分析数据,对学生进行科学的诊断和动态辅助。

与传统课堂教学相比,引入 VR/AR/MR 技术,学习渠道方面拓宽了,学生的学习不再受到时间、空间的限制。在拓宽学生视野方面,VR/AR/MR 技术具有较大优势。厦门实验小学对全校学生进行了一项调查,发现应用 VR/AR/MR 技术后,学生的视野(兴趣面)从原来的75.4%扩大到96.1%,学生主动认识世界和主动发展兴趣明显得到提高。

以往,书本是线性的,VR/AR/MR 的呈现是立体的。用 VR/AR/MR 技术开设图画剧场,借助计算机系统虚拟历史人物、名人、教师、学生等人物形象,可以提供立体的实景体验,学生不用离开教室,不用去真实的场馆,便能在虚拟的环境里参观美术馆,造访太空,等等。比如:虚拟博物馆里"兵马俑",让学生远观俑坑之大,又让学生走近每一个兵马俑,甚至站在兵马俑之间,仔细观察其神情和体态;虚拟科技馆里的"太阳系",让学生变身宇航员,穿梭于太阳系八大行星中,在无垠的太空中遨游、亲眼见证土星的光环、木星的大红斑,自由地飞向太阳系中的任何一个星体,近距离观察太阳和每一个行星的表面特征,感受飞行速度,观测飞行距离。学生随着头部转动,眼前的画面也随之转变方向,学生可以看到场馆里的全景空间,耳边还伴有语音讲解,经历一场穿越立体时空的旅行。

通过 VR/AR/MR 技术把抽象的文字变为立体多维,将静态的图片转化为动态的全景视频,在声画同步的学习环境里获得浸润式体验,这些是传统课堂无法实现的。教师可以利用技术的力量打破校园的围墙,打破时空限制,开展在线实时交流,个性化选择课程学习等,也可以实施跨学科整合课程,开设基于体验类应用为支持的虚拟网络学习空间,让学生自主地在虚拟世界里探索世界的奥秘。

VR/AR/MR+教育有助于构建教育新生态,但需要改进。限于技术原因,这些设备都还比较重,不适合久戴,甚至有的人佩戴后会产生不适感,出现头晕、恶心等不良反应,价格也较高,对儿童近视率的影响有待论证,等等,这些都阻碍了其在教育领域里的普及应用。

第五章　数学学业评价比较

第一节　德国教育评价理念与方法

◇ 德国教育评价的主要类型

◇ PISA 对德国教育的影响

◇ 德国小学数学教育评价概况

　　在当今世界教育,教育评价、教育基础理论和教育发展被誉为三大领域。教育评价对于教育发展和改革,对于教育管理和决策,都有至关重要的作用,因而备受各国政府部门重视。德国联邦体制决定了各州的文化自治权受宪法保护,其多样化的教育体制支撑着特色鲜明的教育评价理念与方法。他们一方面广泛参与基础教育领域的国际大规模教育评估,另一方面根据各州的社会、经济、文化等方面的实际需要实施多样态的教育质量评估,以促进学校教育均衡发展。

一、德国教育评价的主要类型

所谓教育评价,指在系统地、科学地和全面地搜集、整理、处理和分析教育信息的基础上,对教育的价值进行判断,目的在于促进教育改革,提高教育质量[①]。

为确保教育可持续发展,德国联邦政府与各州政府不断改善教育质量评价体系,给予各种政策支持。比如,制定全国一致的《中小学教育标准》,不断健全全国统一的教育目标与学生能力评价体系;建立全国性的独立教育质量评估机构、教育信息机构和教育咨询机构,以监测学校教学质量,促进教学质量的可持续提高。

2004 年,德国国家教育质量研究所成立,其核心任务是通过精细化的标准制定和题库研发,以考试的方式判断教学质量的达标程度,旨在提高学生的能力,衡量国家教育改革的效果。他们对基础教育阶段的质量评价主要通过教学质量监测和教育质量监控两种途径实施,开发出来的教育评价模型通常包括五个水平——"不合格""最低标准""规范标准""规范标准+""最佳标准"。其中,"规范标准"表示学生平均预期达到的熟练水平。

德国教育质量发展研究所负责收集本国以及国际各类大规模教育质量评估研究的数据,对这些数据进行深入分析与研究。在数据再分析的基础上,德国教育质量发展研究所定期组织开展评估数据分析培训会以及先进教育研究方法的学术研讨会,优化教育研究数据的基础架构。

德国各州也都设立教育质量与教学研究所,相当于我国各省市的教育评估中心。比如,慕尼黑国家教育质量与教学研究所,其功能在于:推动教学实验,参与整个过程,评估实验结果;将媒体教育学及教学法应用

---

① 金娣、王钢:《教育评价与测量》.教育科学出版社 2010 年版,第 2~3 页.

于学校实践;参与教师进修活动,与教师进修机构紧密合作。其主要任务有:支持各类学校遵循教育法规开展工作;为各类学校制定教学大纲;参加统一测试命题的工作;支持学校的内部发展;持续搜集统计本州教育领域的数据与状况,通过地域覆盖式的观测把握本州学校的教育质量。

德国各州的教育质量与教学研究所组织开展的教育质量评价,主要包括以下六项内容:一是教与学,包括教师教学计划实施情况、教与学的过程、学生学业成绩、学生评语等;二是师资情况,包括教师合作情况、教师进修机会、教师职业能力等;三是学校领导与管理,包括领导能力、行政管理与组织管理等;四是学生和班级氛围,包括学生在校生活、参与学校活动的情况等;五是学校内外部合作,包括学校与家长、与社会其他机构的合作以及对外宣传等;六是课程开设,包括课程设置和课程执行等。

教育质量与教学研究所经常与来自学校教学一线的各学科专家以及来自教育学、心理学、社会学、社会地理学等不同领域的科学家们紧密合作,共同优化修订教学大纲以及教师使用的教学材料,这些成果都会结册公开发行并在互联网上发表。他们也会将科研新成果和教学实践中总结出的经验用于学校日常教学活动,同时为本州文化教育部进一步发展与完善教育体系提供帮助和咨询。

全球视野下,基础教育领域的国际大规模教育评估主要有国际学生评估项目(PISA)、国际阅读素养进展研究(PIRLS)和国际数学与科学趋势研究(TIMSS)。

德国从2000年就开始参加国际学生评估项目测试,于2001年开始参加国际阅读素养进展研究,从2007年开始参加国际数学与科学趋势研究,并将参加三大国际学业测评作为检测本国基础教育质量的重要工具,在国际比较分析中开展反思研究。

就数学学科而言,德国四年级和八年级学生参与的TIMSS测试。TIMSS是由国际教育成就评价协会组织,自1994年起每四年举行一次,通过调查试卷来评估学生对知识的掌握、应用和推理能力,用问题调查来了解他们对学习态度的国际教育评价研究和评测活动。这是一项著名的国际比较测试,有持续的评价周期、时代性的评价内容和新颖的题型设计等特点。这项测试受到德国师生广泛的欢迎,亦成为德国联邦政府进行教育决策和研究的重要参照标准。

德国自己组织的针对基础教育阶段学校所有学生的相关考试主要有:国家课程比较测试(VERA)、初中毕业考试(MSA)、高中毕业考试(Abitur)。无论哪一种类别的考试评价,数学都是重要的组成部分。

国家课程比较测试是德国基础教育阶段教学质量监测的主要方式之一,每年都会进行,该测试对象为三年级和八年级学生,三年级的测试学科是德语、数学,八年级的测试学科是德语、数学和第一外语(英语或法语),由国家教育质量研究所负责组织全国测试,各州负责管理测试并将测试结果反馈给各个学校,供教师和班级自我评估和纵向比较,以推动与学科相关的教育标准的落实,促进教学和学校发展。

国家课程比较测试并不直接给学生打分,而是让教师了解学生的水平,正确认识学生的学习情况,借此提高学生的学习效果与效率,促进学校办学质量的提高。

国家课程比较测试相当于我国各地市教研部门组织的统一考试,工作流程为:命卷封卷—组织学生统一时间考试—本班教师批改试卷—学校内部教师交换核对批改情况—由组织考试的专门机构汇总成绩—向社会公布成绩。各州文化教育部负责公布各个学校的得分情况,一般只公布各分数段学生人数,不统计学校或是班级的平均分,也不对学校的成绩排名,更不会对学生的分数进行排名。

然而,因为国家课程比较测试试卷的批改与数据录入工作大大加重教师的负担,在测试准备时未考虑教学大纲,一些学生(有移民背景的)因为语言障碍不能理解测试任务或内容,为此受到不少德国教育界人士的批评。他们认为这项测试对教师、对学生都是负担,有关数据会保留在评估中心。有些教师也认为,自己已经非常了解学生的学习状况,不愿意把自己的学生拿出来和其他学生进行比较。

初中毕业考试是所有学生在十年级末都要参加的考试,被称为德国中考。在柏林地区,这一考试内容包括德语、数学和第一外语的笔试口试,历史、地理、生物、化学、物理、艺术、音乐的展示考试。在其他州,该项考试分为三个部分,教师评价分数占三分之一,之前的三次平时考试占三分之一,最后一次毕业考试占三分之一。

初中毕业考试的命题由各州文化教育部组织教师编制试卷,全州学生统一使用一张试卷,在同一段时间(可能是一天也可能是指定范围内的几天)里组织考试,允许各学校根据实际情况选择在不同的时间段里组织考试。统一考试之后,由任课教师自己批改试卷和给分,再由另一个老师核对是否批改正确。

德国学生初中毕业考试后,不以成绩高低作为进入高中继续学习的依据,是否进入高中读书与进入哪所高中读书,往往由学生个人的喜好决定。学生想去哪一所高中读书,只要向该所学校提出申请就可能获得批准。如果自己挑选的高中学位满了,他可以向其他高中学校提出申请。高中挑选学生的依据是谁先报名申请,谁先得到资格。因此,德国的中考是合格性考试。

从已有的初中毕业考试测试结果数据分析,德国城区学校的成绩比农村学校的略差一些,州与州之间的差距也很大。德国教育界人士的解释是,城区有较多外国人的孩子,农村学校里的都是本国人的孩子,后者的素质比较高。

德国文理中学的老师普遍认为初中毕业考试内容太简单,"大家的成绩都很好",在考试中获得的优异成绩会使学生无法理性评估自己的真实能力,实际上这一成绩很难反映出真实的学习水平。他们还认为参加这个考试是在浪费时间,批改试卷是浪费教师劳动力资源。他们曾经要求废除文理中学学生的初中毕业考试。目前,有些州取消了中考,但大部分州还保留着。

高中毕业考试是德国完全中学学生在毕业前进行的考试,考试合格后可获得高中毕业证书,同时获得升入大学的资格。

各州的高中毕业考试方案不尽相同。以柏林地区为例,它以考查学生的思考能力为主,考试时间不等。进行高中毕业考试时,学生须从平时所学科目中选择五门参加,考试形式丰富多样。包括:五个小时左右的两门必修课程笔试、三个小时左右的基础课程笔试、提交论文或是回答指定的问题、做报告汇报,等等。

在勃兰登堡州,高中毕业考试的内容包括扩展学科的两次闭卷考试(每周五课时)和基础课程的一次闭卷考试(每周三课时),统一考查德语、数学、英语、法语、化学、地理、生物、历史、物理,还有教师自己命题非统一考察的政治、哲学、音乐等。

应该明确的是,高中毕业考试不是"一次"考试的成绩。为避免传统纸笔测验对情感、品德、价值观等非智力因素的考核的局限性,高中毕业考试也考查学生中学阶段最后两年内(四个学期)不同学科的平时成绩,重视学生的成长记录和教师评价。将学生的平时成绩与毕业考试的成绩加权计算,得出复合成绩。如果最终的复合成绩合格,就表明该学生通过了高中毕业考试。

上述各种考试,都是水平测试,而非选拔性的升学考试。德国学生在选择职业学校或普通文理中学时,学校将综合教师的平时评价然后建议学生和家长,由学生和学生家长共同商议选择,从而决定升学意向。德国的每个学生都有较大的升学选择空间,不存在激烈的甄别选拔式竞争。因此,在德国社会里,很少出现专门对某项学科进行专项辅导的课外补习机构。

二、PISA 对德国教育的影响

自 2000 年起,国际学生评估项目每三年对各国学生的成绩进行调查测试,受调查的国家大多是经济合作与发展组织的成员国。其目的是测评义务教育即将结束时(15 岁)学生是否掌握了参与未来知识社会所必需的基础知识和基本技能,以让各个国家的学校改进教育。

国际学生评估项目评估主要分为三个部分——阅读素养、数学素养及科学素养,此外还会通过问卷调查收集学生、教师和学校等背景信息,分析影响学生测试成绩的因素,为改进教学绩效、完善教育政策提供证据支撑。

国际学生评估项目每一个评估周期里,三分之二的时间对其中一个领域进行深入评估,其他两项则进行综合评测,同时定期增加新的测评领域(如合作问题解决能力、财经素养)。国际学生评估项目 2012 首次引入基于计算机的问题解决测试,国际学生评估项目 2015 除了测试学生的数学、阅读、科学及财经素养,还测试以计算机方式进行的协作问题解决能力。国际学生评估项目 2018 评估学生全球胜任力,测试重点为数字环境下的阅读能力,其视阅读素养为对文本的理解、使用、评估、反思和参与,以实现目标,扩大知识面,发掘潜力并参与社会实践。国际学生评估项目 2021 引入创造性思维测评,从文字表达、视觉表达、社会知识创造和问题解决、科学知识创造和问题解决等维度考查学生在生成多样化的想法、生成创造性的想法、评估和改进想法这三者的能力。创造性思维测试题型有选择题、建构题和交互式仿真任务三种。

在全球化背景下,国际学生评估项目凭借其前瞻的测评理念、科学的方法和先进的考试评价技术,成为当前最具国际影响力的评估监测项目。它不仅成为衡量与监测各国基础教育质量的重要工具,而且不同程度影响着参与国的教育改革进程。

毫无疑问的是,国际学生评估项目已经对各国的教育政策产生广泛影响。参与国际学生评估项目测试的所有国家中,德国最先通过测试结果积极反思本国教育体制(表 5-1)。德国的国际学生评估项目测试是全球最迅速、最强烈的,教育改革力度最大,属于"政策反思"型变革,有人称之"PISA 震惊"。我们可以借鉴德国由国际学生评估项目测试引发的教育政策回应及革新,思考我国未来教育的发展。

表 5-1 德国近年各项目成绩在经济合作与发展组织国家中的排名

测试年份 (年)	测试国家数 (个)	各项目成绩在 OECD 国家中的排名		
		阅读	数学	科学
2000	30	21	19	20
2003	30	18	16	15

续表

测试年份 （年）	测试国家数 （个）	各项目成绩在 OECD 国家中的排名		
		阅读	数学	科学
2006	34	14	14	8
2009	34	16	10	9
2012	34	13	10	7
2015	34	8	11	9
2018	36	15	15	10

2000 年,德国组织 219 所学校的 5 073 名学生参与 PISA 测试,德国学生在阅读、数学和科学三个领域的得分均低于经济合作与发展组织国家的得分平均水平①。之后每一次 PISA 测试,德国至少有 5 000 个学生参加抽样检查,但成绩都不是很好。因此,德国对自身基础教育进行了教育改革。2015 年 PISA 成绩显示,德国学生的阅读(509 分)、数学(506 分)、科学(509 分),均高于经济合作与发展组织平均水平,排名较 2000 年有了很大的进步,这证明了德国基础教育基于监测结果及问题所实施的教育改革是行之有效的②。

2018 年的 PISA 成绩也显示,德国学生的阅读(498 分)、数学(500 分)和科学(503 分),均高于经济合作与发展组织平均水平。然而,成绩排名回到 2009 年的水平,逆转了 2015 年之前的大部分增长。在科学领域,平均表现低于 2006 年的水平,在数学方面,明显低于 2012 年。这被归结为:德国移民学生的成绩拉低了德国平均水平,在德国,有经济优势的学生和经济劣势的学生在阅读成绩上差距很大。2009—2018 年,德国移民学生的比例从 18% 增长到 22%。在阅读方面,德国 25% 最具社会经济优势的学生比 25% 最弱势的学生分数高出 113 分,比经济合作与发

---

① The Programme for International Student Assessment. Message from Pisa 2000〔R〕.Paris：Organisation for Economic Cooperation and Development,2004.

② Progamme for International Student Assessment(PISA) Results from Pisa 2015 Germany〔EB/OL〕.

展组织平均值高出 24 分。在德国,大约 10％的弱势学生能够在阅读成绩中名列前四分之一,与经济合作与发展组织 11％的平均水平相当。

德国参与国际学生评估项目取得意料之外的结果,这给德国社会带来巨大冲击。德国人惊讶地发现,一向在政治、经济领域具有重要地位的德国竟然在教育方面落后于其他国家,德国人"假想"的教育优势被打破。有人认为联邦的教育制度要改变,有人认为要改变教育体系,有人提议设立融合中学以应对这样的评价考试,有人认为应该改变德国课堂教学的方法,让学生发展能力,等等。

他们开始进行教育"改革",将发展重点转移到基础教育质量上,文化教育部长会议(KMK)以教育标准的制定和教育监测系统的设置为立足点,不断推动中小学教育改革,在各州发起多个行动领域的具体措施,改善社会背景较差学生的表现、提高学生的基本技能、优化幼儿园和小学的知识技能衔接、提高中小学教育质量、加强教师培训等。他们将"实行全日制教学"作为基础教育改革的中心任务之一,启动名为"未来的教育和照管投资计划"资助项目,让学生有在校学习和参加文化活动的时间;制定统一的国家教育标准和教师教育标准,实施全面的教育监测,颁布《教师教育标准:教育科学》和《各州统一的教师教育学科专业和学科教学法的内容要求》;启动《国家融合计划》以促进移民的教育、社会、经济和文化融合,促进移民融入德国文化,认同德国文化,等等。

他们发动与改变学校教育计划,引入"能力"教学,把针对学习内容的规定改为对能力的规定。德国的中小学教育实实在在地发生了许多变化,教学目标和教学内容改变了,将能力发展作为学校教学的主要目标,而非知识内容,各个学校都在探索帮助学生发展能力,出现百家争鸣、百花齐放的景象。

现在,德国中小学校都认为掌握学习内容仅仅是为了分辨出细微差别的专业知识,而能力相当于"像一张网一样串起来的知识",可以用之解决各种问题。如果学生只学知识,丧失思考与判断的能力,对将来的工作助益并不大,学习内容(科学专业知识)不再是重中之重,学生应习得应有的能力,才是考虑的重点。

德国教育界人士普遍认为,"PISA震惊"促进了时至今天还在进行的整个德国基础教育政策的变革。

德国对PISA项目进行了长久系统的反思,也有许多人批评PISA。他们认为PISA评价并不全面,并不考虑从职业教育的需求进行评价,不符合德国先进的职业教育理念。有些人认为PISA测试是一种不良引导,导致社会实际需求和参加职业教育的人数不匹配,上大学的人多了,无人学习基本的手艺与从事基础的行业,国家就会失去平衡。除了德国,注重职业教育的丹麦、捷克、荷兰、奥地利等国家也不完全支持PISA。他们认为,PISA是为了经济利益而开发出的新系统,网上学习、数字媒体等过于追求功利,这些都是PISA自带的缺陷。

近几年,德国的各项改革取得成效,但许多挑战依然存在。比如,在欧洲难民危机的影响下,针对有移民背景的学生进行文化熏陶和开展德语教学,以便使其更好地融入学校教育体系;进一步缩小经济优势地区与经济弱势地区学生的成绩差异等等。总的来说,德国基础教育的机遇与挑战并存。

我国上海市从2009年开始参加PISA测试,2009年和2012年连续两次排名第一。2015年,由北京、上海、江苏、广东四省市组成的中国部分地区联合体(B—S—J—G,China)参加测试,整体排名第10,在单项平均分上,阅读(494分)排名第27,数学(531分)排名第6,科学(518分)排名第10。2018年,由北京、上海、江苏和浙江四省市参加测试,阅读(555分)、数学(591分)和科学(590分)三项测试的得分均遥遥领先,只有新加坡紧随其后。值得注意的是,PISA报告特别提到,即使是代表中国大陆参与测试的这四个省市中10%最弱势的学生,其阅读能力都超过OECD国家(地区)的平均学生水平。

我国PISA成绩连续两年排名第一,到2015年的排名第十,再到如今的回归第一,这份报告对我国教育界人士来说,极有分量。尤其是2012年PISA的测试结果显示,上海在测试中处于顶端的学生占55.4%,处于底部的只占3.7%。而英国处于顶端的学生仅占11.9%,处于底部的学生却达21.8%。诚然,我国这四个省市远远不能代表整个中国的整体水平,但是每个省市的地域规模都相当于一个经合组织国家的规模,其总人口超过 1.8 亿,由此可见中国在基础教育领域的投入已颇见成效。

自 2009 年、2012 年上海连续两轮独自参加 PISA 测试以来,我国基础教育、上海教育现象逐渐成为国际同行关注的热词,继芬兰之后成为世界关注的焦点。英国、德国等开展借鉴上海数学教学方法,希望大面积提高教学质量,促进学生的共同发展,减少学生之间的巨大差距。基于我国传统教研活动的"中式课例研究"也逐渐为国际教育界所熟知,正在成为世界课例研究领域有影响力的主流模式之一。

作为重要的国际科学对照数据,将排名简单粗暴地与基础教育质量"划等号",绝非 PISA 测试的意义和价值所在。经合组织秘书长恩格尔·古里亚表示,OECD 编写 PISA 报告的目的是"分享最佳政策和实践的证据,并提供及时和有针对性的支持,以帮助各国为所有学生提供最佳教育"。我国参加 PISA 测试的目的,不仅是在国际背景下了解我国基础教育的质量状况,明确优势,增强自信,更重要的是找出问题和不足,明确教育系统与政府需要改进的方面,寻找更高效能的教育政策。

德国率先参加 PISA 测试,测试前期虽然表现不尽如人意,但积极反思本国教育体制,推进相关政策改革,成为 PISA 测试结果推动教育政策改进的典型案例。

我国在 PISA2018 测试中取得好成绩,与近年来我国坚持"素养导向"的课程改革密不可分,让我们坚信当前的教育改革方向是正确的。借助 PISA 测试成绩检视教育政策,可以看到教育系统内存在着的潜在问题,需要不断推进基础教育的结构性变革。当前我国基础教育评价仍然以选拔性考试为标准,我们要把传统教育理念与现代教育理念结合起来,借鉴 PISA 测试的理念、技术和他国优秀教育理念,建立可以与国际测评衔接的本土化教育监测体系,使内部推动和外部驱动相结合,推动我国基础教育的国际化。

PISA2018 结果表明,我国四省市语文教师经常在课堂上激发学生参与阅读活动,指数均指达 0.56,排在所有参与国家和地区的第三名。

我国教师还经常根据学生情况调整教学,例如根据班级需要和知识掌握程度调整教学,为学习遇到困难的学生提供个别帮助,当大部分学生觉得理解困难时教师会调整课堂教学结构等。该指数值也达到0.38,排在所有国家和地区的第4位。这些都反映出我国发达地区教师队伍建设达到较高的水准。我们要让中小学教师掌握基础教育的已有优势,特别是具有中国特色的各种教学方法,比如强调教学要面向全体,通过"抓两头,带中间",实现学生的共同发展;强调教师对课堂的设计,通过系统性的提问、例题和练习帮助学生逐步达到课堂教学目标;强调课堂上的整班互动,通过恰当的教学方法和精心设计的课堂问题情境,帮助学生达到掌握知识的目标,要求学生学习相同的知识内容,通过课堂提问和师生互动,激发学生的思考。

个别媒体和公众把这一成果归因于我国自古以来的"应试"传统,如《光明日报》在2013年发表了题为"PISA全球第一不值得陶醉"的文章,肯定了上海学生学业水平上的优势是上海基础教育"优质均衡"整体发展的结果,但同时指出,"如果学生出色的考试成绩是靠大量时间刻苦训练出来的,以及家长、学校和教育部门用大量钱财堆积出来的,虽然成绩很骄人,但他们作为未成年人的幸福感并不强"。

我们关注学生高水平表现的同时也要关注学生的幸福感,特别要树立正确的教育观与升学观,为每个学生提供适合的教育,让不同的学生因接受教育而得到发展。我们还要改进教与学的方式,重点解决学生课业负担重等现实问题。

三、德国小学数学教育评价概况

依据不同的分类标准,教育评价可以分成多种类型模式,如诊断性、形成性和终结性评价;相对评价、绝对评价、个体内差异评价等。这些分类从不同的侧面反映各种评价活动的主要特征,也对教育的主、客体产生重要的影响。

教育评价模式牵动教育评价全局，它制约着教育评价的规范性，也制约着评价结果的效用。因此，有什么样的评价内容，被评价对象就会注重那个方面的工作；有什么样的评价标准，被评价对象就会向什么方向努力。评什么，怎样评，将强力引导被评价者做什么，怎么做。这些评价内容、评价标准，对评价对象来说，起着"指挥棒"的作用，发挥导向功能。

几十年来，我国小学数学教育评价在引进、吸收、消化国外先进成果的基础上，无论是在评价实践上，还是在评价理论研究上，都取得巨大的成就。教育评价模式也取得显著的成绩，单一化的局面被打破，适应不同地区、不同评价对象的评价模式出现并不断完善。《义务教育数学课程标准（2022 年版）》更是坚持教、学、评一体化原则，明确提出素养立意的命题思想，依据素养发展水平描述学业质量，结合数学课程内容明确学业质量标准，整体刻画不同学段学生素养（学业成就）的具体表现，聚焦学生在主动活动中所形成的知识、技能、过程、方法、态度、品格、境界的综合效应，评价学生真实的能力、品格和价值观。

以往我国小学数学教育多使用结果性评价，聚焦学生对数学知识和技能的知或不知，测评学生对数学知识的认识水平。今后，将不仅关注知识、技能的应用，也涉及其他学科、现实生活和生产中的综合化应用。

教育评价的本质是对教育的价值进行判断，进行价值判断离不开一定的教育价值观。德国把"数学教育的评价"放在小学数学教学发展的关键位置。他们认为，数学教育的评价首要重点是定期获取"数学课程大纲在学校的接受情况和实施进度"，以便教师在必要时采取适当措施来应对问题。第二个重点是引入学校自我评估程序，教师可以启动自我评估程序来测试学生数学发展的可持续性，还可以洞察数学教育质量的效果。第三个重点是进行成功管理，通过评价让教师和学生收获"数学成功"。

因此，德国小学数学教育评价的模式较为多样，他们注重开展基于真实情境问题的跨界综合评价，不仅强调试题情境与现实生活的联系，还主动在日常教育教学之中融入纸笔测试、活动性测试、过程性测试、结果性评价、表现性评价,广泛实施跨学科整合性测评。

德国小学数学测评形式多种多样,比如,《德国海德堡大学小学生数学基本能力测试量表》包含"口试"环节,消除了纸笔测试难以考查基本思想和基本活动经验(以隐性状态出现的)的弊端。德国初中毕业考试和高中毕业考试中的数学学科测评也都有口试环节,考查学生的数学理解与掌握,测评学生对数学知识的自我建构过程,促进学生在数学理解上的可持续发展。

德国教育界许多人士认为,问卷是验收接受情况最好的方式,问卷可以经济可靠地调查出数学教育的计划、成果以及实用性。因此,他们在数学测评中广泛使用问卷调查,调查中着重和学生以及家长代表交流,收集他们对数学教育实施和可见性效果的意见。

德国许多学校都为"自我评估"提供学科测评资源包,他们的数学教师会根据数学教学大纲框架概念创建服务于各个年级的"模块测评资源包"。资源包里有着明确的目标信息、过程记录以及反映学生学习数学过程的状态和进展的材料,还有通过各种系统(包括调查问卷)获得的数据。因此,测评资源包经常用以教学反思。

德国小学数学开展的基于情境问题的测评,既关注试题情境与数学问题之间的关联,又关注数学问题与其他学科问题的关联,不仅要求学生能够从复杂的试题情境之中有效地提取数学信息,又要求学生选择恰当方式进行数学表达、阐释,提高解决真实问题的综合能力。他们经常通过问题解决数学过程的"表述、运用、阐释",考查学生在数学推理和运用数学概念、数学步骤、数学事实及数学工具描述、解释和预测数学现象中所体现出来的数学素养。

德国小学数学试卷里的各种数学问题情境蕴含着广泛、多样的数学内容,包括数与数量、数量关系与变化、几何直观与空间,等等。命题者总是精心选择与设计测试题的情境,努力接近《国际学生评估项目数学测试框架》显示的四类数学问题情境:一是个体性的数学问题情境,包括个人、家庭及同龄人可能遇到的问题或挑战；二是社会性的数学问题情境，聚焦于个体所生活的社会环境，包括当地社区、本国乃至全球的问题或挑战；三是职业性的数学问题情境，主要聚焦于未来工作情境可能遇到的问题或挑战；四是科学性的数学问题情境，主要是与数学运用相关的自然科学、技术科学的问题或挑战。

他们常常在数学问题情境之中考察"学会学习"的能力，或是偏向数学文化、科学精神、数学品格，或是偏向多种基本的数学能力、沟通能力、陈述能力、为解决问题设计策略的能力、数学化能力、推理论证的能力、使用符号化的、正式的、技术性的语言和运算的能力、使用数学工具的能力。

第二节　数学试卷对比

——以四年级为例

◇ 中德四年级试卷结构特点比较

◇ 中德四年级试题维度比较

◇ 中德四年级命题技术比较

　　为了发现中德两国同龄学生数学学业发展水平的差异情况，了解今后小学数学学业评价中将出现的新改革和新发展，我们选取北京、上海、深圳、福州、厦门等五个城市和德国柏林、慕尼黑、巴伐利亚、勃兰登堡等地区的小学数学四年级综合测试卷，通过对比三十六份试卷的结构、特点、试题维度及其命题技术，识别两国小学四年级下学期末（即将升五年级）的数学教育评价存在的差异。基于此，重视试卷命题立意、提高数学解答说理题型比例、高观点选择试题素材、强调考查数学应用等是我们重点思考的问题，进而为我国新时代小学数学教育国际化联系做出判断，获得可以在我国小学数学教育评价改革中推广应用的经验。

一、中德四年级试卷结构特点比较

基于课程标准(大纲)的数学学业质量监测,包括科学命题、抽样监测、水平测试、收集数据、调查问卷、分析研究等。其中监测工具——试卷命题,是教育质量监测过程的核心工作,在课程改革中发挥导向和促进的重要作用。

试卷的立意是命题的开始,是决定试题价值的根本因素与关键所在。立意是一种意图,旨在确定试卷的评价内容。

受我国中考、高考的选拔性影响,小学数学试卷多少带有竞争选拔、甄别的性质,有些地区的学校甚至还赋予择优和排序的意图,因此我国小学数学试卷主要特征是注意区分度,在各个分数段都有好的区分度,尤其注重出活题,考能力。德国小学数学试卷负有"诊断测试和调查研究"的责任,重在了解学生学习的真实情况,不需要排序、选拔和淘汰,不需要考查达标或不达标,只是调查统计有多少人不会,哪方面有欠缺,有多少人会,会到什么程度,等等。

不同的立意引导不一样的价值,决定着试卷的结构,同时指导数学教师的日常教学行为——重视提高中低档题的正确率,还是重视对试卷结果暴露出来的问题、漏洞进行查缺补漏。长期以来,我国的教学和学业评价一直偏重纯学术性,我们应该重视小学数学试卷的立意导向,使其更科学地促进学生素质的全面发展。

好的试卷就是教科书,无论试卷服务于什么样的教育体制,其试卷结构总是基于监测目标的指导,以数学课程标准(大纲)为依据,遵循基础性、大众化、应用性和创新性等原则,内容能够突出重点,形式讲求多样,最终通过考试评价正面强化课程与教学改革的导向性、激励性功能,发挥反馈教学、诊断教学、促进教学的积极作用。对比两国试卷的结构可以看出,试卷的命题者都精心选择考查内容,仔细设计试题情境,提供形式多样的题型,文字精练,用词准确,逻辑严密,梯度适当,编排科学。

德国小学四年级数学测试卷分为一卷和二卷,每卷各 30 分,合起来构成一份完整的测试卷,满分 60 分。每份试卷的题量在 22～25 之间,包含计算题、填空题和解答题,其中解答题约占 2/3。虽然试卷的题量不多,但是内容面广,同类知识一般就测试一题,各个试题的相近程度很低。

我国小学四年级数学测试卷基本是单份试卷,满分 100 分,考试时间一般为 60 分钟。试题类型多样,包含填空题、判断题、选择题、计算题、作图题、解决问题等,要求分值权重合理,要从不同的角度全面检测学生所学知识。

试卷多维细目表是考查目标(能力)和考查内容之间的关联表,通过多维细目表可以构架检测框架,体现命题原则,确定题型题量、难易程度、分值比例等,将课程标准转化为检测目标,让检测目标可操作化。借助试卷多维细目表,把德国小学四年级数学测试卷按"数与代数""图形与几何""概率与统计""综合与实践"进行划分,四个领域内容所占的比例与分量分布,如表 5-2。

表 5-2　德国小学四年级数学试卷内容比例分布表

	1 卷	占比	2 卷	占比	两卷合计	合计占比
数与代数	15 分	50%	18 分	60%	33 分	55%
图形与几何	8 分	26.7%	4 分	13.3%	12 分	20%
统计与概率	4 分	13.3%	4 分	13.3%	8 分	13.33%
综合与实践	3 分	10%	4 分	13.3%	7 分	11.67%

上述四个领域内容在我国小学试卷所占的比例与分量分布如下(表5-3)。

表 5-3　中德两国小学四年级数学试卷内容比例对比表

	分值	占比	比德国试卷对比
数与代数	48 分	48%	差别不大
图形与几何	26 分	26%	高于德国 6%
统计与概率	19 分	19%	高于德国 6%
综合与实践	4 分	4%	低于德国约 7%

中德两国试卷除了在题型、分值方面存在较大差异外,在内容比例方面区别不大。另外,在我国五个城市的四年级数学试卷中都出现单纯的计算测试题,分值都在 20 分左右,有些试卷还专设"书写评价分",一般为 3 分。德国试卷里也有单纯的计算测试题,一般就安排两题,分值为 3 分左右,他们并无书写评价分。

从试卷编排特点分析,德国试卷为学生留有很大的答题写作空间,学生可以直接在试卷上"草稿"。还会在试题里提供方格图、数轴等"提示语",启发学生寻找到解题思路。

用围栏把这个院子围起来并留了 4 米的通道,需要几米的栏杆?

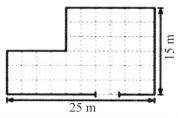

求周长考查的是学生观察图形、计算周长的能力。德国试卷提供了方格图辅助学生思考,学生既可以通过数格法数出边长得到结果,也可

以通过把该图形转化成长方形,求出长方形的周长后再减去 4m 的通道长度。

我国试卷也有类似的试题,一般不提供方格图,都要求学生列式解答,要求学生对该图形进行切割平移,求出围栏所围成的图形的周长或面积,考查学生的"转化"能力。

数学材料通常使用图表、符号和文字三类语言,有时单独使用一类语言,有时综合使用多类语言。如果能熟练、准确地进行三种数学语言的相互转换,学生就能理解和掌握所面对的数学材料,从而高水平解决问题;反之,就会造成信息理解、接受和处理障碍或困难,影响解决问题的效果。德国试卷不仅有许多图、表格,还不吝使用文字语言,让每道试题都有具体的生活情境,充分考查学生对符号语言、文字语言、图表语言的理解及相互转换能力。学生解决试题前,必须先从图形、图像、表格或大段的文字中读出蕴含的数学信息,保证信息的正确提取和处理,才能正确解答问题。

试题一:韦先生需要 100 米的栏杆和院子大门,对比两种报价,他想选择最便宜的报价,应该选择哪一个?请解释你的选择。报价一:从 100 米订单开始,每米栅栏 20 欧元,庭院门口免费。报价二:每米栅栏 14 欧元,庭院门口 600 欧元。

试题二:自动喂食器用于喂鱼缸里的鱼,假设每条鱼需要相同数量的食物。为满足需求,该机器被设置成喂养三种鱼,每天提供 9 克食物。(1)带有此设置的宠物喂食器装满 500 克食物的时候可否喂食 60 天?说明理由。(2)到目前为止,水族馆里有三条鱼,现在增加 5 条。基于此,喂食器需要进行重置,机器每天提供多少克饲料才足够?说明你的解决方案。

面对丰富的试题语言,学生只有多角度、全方位地进行阅读,才能顺利发现问题、提出问题、分析问题和解决问题。如果无法在多种数学语言之间进行灵活转换,就很难抽象出复杂情境里的关键数学信息;如果学生既知道怎么做,又知道为什么这样做,那就说明真正理解了数学。这样的试题可以有效地检测出哪些学生无法正确提取数学图形所表示的量,或是无法正确解读数学符号所表示的关系,或是无法把数学图例内容转为数量内容。如果试题只使用一种数学语言,学生的思维就会停留在所读材料的侧面,有时可能会有"山穷水尽"的感觉。

像这样,利用丰富的试题语言营建具有一定复杂性的问题情境,测评学生能否灵活应用所学知识解决变式问题,或者设计少量结构不良问题,测评学生是否能够调用认知经验以及相关概念,形成解决问题的策略,是德国试卷编排的典型特点。

中德两国试卷对学生的解答要求也有区别。我国试卷一般要求列式解答,得到准确的数据即可得分。德国考试以回答为主,考试要写的,不是你求得的答案,而是你对这个数学问题的意见及思考,你怎么看、如何分析、决定用什么方式处理,如果过程中遇到要运算,就用计算器等等。他们注重学生数学分析说理的能力,让学生不仅找到答案是多少,还能够有序地、准确地、简要地表达自己是"怎么想的""为什么这样做"。

德国试卷有许多要求学生"说理"的试题,每个大题拆分成两个或三个小题之后,最后的那些小题几乎都是要求学生"说理"的,要求学生"说说这样选的理由""说说你是怎么想的""你为什么这样想"。

总之,德国学生在用算式呈现解答思路之后,还需要用文字表达自己的解答步骤,对于数学试卷的解答形式,学生可以不拘一格,可以进行纯文字的推理论证,也可以用列式计算的方法予以解决,还可以通过画图等方法进行直观阐释。

二、中德四年级试题维度比较

试卷分析可以从多个维度进行,比如,结构和内容的效度,试卷规范和题型结构合理的信度,反映的难度,满足考试目的的区分度,引导、促进、优化的教育性和可推广性、稳定性、自洽性等等。

　　试题分析,传统将其区分为"知识点与水平层次"两个维度,知识点按数学课程标准的四大领域内容进行区分,水平层次一般分为了解、理解、掌握、应用。我国一般区分为"四基""四能"与核心素养,德国则区分为数学内容、数学能力和数学素质。无论是传统还是现代的视角,是我国或者德国,都以数学内容作为分析的基础。

　　中德两国的四年级都要"认识大数",但是我国侧重于让学生认识大数的读写法和求近似数,不要求进行大数计算。德国要求学生能够进行五位数甚至六位数的混合运算。德国试卷的第一题一般是两道竖式计算题,我国试卷也会安排计算题,但题量较大,内容包含加减乘除、运算定律,形式有口算、估算、列竖式计算、简算……近年来,出现用选择题考查学生对"算理"的理解的趋势,要求学生掌握运算过程中各个步骤表示的含义。

　　王老师用 900 元购买篮球,每个篮球 40 元,可以买几个篮球? 还剩下多少元? 根据竖式信息,想一想,下面说法正确的是(　　　)。

A.买了 22 个篮球剩下 2 元;

B.买了 220 个篮球剩下 2 元;

C.买了 220 个篮球剩下 20 元;

D.买了 22 个篮球剩下 20 元。

$$
\begin{array}{r}
2\ 2 \leftarrow \\
40\,)\overline{9\ 0\ 0} \\
8 \\
\hline
1\ 0 \\
8 \\
\hline
2 \leftarrow
\end{array}
$$

　　在解答填空题、问答题时,我国学生一般都被要求以心算或是笔算来进行,不允许使用计算器。学生如果具备扎实的计算技能,解题速度就比较快。也正因为如此,我国试题里的数据都是命题者精心编制出来的,不存在"算不出准确数、烦琐计算"等问题。

　　德国试题里的数据很多都是"现实版"的,和生活原型非常接近,如果学生采用心算或笔算,很难快速获得结果。德国要求学生熟练使用计算器,学生解题时可以使用电子计算器,因此试题里烦琐而真实的数据不形成挑战。另外,德国也不要求学生口算、估算或根据情景进行不同估算,但要求学生必须清楚了解数学运算的原理。

随着现代计算工具的广泛使用,我国对数学教育改革已经明确要求:"精简大数目的笔算和比较复杂的四则运算,笔算加减法以三位数的为主,一般不超过四位数;笔算乘法,一个乘数不超过两位数,另一个乘数一般不超过三位数;笔算除法,除数不超过两位数,四则混合运算以两步为主,一般不超过三步。"我国在小学四年级数学的教学中安排了"认识和学会使用计算器",但各级各类考试至今还是不允许学生使用计算器,因此我们的小学数学教师依然花很大的力气培养学生的口算、心算能力。德国计算方面的试题不要求学生运用简便方法进行运算,这是德国小学生运算能力远远不如我国学生的原因之一。

德国大部分数学试题不是循规蹈矩的难题,而是散发思维的活题。比如,考查"轴对称图形"时,德国试题要求学生观察点子图上的轴对称图形(图 5-1),进行补充完整,考查镜面图像。我国试题只涉及观察简单的轴对称图形,动手操作要求比德国低一些。

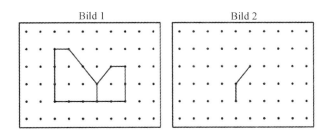

图 5-1　轴对称图形

在代数领域,中德两国都设计考查"能够理解并且运用符号表示数、数量关系和利用符号进行运算、推理"的试题。我国要求学生能用符号进行数学表达和数学思考,不仅考查四则运算,还有等量代换、推理能力,试题中的符号运算一般不包含具体的数。德国试题(图 5-2)不仅要求学生用等量代换的思想进行思考,考查学生的推理能力,还要求解答包含符号和具体数的代数运算,符号之间的关系也显得复杂多样。

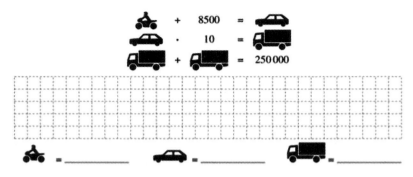

图 5-2　德国试题

随着信息化社会的到来,越来越多的问题将无法用单一的数学知识来解答,需要学生综合多个知识进行分析解答。像德国这样,在一道试题中综合考查运算、符号代数、等量代换关系等,学生要联系不同领域里的数学经验,反映其运用所学知识、观点、方法分析问题的能力,实现考查学生知识、能力、觉悟的统一。

试题的认知水平要求一般分为了解、理解、掌握、应用四个层次。"了解"水平层次要求指,从具体实例中知道或举例说明对象的有关特征,根据对象的特征从具体情境中辨认或者举例说明对象,其同类词有"知道、初步认识"。"理解"水平层次要求为,描述对象的特征和由来,阐述此对象与相关对象之间的区别和联系,其同类词有"认识、会"。"掌握"水平层次要求为,在理解的基础上把对象用于新的情境,其同类词有"能"。"应用"水平层次要求为,综合使用已掌握的对象选择或创造适当的方法解决问题,其同类词有"证明"等。

控制认知水平难度范围是试题编制过程中重要工作。难度范围指这类试题难度分布的范围,如,"了解"的试题难度范围一般在 0.6～0.89,主要分布在 0.7～0.85,"理解"的试题难度范围一般在 0.5～0.8,主要分布在 0.6～0.75,其他类推,各认知维度的难度范围会有交叉。我国许多小学数学试卷的难度系数为 0.75～0.85。

择取两国试卷中"数与代数"试题的认知水平进行比较,可以发现:两国试卷该部分的认知水平要求多表现为模仿和迁移,探究类试题相对较少,难度范围差异不大。虽然两国都同样重视联系生活实际编制试题情境,但德国的试题较多使用社会科学背景作为情境,因此其问题的综合难度系数高一些。

比如,"数的认识"试题(图 5-3),德国试题要求"在方框内填上正确的数字",我国试题也同样要求在数轴上表示数。但德国试题要求使用准确数、正整数,停留在认识整数部分,而我国试题则考查近似数、小数。解答德国试题时,如果学生只是简单地"找位置"无法得到答案的,必须根据数轴进行计算,要先把一个整体平均分成几份,再进行填数。我国试题可以通过判断数所在的大致位置,得到答案。德国试题更能体现数轴作为数学工具的具体运用,即"每个数在数轴上是怎么产生的,数轴上两个已知数的和是多少"? 我国试题侧重于考查具体一个小数在数轴上的位置。

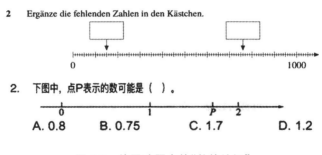

图 5-3　德国试题中的"数的认识"

对于"数的组成",德国试题的难度系数比我国的低得多。两国试题如下:

德国试题:

您有以下七张编号的卡片(1、3、4、5、5、7、8)。(1)这些数字可以用于组成不同的数字,最大的三位数是(　　　),最小的四位数是(　　　),一个五位数的数字,其中相邻的数字比较相差 2,它是(　　　)。(2)您需要添加哪个数字卡片使六位数的数字小于 111111?

我国试题：

用下面七张数字卡片（8、3、0、4、0、0、5）按要求摆一摆：

最大的七位数（　　　），组成最小的七位数（　　　）；

只读一个零的七位数（　　、　　）（最大、最小各写1个）；

读两个零的七位数（　　、　　）（最大、最小各写1个）；

三个零都读的七位数（　　、　　）（最大、最小各写1个）；

一个零也不读的七位数（　　、　　）（最大、最小各写1个）；

四舍五入后约为305万的七位数（　　、　　）（最大、最小各写1个）；

四舍五入后约为800万的七位数（　　、　　）（最大、最小各写1个）。

　　德国考查学生对"五位数的组成"的理解水平，要求学生利用已知的数字，按要求组成更大的数，第三个问题要求两个数之间的差值是2，不仅仅考查大数的认识，还考查学生观察比较和组数的能力。从题干看，他们用单张卡片表示数字，学生可以实际操作，直接观察桌面上摆放的卡片，一定程度上降低了难度。我国考查学生对"七位数的组成"的应用水平，既要求学生熟练掌握数的组成，还要求他们综合求近似数、数的读写法等知识解决该问题的能力，其中要求学生运用逆向思维进行思考的难度比较大。

　　关于"图形的测量"，我国一般让学生观察图形之后，利用题目中已知的数据信息解决问题。德国一般是先让学生实际测量，再计算几何图形的周长或面积。他们对动手测量技能要求很高，试题（图5-4）标准答案是96mm，要求学生精确到毫米，远远高于我国的试题要求精确到cm，这或许也是德国工业高度发达的原因之一。

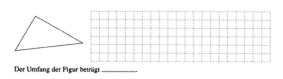

Der Umfang der Figur beträgt _____

图5-4　德国试卷中的几何图

德国学生对于立体图形的认知水平要求也明显高于我国,德国的教师不仅要求学生掌握三视图,还对学生空间想象的精准度提出较高要求,学生想象出来的图形要接近原图形并且能够基于想象进行计算。比如:

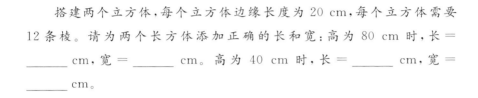

搭建两个立方体,每个立方体边缘长度为 20 cm,每个立方体需要 12 条棱。请为两个长方体添加正确的长和宽:高为 80 cm 时,长 = _____ cm,宽 = _____ cm。高为 40 cm 时,长 = _____ cm,宽 = _____ cm。

像这类试题,学生要凭借文字想象出立体图形,还要从立体图形中找到与棱、角相关的信息,依此来解决问题。我国小学四年级还未安排学习立体图形的特征,只安排"从不同角度观察物体得到不同的结果"的学习。即使是考查"三视图"的试题,最高要求也只是"描绘出从左面、正面、上面观察到的四个同样的小正方体所摆成的物体的面"。

我国《义务教育数学课程标准(2022 年版)》评价建议指出,"在评价过程中,在关注'四基''四能'达成的同时,特别关注核心素养的相应表现。不仅要关注学生知识技能的掌握,还要关注学生对基本思想的把握、基本活动经验的积累;不仅要关注学生分析问题、解决问题的能力,还要关注学生发现问题、提出问题的能力。全面考核和评价学生核心素养的形成和发展"。因此,我国小学数学试卷的认知维度设计一般指向在数学教学过程中发现的典型问题及学生的认知难点,通过在应用情境中比较和辨析,检测学生对数学概念本质的理解。我们的试题正在往加强对"数学能力"这一维度的考核发展,以培养适应现代化建设需要的社会主义新人,包括基础层次——形成数学概念的概括能力、发现关系的能力、发展属性的能力,中等层次——数学变式能力、形成数学通则通法的概括能力、发现相似性能力、识别模式的能力、数学推理能力、数学转换能力,高等层次——运用思维块能力、迁移概括能力和直觉思维能力。

德国小学数学试卷考察认知维度时重视考核获取数学信息能力和

思维能力,尤其考核批判性思维、创造性思维,这些都比知识更重要。德国人喜欢考查学生智慧技能和认知策略水平,考查学生在解决实际问题过程中展现出来的逻辑推理、数学表达等综合应用能力,努力帮助学生适应科技革命和知识经验的挑战。

三、中德四年级命题技术比较

命题技术包括取材与组题,素材是基础,不同类型、不同位置的题目通常需要不同的素材,只有收集、寻找到好的素材,才有可能命制出最适当的题目。题干是组题的核心环节,要用精练、明确的语言把题设(已知条件)和问题陈述清楚,每一个问题的表述要与题干紧密连接在一起,成为完整的语句或是完整的命题。题干里的关联词、提问的指导语,既要合乎逻辑,又要无歧义,有严谨的科学性。

为了提高试题的质量,我国小学数学命题时除了使用多维细目表外,还会严格按照"试题规范表"全面描述试题属性。试题规范表(表 5-4)包括:题号、所属学科领域、题型、预估难度、测试的核心内容和能力、知识要素、子技能、题干特征、选项/问题特征和参考答案等部分。

表 5-4   试题规范表

题号	学科领域	题型	预估难度
M2 * *	数学	选择题	0.80
试 题	小明早餐要选一种饮品和一种主食,(　　　)。  1.5元　2元　　　2.5元　　2.2元　　　3.5元 A.最多花 6 元,最少花 3.5 元　　B.最多花 5.5 元,最少花 3.5 元 C.最多花 5.5 元,最少花 3.7 元　　D.最多花 6 元,最少花 3.7 元		

题号	学科领域	题型	预估难度
测试核心内容和能力	数与代数 理解 （运算能力）(即试题所属多维细目表中一级内容维度和一级认知维度)		
知识要素	一位小数的比较和加法计算(即试题考查的内容维度细化)		
子技能	发现事物中隐含的简单规律、会计算一位小数的加法、会比较小数的大小，即试题测试的认知维度的细化(学生在××内容上能做什么)		
题干特征	(1)给出购买早餐的情境；(2)给出早餐组合的饮品和主食；(3)所涉及的数为一位小数(即试题的情境、已知条件和限制的特征，如数的范围为 100 以内的整数)		
选项/问题特征	(1)四个选项中，其中只有一个正确答案 C； (2)三个错误的选项中，选项 A、B、D 是只关注数量的多少，没有考虑饮品和主食的搭配(即客观题每个选项测什么，有什么特点；问答题的问题有什么特点，多个子问题之间有什么关系等)。		
参考答案	正确答案 C(即规范解答及评分标准)		

按回答的方式及判分手段的性质分类，试题一般分作主观性试题和客观性试题两大类，每一类试题又包括各种不同呈现形式的题目。

我国小学数学试卷客观性试题多主观性试题少，主要是"计算""填空""判断""选择""实践操作""综合应用"等六大类。有些低年级的试卷，卷首语会用"我会算""我会填""我当小法官""我会挑""我会画""有问题，我来答"等学生喜欢的用语，让学生在宽松的氛围中考试。

近年来，我国小学数学试卷中的选择题比例越来越高。选择题的特点十分鲜明，比如：概念性强、定量化突出、充满思辨性、解题方法多样化、能力层次分明……其能够全面考查较大范围内的知识、技能、思想方法，能够确切测试对概念、公式、定理的理解程度，能够有效考查思维灵活性和综合运用知识解决问题的能力，了解思维的批判性和深刻性。

《义务教育数学课程标准(2022 年版)》在评价建议中提出"适当提高

应用性、探究性和综合性试题的比例""原则上客观题分值要低于主观题分值,主观题要探索命制问题解决及多学科融合类试题",将会不断减少裸考知识的现象,让测评发生在知识处于生成状态或应用状态的情境之中,从碎片化、点状式测试走向整体性、结构化测试。

德国小学数学试卷,客观题和主观题比例相差不大,许多主观题都是开放性的解答题。他们编制的开放题既有时代性,又能够从学生的现实生活出发,以考核能力为核心,展示出较强的思想性、科普性和人文性。

德国试卷上的解答题一般是在一个大前提(已知条件)下,提出若干问题,要求学生完整地写出解题过程。其特点是容量较大,能直接考查多个知识点,综合考查多种数学思想、方法和数学能力。由于这类题目从一个基本数学事实出发,通过变形、扩张、发展形成一系列的题组,因此较之选择题更能考查考生的解题思路和解题过程,也能更好地对不同水平的考生进行多层次的区分,具有较大的可塑性和伸缩性。

德国试卷上的解答题大体可以分成两类。第一类:所提的若干问题是并列的,彼此独立,互不关联;第二类:所提的若干问题是递进的,彼此间存在层次上的联系,后一问的解答,依赖于前一问的结果。提问方式有单问也有分步设问,有的是证明题,也有的是探索题。题设条件有"隐"性也有"显"性,有间接的也有直接的,所涉及的知识点、数学思想、数学方法都较为广泛,学生数学思维参与的强度也较大。

德国试卷的解答题很注重层次性,一般每道题包含两三个小题,每小题的内容都是由浅入深,由简单到复杂,可以让不同层次学生的能力和才华得以展示和发挥。比如德国的统计测试题:

87 名儿童参加调查,每个孩子都有他最喜欢的学科,用图表明结果。(1)有多少孩子称数学为他们最喜欢的科目?(2)在图中填写主题 HSU 的缺失列。(3)沃尔夫冈对诶罗尔说:您把图标搞错了,我最喜欢的科目是音乐,但它不存在,为什么诶罗尔没有弄错?

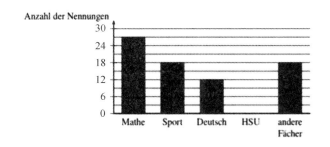

　　这和我国统计类试题有很大的区别。我国对统计类测试题的核心内容和能力一般定位于"理解统计的意义和应用统计信息解决实际问题"，因此会结合考查平均数、众数、中位数等统计概念，在试题内容维度上会包括统计方法、统计图表信息、统计结果应用等，更全面，更综合。在题干特征方面，一般会给出具体统计的主题情境，让学生利用统计图数据进行分析与预测，子技能包括认识统计项和统计量、能读懂各个直条的含义、会解释统计结果并根据统计结果做出简单的判断和预测。

　　德国试题不要求学生认识统计量，他们注重考查学生分析统计图里的信息的能力，要求学生能据此判断和推理，通过"把缺失的项补充完整"考查学生对统计信息的加工处理能力，强调应用。

　　选材根据一定的考查目的（立意）和中心进行，立意与选材两者往往交互影响。德国试题的选材从较高处俯视数学问题，他们主要从社会现象、自然现象、生活现象、生产过程和科学实验等实践中寻找素材和问题，注重与社会生产、生活实际的结合以及与科学新成就的联系，因而选取的数学试题素材，所蕴涵的数学思想方法比较深刻，试题时代感较强，学生可以在解题的同时获取新信息，拓宽视野和知识面。这些现实生活中的数学问题涉及多方面的因素，解决这些问题需要跨学科知识和能力的整合，对学生提出更高的要求。

　　我国和德国都注重数学与生活的广泛联系，将数学问题融于真实的情境之中，让学生认识到现实生活中蕴含着大量的数学信息，感受到身边处处与数学相关，数学在现实世界中得到广泛运用。但是，德国试题更加强调让学生解决实际生活中的问题，要求学生从数学的角度运用知识和方法寻找解决问题的策略,能清晰有条理地表达思考过程,做到言之有理、落笔有据。我国试题的大部分情境都是命题者"加工"的,往往是先定知识点再创编服务于该知识内容的情境,最常见的是采用学生学习过程中的典型错误为素材情境,通过设计层层递进的"问题串",让学生在问题的解答中暴露思维过程。

比如,有关计量知识的考查,德国试题直接引入现实生活中计算"从8:25 到 13:05,从 23:07 到 5:43"的跨时段时长这一情境,要求进行"90.24 欧元+50 欧元 2 欧分,809 千克+1230 克"的单名数和复名数相加减运算且进行货币换算,以日常里常遇到的材料为载体进行考查。不仅如此,他们还把计量单位的换算融进综合性问题里,比如"坐公交车到岛上,第一趟早上 8 点,最后一趟下午 4 点,每 30 分钟一班,每次旅游允许 55 人,(1)计算一天最多可以有多少位乘客前往该岛?(2)很多人排队等位,有一位女孩在 15:20 到达排队的地方,她现在排队是否还有意义,计算一下是否还值得去排队?"

德国试卷里探索性或开放性的试题,大多以社会生产中的实际问题为素材,要求学生使用各种手段或工具,提出合理的解决问题方案。大部分试题要求学生能够自主阅读并提取有关联的数学信息,然后进行问题解决。他们试题中的字符数明显多于我国试题中的字符数,对学生数学阅读能力的要求更高一些。比如:

Gesine 制定了跑步训练计划,每周要跑 90 圈;训练日,至少跑 5 000 米和 10 000 米;周三和周日不训练。

日期	星期一	星期二	星期三	星期四	星期五	星期六	星期日
里程	10	20	0	12	18	20	0

(1)Gesine 一周必须按照此计划走几公里?

(2)Renate 为 Gesine 的跑步训练制定了以下计划。Renate 制定计划时犯了两个错误,未遵循培训师的指示,描述这些错误。

日期	星期一	星期二	星期三	星期四	星期五	星期六	星期日
里程	20	15	0	10	25	0	20

又比如,德国试题:

Ludwig 画了三个不同的圆圈,第一个圈
由 8 个字段组成,每个圆圈分为顺时针编号的
全等字段。(1)Ludwig 的第二个圈由 16 个字
段组成,哪个字段与编号为 5 的字段直接相
对?(2)对于第三个圆圈,编号为 10 的字段与编号为 4 的字段直接相
对,第三个圈多少个字段?

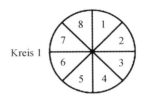

Kreis 1

我国在考查平面图形的时候往往只提供方格图,给出解题要求之后
一般不进行深层次的变式以及转化,更不会通过情境设问考查迁移能
力。德国试题在给出情景以及原有图形后,考查图形平移或是旋转之后
呈现的图形,让学生继续拓展思考与想象,且在这部分涉及"圆""全等",
这些都是我国学生在六年级的时候才会接触到的知识。

与开放性主观题相对应的是,德国试卷的许多答案都是开放的,他
们鼓励学生找到自己的答案,答案可以各种各样——短文、解决问题的
方案、图或表,这些都有助于学生增强解决复杂问题的综合能力。

德国广泛使用文字、图画、表格来设计试题情境,以贴近学生生活实
际的形式呈现问题,较少提供干扰信息。设问时使用较多促进高层次思
维的词语,如"解释、说明、联系、区别、对比、分析、推断、解决、发现、概
括"等。对于解答题,较多渐进式问题,有的利用前面的信息作为解答后
面问题的依据,也有的通过后面问题的回答检验前面问题的回答是否正
确,也有的在问题的后面补充追问,如"为什么""怎么样"之类的问题,考
查学生是否有解题计划、答案是否正确与合理,促使学生对解决问题的
过程进行反思、检查和概括。

教学实践中可以发现,许多学生在材料、信息题上失分较多,原因是

不能有效获取新信息并加以应用。在信息化社会的大背景下,对大量知识进行筛选的能力十分重要。因此,我国小学数学试卷应该引入更多的问答题,既体现基础性知识,还体现策略性知识、实践性知识,多提供能考查出学生对小学数学核心知识、核心技能的理解和掌握,尤其是收集与分析信息的能力、综合运用所学知识解决实际问题的能力以及对数学思想方法的理解与掌握的试题素材,促使学生灵活运用所学的知识和方法,使学生逐步成为知识的实践者。

第三节 评价习题比较与分析

◇ "数与代数"领域习题的比较与分析

◇ "图形与几何"领域习题的比较与分析

◇ "统计概率与综合实践"领域习题的比较与分析

　　本节里的"德国习题"以德国慕尼黑教育质量评估中心研制的 2016—2021 年的小学数学测试卷里的试题为例,"中国习题"以人民教育出版社小学数学教材习题和北京、上海、福建等地区的 2017—2021 年的小学数学质量监测试题为例,选择"数与代数""图形与几何""统计与概率"三个领域的代表性习题,对习题的题量、题型、呈现结构、认知层次和评价水平等差异进行比较分析。

　　比较发现中德两国小学数学的习题有很大差异,德国习题可包含小数、分数、负数等多个类型的知识,我国却严格进行知识类型的区别,较少混合编题;我国习题可包含加、减、乘、除多级混合运算,德国主张单一简单运算,但算式里的数字却是六位数的;德国"问题解决"类型的习题往往是一题多解,已知条件信息显露,学生解题时不需要"拐太多弯",正向思维很明显,我国的"问题解决"类型的习题往往是一题多问,已知信息和要解决的问题之间一般设置有中间问题或是中间关系量,学生需要寻找中间量或是从问题逆推寻找相关联的已知条件,等等。

一、"数与代数"领域习题的比较与分析

习题是学生掌握数学知识、形成数学技能和发展数学能力的主要载体，是提高学生运用知识解决实际问题能力的有效工具，在培育和评价学生数学素养发展方面起着重要的作用。从狭义上讲，习题指以巩固学习效果或是评价学习质量为目的的问题，既包括书面文字，又包括口述和动手操作的实验等；从广义上讲，习题指用以学习、实践、考查为目的的问题，包括生活中遇到的困难等等。

近些年来，随着我国课程改革的深入发展，评价学生数学学业质量水平的考试命题方式发生巨大的变化。比较我国和德国同类知识领域里的相接近的数学评价习题，促使我国小学数学教师在关注当前试题命题方向的同时，更仔细地研读数学评价习题，充分挖掘习题的内涵，最大限度地利用习题的价值，发挥习题的评价促进功能，使数学教育的目的从浅层走向深刻，从狭隘走向广阔。

以下部分对比德中两国小学数学习题的差异，先举德国习题，再举中国习题，然后分析。

【德国习题】在一次远途旅行中穆勒家选了一个路线，路线起点与终点都在一个地方。孩子们走完这条路花了预计时间的 $\frac{4}{5}$，祖父母则需要花预计时间的 $\frac{5}{6}$。走完这条路预计要花费 $2\frac{1}{2}$ 小时。他们一共需要多久？将结果分别用时与分表示。

【中国习题】两个小朋友用彩纸剪花，剪一朵花要用 $\frac{1}{4}$ 张纸，男同学剪了 9 朵，女同学剪了 11 朵，他们一共用了多少张纸？

　　德国习题以"一家人去旅行走一段路,孩子和祖父母所花费的时间"为问题情境,我国习题以"两个小朋友剪花用纸"为问题情境,两道题设计素材都选自学生生活,启发引导学生数学源于生活,用于生活。

　　德国习题考查异分母分数加法、时间单位换算以及带分数的乘法,我国习题考查分数乘整数,很明显德国习题考查的知识点多且计算量也明显大于我国习题的计算量。近些年,我国降低了对分数乘除法的要求——会进行分数(不含带分数)乘、除法运算及混合运算,以两步为主,通常不超过三步,会解决简单的分数实际问题。简化繁杂的分数运算,虽然会影响学生分数计算能力,但减轻学生课业负担,从而保证学生把基本的分数四则运算学好,符合新课程改革理念。降低分数运算要求虽然对于解决思维要求较低的应用题有一定的影响,但是对于解决思维要求较高的应用题影响不大。

　　【德国习题】用分数换算成大一级的单位。

$$50 \text{ 美分} = \frac{50}{100} \text{欧元} \qquad\qquad 35\text{cm} = \frac{(\quad\quad)}{(\quad\quad)} (\quad\quad)$$

$$200\text{g} = \frac{(\quad\quad)}{(\quad\quad)} (\quad\quad) \qquad\qquad 750\text{m} = \frac{(\quad\quad)}{(\quad\quad)} (\quad\quad)$$

$$24\text{a} = \frac{(\quad\quad)}{(\quad\quad)} (\quad\quad) \qquad\qquad 150\text{ml} = \frac{(\quad\quad)}{(\quad\quad)} (\quad\quad)$$

$$600\text{kg} = \frac{(\quad\quad)}{(\quad\quad)} (\quad\quad) \qquad\qquad 6\text{h} = \frac{(\quad\quad)}{(\quad\quad)} (\quad\quad)$$

　　【中国习题】在下表的括号里填上适当的数。

	用小数表示	用分数表示
40cm	(　　)m	(　　)m
150g	(　　)kg	(　　)kg
125cm²	(　　)dm²	(　　)dm²
3680dm³	(　　)m³	(　　)m³

这两题都是"单位换算"的习题,考查相邻单位的进率是多少和求一个数是另一个数的几分之几或几倍,答案唯一,题目已知信息简单清晰。

关于习题出现的"位置",我国学生学习"分数与小数的互换"之后进行练习,学生已经对分数有了认识。德国学生在"初步认识分数"之后进行练习,刚开始学习分数时就进行练习。

这一道练习题里,德国习题考查了三个知识点,我国习题考查两个。对德国三种教材里的十七道"单位换算改写的练习题"进行类比观察,可以清楚地看到:德国此类练习题不仅有我国习题涉及的长度单位、重量单位、面积单位等换算改写,还涉及货币单位、时间单位、体积单位等换算改写,同一道练习题涉及的计量单位种类更多样,考查面更广。另外,德国的单位换算改写练习题几乎都是相邻两级计量单位以及运用单位进率使之转换,而我国人教版教材偶尔会出现跨级、多级、连续的单位之间换算,学生需要多次使用进率来进行换算。

在习题答案的表达要求方面,我国习题要求"填上适当的数——用分数和小数表示",德国习题要求"用分数表达大一级的单位"不要求将分数化简为最简分数,更简单。

【德国习题】哪些卡片属于同类的?找出同类的卡片并把每类卡片用同一种颜色表示出来,有一个卡片是多余的。在空白的两张卡片上写出两个相等的数字。

【中国习题】把小数和相等的分数用线连起来。

0.6	0.03	0.45	3.25	0.18
$\dfrac{13}{4}$	$\dfrac{3}{100}$	$\dfrac{3}{5}$	$\dfrac{9}{20}$	$\dfrac{9}{50}$

习题的好坏直接影响学生的学习兴趣和学习质量。这一题主要考查学生对分数、小数互相转化的能力，中德两国的差异明显。我国学生在寻找相等的数时，通过把分数转化成小数或把小数转化成分数的方法寻找相等的数，路径灵活多样。在从小数转化为分数的思考过程，学生需要对"化简分数"有较高水平的认识。

德国习题并不是每张卡片的数字都对应的，有一张多余的卡片，这个细节的处理增加了不少难度，避免了学生做到最后一对数时可以不假思索地直接连线，不需要进行思考判断。他们还要求学生创造出相等的小数与分数，这样的考查水平要求比能够判断小数和分数是否相等的水平要求高得多。学生创造出相等的小数与分数，答案不唯一，更加开放多元，可以更好促进学生从基础数学能力水平走向到拥有较高层次的数学能力水平。

在习题信息量上，德国习题要求更高一些。该题呈现给学生的数字卡片上并不是一致的小数或是分数，而且卡片摆放的位置不工整，无序杂乱，学生要先懂得在大量的数字卡片中快速选择自己想要的卡片，然后对个别卡片里的数进行"翻译"，将其从文字语言转化为数学语言。通过这一题的教学，教师既可以巩固分数和小数互化的方法，又可以培养学生数据整理与分析能力。

【德国习题】写出已知图形中有颜色的面积所占图形的分数，并在新的图形中画出相同的份额。

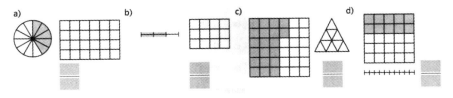

【中国习题】分别用小数和分数表示下面每个图中涂色部分的大小。

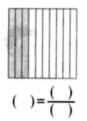 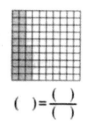 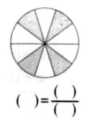

( )=$\frac{(\ )}{(\ )}$　　　　( )=$\frac{(\ )}{(\ )}$　　　　( )=$\frac{(\ )}{(\ )}$

习题的素材选择,我国习题只有常规的正方形、圆形,德国习题除了正方形、圆形之外,还用线段、正三角形、长方形作为素材。在对德国三种教材里的九道"利用平面图形和立体图形来表示分数的练习题"进行类比观察,可以发现:德国习题不仅使用椭圆、正方形、八卦图、长方体、正方体等作为素材,还使用正六边形、无明确名称但能够判断出每份相等的图形、镂空的立体图形等等。德国习题在使用正多边形时,没有完整体现把一个正多边形平均分成多少小份,而是隐藏了一些平均分的元素,让学生自己去判断该图形能不能平均分,要怎么进行平均分,把数与形二者相结合,较高要求地考查学生对立体图形的想象能力。

在这一题中,将不同形状的图形作为单位"1",在新的图形上画出相同的份额,联系前后图形所表示的单位"1",更能体现分数的本质属性,能更好地帮助学生理解分数的意义。

我国习题要求学生使用小数和分数表示图形涂色部分的大小,属于对分数的认识理解水平要求。德国习题层次多级,不仅要求写出涂色部分所表示的大小,用分数表示着色部分占整个图形的份额,还要求学生在新的图形中画出相同份额,依照前一个图形读得的分数,给图形上色。解答时,如果学生无法准确读出第一个图形有颜色部分所占的分数,写错这个分数,那么就无法完成第二个层次的问题。

【德国习题】水池里 28 条鱼中有一半是金鱼,$\frac{1}{4}$ 是孔雀鱼,$\frac{1}{14}$ 是白鱼。剩下的鱼都是比目鱼。(1)在水池中每种鱼各有多少条呢? (2)比目鱼占总体多少份额?

【中国习题】严重的水土流失致使每年大约有 16 亿吨的泥沙流入黄河，其中 $\frac{1}{4}$ 的泥沙沉积要河道中，其余被带到入海口。有多少亿吨泥沙被带到入海口？

关于分数乘法习题，两国的区别不大，都是考查"求一个数的几分之几是多少"，从数据带不带单位来判断是分率还是具体数值，如果是分率要分析以谁为单位"1"。解题时要求学生把已知信息中的文字语言或图表语言转化成数学语言，通过分数加减乘除的混合运算获得结果。

习题情境素材的选择，我国习题更加注重数学学科的育人价值。通过数学独特的语言系统和逻辑系统，让学生学会抽象的思考，形成准确、严谨的表达能力，具有数学的眼光和头脑外，还通过练习题里的数学知识与生活世界的广泛联系，实现数学知识与国情知识教育、环保教育、人类历史文明的教育等等互相沟通，学生通过解答数学练习题的同时获得对社会的认识，懂得从数学视角去思考现实世界中的各种对象。

【德国习题】用下面的砝码你可以称量出右边给出的哪些重量？你可以称量出的重量拼起来能够组成一个单词，单词是什么？

【中国习题】用分母相同的分数组成算式并计算。

$$\frac{1}{4} \quad 1 \quad \frac{3}{4} \quad \frac{3}{9} \quad \frac{4}{5} \quad \frac{2}{5} \quad \frac{2}{9} \quad \frac{1}{9} \quad \frac{1}{5} \quad \frac{1}{9} \quad \frac{7}{9} \quad \frac{1}{6} \quad \frac{7}{6} \quad \frac{5}{6}$$

同样的是分数加减法的测试题，德国习题考查点是通分和分数互化，我国习题的考查点是约分和分数互化。

德国习题把分数计算与计量单位的换算融于一个问题情境之中，这样的问题接近生活，真实性强。习题给出的已知信息是多元的，需要学生整理与选择数据，需要经历"搭配组合"的思考过程，而不是简单的计算。这样的习题能暴露学生的思维过程，有助于教师了解学生的学习水平，及时发现学生的知识和思维存在的问题。学生选择分数进行计算难度较大，最后的答案用组成单词来表示方便老师批改。

解答德国习题要先完成计量单位的换算，再对异分母分数进行通分，最后进行拼加计算。解题过程，学生需要用上"拆项相加、倒序求和、分组法"等，通过观察和分析，寻找合适的分数进行计算。

我国习题平铺直叙，简明扼要，解题思路单一，学生只要找出题目中分母相同的分数的特点，就能合理、有效地进行计算，而且分子凑数相加的难度系数很低。

【德国习题】补充数轴上空缺的数值或算式，注意已有的数字。

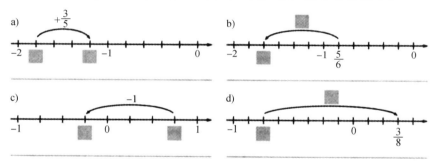

【中国习题】列式并计算。

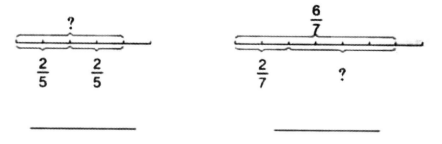

数形结合常和以下内容有关：实数与数轴上点的对应关系，函数与图像的对应关系，曲线与方程的对应关系，以几何元素和几何条件为背景建立起来的概念，所给的等式或代数式的结构含有明显的几何意义，等等。上述习题都以数轴线段为载体，考查分数加减运算，学生在完成分数加减运算时，既可以借助数轴或线段上点格直观得到结果，又可以列出分数算式进行加减计算，体会运用数形结合解决问题的优越性。

解答这类习题要求学生要能够读懂题意，找准数轴或线段对应的分数，理解题中隐含的数量关系。其中根据数轴、线段图的组合特征，写出符合题意的等式是关键。我国小学数学当前质量监控命题越来越注重学生数学阅读能力的考查，把问题和已知信息融于图例之中，学生需要将图形语言转化为数学语言后进行解答。

德国习题每条数轴代表不同的分数，用点表示已知数，用线箭表示加减运算，学生要读懂图意才能正确列式计算，既考查对单位 1 平均分成不同份数取其中几份的分数意义的理解，又考查分数运算水平。另外，德国习题的分数加减对象范围包括负数、负分数。

二、"图形与几何"领域习题的比较与分析

"图形与几何"的课程内容，以发展学生的空间观念、几何直观、推理能力为核心展开，比较与分析这部分习题的特点，对于数学课程的实施和目标达成是十分重要的。

【德国习题】用分数表示橡皮筋包围的部分占钉子板面积的多少？

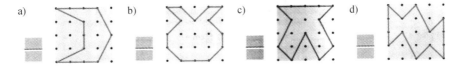

【中国习题】把下面每个图形都看作单位"1"，用分数表示各图中涂

色部分的大小。

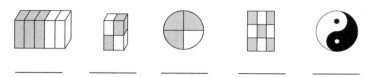

从习题表现形式分析,德国习题选择点子图作为单位"1"的素材,用不规则图形的面积来表示分数,形式更为活泼,易受学生喜爱。学生解题时要先运用切割、组合等方式将不规则图形进行转化,计算出不规则图形的面积后再用分数表示,考查学生是否掌握该学段应掌握的"四基"目标,是否能够熟练运用"转化"的思想解决有关组合图形面积的实际问题,学生独立思考体现综合性、灵活性。同时也意味着其难度大于我国习题。

我国习题用常见的立方体、平面图形作为单位"1"的素材,通过已经学习过的轴对称图形、立体图形、八卦图来表示分数,侧重于对分数意义的理解——平均分来表示分数,学生借助图形解答,进而感悟分数意义。德国习题考查的内容具有统整性,包含求组合图形面积、用分数描述图形面积等。

【德国习题】下面三个图分别是( )( )( )。

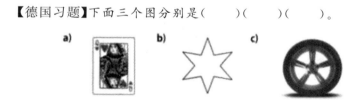

【中国习题】剪下图形,先折一折,再画出下面图形的对称轴,看看能画几条。

本题涉及图形的认识,德国习题考查中心对称图形的认识,三个图形分别是中心对称、中心对称、不是中心对称。我国习题考查动手操作——先折出图形再画出对称轴,既增加了操作活动的感知层面,又指向轴对称图形的产生过程与方法。我国学生解决本题时可能会遇到找不全所有对称轴的困难,要求比德国习题高一些。

德国习题使用扑克牌、六芒星、轮胎作为考查素材,我国习题使用常见的平面图形作为考查素材,两国习题所选择的素材直观性都很强,这些富有代表性的图形都能够让学生进行清晰辨别,有利于对"轴对称图形"的知识进行巩固与应用,习题内容富有拓展性。

【德国习题】按照规则画出线段,连起来的字母会拼成一个单词。每次都从"Start起点"出发,开始时以东为照准方向,接下来的方向以已画出的线段为照准方向。例如:45°右/2.1cm → 45°右/1.5cm → 65°左/3.3cm→ 117°左/1.5cm → 90°右/1.5cm →45°左/2.1cm,单词 Anfang。

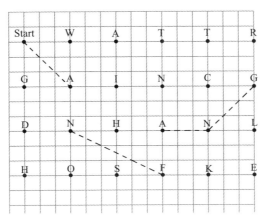

(1)90°右/1.5cm → 90°左/3cm → 45°左/2.1cm →45°右/1.5cm → 72°右/4.7cm → 162°左/4.5cm,单词(G____)。

(2) 0°/1.5cm → 45°右/2.1cm → 45°左/1.5cm → 63°右/3.3cm → 63°左/1.5cm → 90°左/1.5cm,单词(   )。

【中国习题】选择合适的方面画出下面的角，并说说它们分别是哪一种角。

10°、45°、60°、90°、105°、120°、180°

本题涉及考查"画角"作图能力，这个知识点是在认识了射线、角和量角器，掌握量角技能的基础上进行的，学生在画角的操作过程中可以进一步体验角的定义和各类角的大小区域，其知识迁移点是量角器的使用以及量角、画角的共同点，即两重合一对准。

德国习题用有趣的"连线找单词"作为素材，更吸引学生的兴趣。在点子图上画角，给出角的边的长度，在角度固定、角的一条边的长度固定的情况下，需要全方位的使用量角器，从不同方向、不同角度绘制角，最后一个任务是合成一个单词，答案是唯一的。

我国习题从画角和识角这两个维度进行考查，画角的朝向、边的长短是可以自己控制，画角工具也可以由学生自主挑选，答案更具有开放性。在我国小学数学实际教学中，大部分小学生不擅长旋转量角器，普遍把量角器平放进行绘制画角，此题可以发展学生灵活使用量角器的能力。2022 年修订的《义务教育数学课程标准》在"图形与几何"中，强调几何直观，增加尺规作图的内容，就是更加重视动手操作，教给学生一种对数学、对几何的感觉。

【德国习题】A 运动员若想射中球门，可以开多大的角度？运动员 B、C、D 可以用什么样的角度射中球门？这四个运动员之中，谁射入球门的可能性最大？当运动员 A 接近球门时，角度会怎么变化？

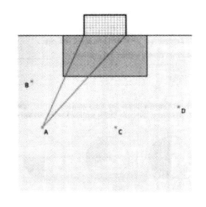

【中国习题】量一量下面的角各是多少度。

∠1＝_____
∠2＝_____
∠3＝_____

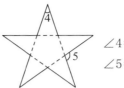

∠4＝_____
∠5＝_____

我国习题以小学生熟悉的队旗为素材,要求学生测量队旗平面图的内外角。德国习题给出足球场上运动员"射门"的"用角"具体情境,增加亲切感,着重考查对角的度量能力。

从认知层次上来看,我国习题偏重于"了解"和"理解"两个层次。德国习题偏重于"灵活应用"较高层次,其采用简答题的表现形式,需要学生进行复杂的思考推理,能够很好地检测出学生的分析和应用能力。德国习题同时考查可能性,第四个问题很开放——凸显角为什么会变化——指向数学的思考和表达,学生通过画图、推理和说理,既沟通静态知识与活动经验之间的联系,又提高语言表达能力。

三、"统计概率与综合实践" 领域习题的比较与分析

"统计与概率"和"数与代数""图形与几何""综合与实践"并列为小学数学课程的四部分内容。统计的核心是数据分析,综合实践为学生提供通过综合、实践的过程和做数学、学数学、理解数学的机会。

【德国习题】在学校运动会时会售卖点心和饮料。贝吉特想算出"学校在售卖过程中赚了多少钱"?

	A	B	C	D
1	点心和饮料账单			

续表

	A	B	C	D
2				
3	饮料	数量	代币	总量
4	甜甜圈	123	2	＝B4 *
5	华夫饼	253	1	＝
6	点心	149	2	＝
7	蛋糕	235	3	
8	咖啡	349	1	
9	果汁或矿泉水	531	1	
10	总计			
11	换算成欧元			0.5
12	收入			

(1)_____个甜甜圈以_____的代币售卖,若要算出甜甜圈总体的出售代币数量,必须把单元格_____和_____的数字相乘。算出结果并填入单元格 D4 中。(2)_____个华夫饼以_____的代币售卖,计算时需要用到单元格_____和_____。完成算式并将结果填入单元格 D5 中。(3)思考一下,别的商品的总价应该用什么样的算式表示?计算结果需要分别填入单元格 D6、D7、_____和_____之中。(4)一共收入多少钱呢?计算总价时需要将单元格 D4、_____、_____、_____、和_____中的数字相加。计算结果要填入单元格 D10 中。(5)单元格 D11 表示代币与欧元的换算关系:_____,在下一个单元格可以看到,总共的收入为多少,并填入单元格_____。计算并填入表格中。(6)标记电脑算出的数值,并填入 D 列之中。

【中国习题】记录本地一周的气温,再计算出一周平均最高气温和最低气温。

本周气温记录

周一：10～21℃
周二：10～21℃
周三：12～22℃
周四：12～24℃
周五：11～22℃
周六：11～21℃
周日：11～22℃

	一	二	三	四	五	六	日	平均
最高气温/℃								
最低气温/℃								

　　中德两国的统计类习题都考查对统计意义的理解，评价学生所经历的有过程的统计学习质量，落实经历、体验、探究等过程性教学目标，以现实生活中统计应用的情境作为试题素材，突显统计与现实社会的紧密联系。

　　德国学生解答习题可以使用电脑进行计算，但被要求标注电脑运算的过程，以检测学生的计算机应用能力、数据比较与分析处理能力。德国习题给出的信息较为复杂多样，要求学生计算每类商品的售价和总价，同时考查计量单位的换算，渗透"单价×数量＝总价"的等量关系，这需要学生对习题进行深度加工。

　　我国统计教学要求让学生充分经历数据的整理和分析过程，学会利用数据制作统计图表，因此在习题考查中一般是由学生手工绘制统计图，"用计算机绘制图表"被作为拓展内容。我国习题还要求算出一周平均最高气温和最低气温，考查求平均数，突破了单一知识点的考查局限。在统计与概率中，我们应该适应大数据时代的要求，强调统计量，推动学生学会将其用于决策，和日常生活紧密联系在一起。

【德国习题】皮特一家想在马洛卡度假,帮帮他们将气候数据图中的数值认出来(数据是去年的平均值)。(1)表示降水量的数轴在图表中是_____,表示气温的数轴在图表中是_____。橙色的曲线表示的是_____,灰色的柱子表示的是_____。(2)根据数据图读出下列表格中缺少的数值:_____月的降水量最少,_____的降水量最多;_____月的气温最高,_____月的气温最低。这一年每月的平均降水量是_____mm,这一年每月平均气温是_____℃。(3)将降水量数值从小到大排序,并找出最中间的数值。(4)将气温数值从小到大排序,并找出最中间的数值。

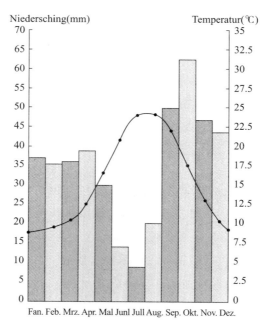

Fan. Feb. Mrz. Apr. Mal Junl Jull Aug. Sep. Okt. Nov. Dez.

【中国习题】甲、乙两地月平均气温统计图。(1)根据统计图,你能判断一年气温变化的趋势吗?(2)有一种树莓的生长期为 5 个月,最适宜的生长温度为 7—10℃,这种植物适合在哪个地方种植?(3)小明住在乙地,他们一家要在"十一"黄金周去甲地旅游,你认为应该作哪些准备?

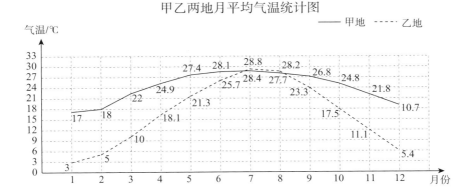

甲乙两地月平均气温统计图

两国习题的题型很接近，都以"气温"为素材，要求学生从统计图上读取数据信息，利用统计图所呈现的数据展开相应的分析、比较和推断，能够根据统计信息做出生活决策等等。习题不仅能够检测学生的学习情况，而且还可以培养和促进学生的理解能力和应用能力。

德国习题整合折线统计图和条形统计图，综合程度较高，要求学生作答的问题梯度明显。学生在解决问题时，需要将图表语言转换为数学语言，按要求处理各个项目的数据，同时要掌握求平均数、中间数的方法。

我国统计知识分布在四年级上册条形统计图、五年级下册折线统计图，较少把两种统计图合并在同一道习题之中。我国习题注重考查学生的读图能力和分析预测能力，要求学生利用统计图呈现的信息对旅游生活作出合理的计划。另外，我国习题关注统计数据的背景，用心撷取习题素材，科普了"树莓的生长周期是五个月，最适宜的温度 7－10 度"等知识。

【德国习题】木方块儿边长是 2cm，被涂上了橙色，将其切分成边长为 1cm 的小方块，若要所有的小方块儿每个面都是橙色的，需要给几个面涂色？（切分成的小方块儿边长仍为 1cm）

开始时方块的边长	需要染色的面数
2cm	
3cm	
4cm	
5cm	
6cm	
7cm	

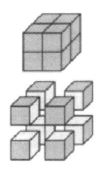

【中国习题】用棱长 1cm 的小正方体拼成如右边的大正方体后,把它们的表面分别涂上颜色①、②、③中,三面、两面、一面涂色以及没有涂色的小正方体各有多少块? 按这样的规律摆下去,第④、⑤个正方体的结果会是怎样的呢? 你能继续写出第⑥、⑦、⑧个大正方体中 4 类小正方体的块数吗?

①　　　　　　②　　　　　　③

	三面涂色的块数	两面涂色的块数	一面涂色的块数	没有涂色的块数
①	8	0	0	0
②	8	12	6	1
③	8	24		
④				
⑤				

正方体的涂色问题主要考查学生探索规律能力,该类习题在德国试卷里被列为解决问题模块,在我国属于综合实践类评价习题。解决该类问题,需要学生进行观察、想象、抽象和概括,掌握一些研究数学问题的方法和经验。

上述两道习题都沟通一维与二维之间的联系,学生要从二维平面到三维立体之间进行转换;都同样以方块涂色为素材,找出大小正方体之间的关系,突出考查学生的阅读能力、想象能力和推理能力。学生通过整合题目中的已知信息,提取和推理出"原来正方体的块数和拆后(或拼后)正方体的块数之间的关系"。学生在解题过程中,需要想象拆后(或拼后)正方体各个面的涂色情况,不能仅仅只解决一个小问题,要从更广阔的角度去看待问题,考查学生宏观思考问题的能力。

我国习题要求学生总结出规律,根据图形推理出"3 个面的涂色小正方体个数是 8,2 个面的涂色小正方体的个数是'(棱长－2)×12',1 个面的涂色小正方体的个数是'(棱长－2)^2×6',没涂色的小正方体的个数是'(棱长－2)^3'",培养学生抽象概括图形规律的能力。德国习题只进行到多个小正方形涂色的有几个,并没有要求总结规律。学生需要具体想象和根据表征进行推理,当然也有可能出现学生被迫(因为题目计算需要)而去总结规律得到答案。

【德国习题】在一条街道的两边每隔 25 米有一盏路灯,一共有 66 盏路灯。如果每边在街头和街尾各有一盏灯,那么这条街有多长? 先想想,五个手指之间有_____个空隙。不借助下面的文字,你可以独立解决这个问题吗? 在街道每边有_____盏路灯;在第一盏和最后一盏路灯之间有_____个空隙,因此街道总长是_____×25m＝_____m。

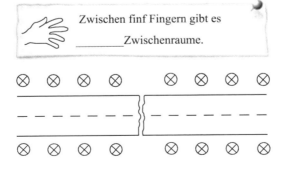

【中国习题】在全长 100m 的小路一边植树，每隔 5m 栽一棵（两端要栽）。一共要栽多少棵树？你发现了什么规律？不画图，你知道 30m、35m 要栽几棵树吗？

植树问题是在一定的线路上，根据总路程、间隔长和棵数进行计算的问题。这两道习题都属于"沿路旁植树中两端都种树"的类型，德国习题通过多少盏灯和间隔的长度来求这条路的长度，我国习题则是告知路的长度和间隔数来求要种几棵树，因为首尾两端都要种一棵树，所以植树棵数要比分成的段数多 1。

德国习题在旁边提示"五个手指有几个空隙"，帮助学生理解"两端都有的时候灯数比间隔数多 1"。我国习题要求学生化繁为简，通过探索总结出规律，建立数学模型，用规律模型解决问题。

我国小学考查植树问题涉及"两端都要栽、只有一端栽另一端不栽、两端都不栽"三种情况，要求学生初步体会解决植树问题的思想方法以及这种思想方法在解决问题中的应用，同时培养学生在解决问题中探索规律，找出解决问题有效方法的能力。学生在解题的过程中，可以直接使用"植树问题模型"求解，也可以用图示法来说明，即树用点来表示，植树的沿线用线来表示，把植树问题转化为一条非封闭或封闭的线上的"点数"与相邻两点间的线的段数之间的关系问题。

总之，数学习题既是小学数学教材的重要组成部分，又是考查评价学生数学学业水平的重要工具，在命题设计的侧重点及认知层次上各具特色。德国习题表达形式比较不拘一格，但推理过程要严谨有据，侧重于训练解题的基本思路，能针对性的引导和有序性的渗透，由于少了命题中的各种弯弯绕绕，学生不会一不小心就踩雷，解题压力比较轻松。我国习题指向知识的形成过程，注重数学的结构化认知，在逻辑推理、数学表达、创新思考等综合应用能力方面有较高的要求。

第四节　思考·探究·实践

◇ 应该更广泛地参与国际性学业水平测评项目
◇ 建立可测量的、科学的素养发展监测体系
◇ 要积极开展跨学科综合评价实验

　　数学教育国际化比较已经成为世界数学教育研究的热点领域,学业评价比较是其中重要的组成部分,在引导数学的教和学上发挥着重大作用。我国与世界各国的联系日益密切,交流频繁,国与国之间有很多可以互相学习借鉴之处。以核心素养为本进行评价,是当前我国教育改革的重要方向。我们能从德国基础教育评价中借鉴点什么呢? 比较中德两国小学数学教育评价内容、形式、要求后,我们建议:应该更广泛参与国际性学业水平测评项目,建立可测量的、科学的素养发展监测体系,积极开展跨学科综合评价实验。

一、应该更广泛地参与国际性学业水平测评项目

在"互联网＋教育"的信息化时代,互联网犹如生态的核心,由此衍生出深受其影响的教育评价链。这个"链条"上有教育的消费、数据、社交等要素,教育评价的方方面面正在发生深刻变化。

德国广泛参加各类国际性学业水平测评项目,投入大量人力、物力和财力去解读、反思本国学生在国际性学业水平测评项目中的成绩,并据此全领域地作出改变。基于国际比较,他们将重视"互联网＋教育"的发展上升至国家层面来看待,改变滞后于社会发展的以知识为主体的评价理念,努力建成与信息化社会相适应的基础教育评价体系。面对国际性学业水平测评结果,他们采取多方面的措施来提高教学质量,逐步扭转原来相对狭窄的、表面浅显的知识教学,努力建设高水平的小学数学课堂。他们把评价的重心转向学生能力的发展,把许多精力放在测评学生对数学的理解和应用能力水平领域,不断引导教师和学生追求高质量的数学学习。

评价项目的质量影响着教育的质量,进而影响着学生的成长质量。国际性学业水平测评项目一般使用较大随机样本,可以更加全面地评估学生在相应年龄阶段达到的能力水平。数字化、信息化时代,面对日趋激烈的国际竞争,教育国际竞争力迫切需要增强。我们可以借鉴各类国际性学业水平测评项目的测试框架与测试工具,完善我国的教育质量监测体系;可以利用国际性学业水平测评项目监测我国的教育质量状况,开展国家间的教育质量比较;可以分析、思考我国学生参与国际性学业水平测评之后的结果内涵,更好地聚焦到学生的可持续性发展,促进学生数学素养的发展和提高数学教育教学质量。

比如,趋于稳定的 PISA 测试体系为我国数学教育质量测评提供了宝贵的经验。我们在参加 PISA 测试之后,明确其与我国传统数学教育

质量测评的区别,总结其对我国数学教育评价的启示,在我国数学试题的开发等方面获得不少思路。通过比较各个国家的测试结果,对照我国学生所取得的测试成绩,我们可以更加清晰地知晓处于义务教育末期的学生应该掌握的知识和技能,帮助学生获得关键能力,对数学教育价值及评价任务的设计也有更多的展望,对建设与信息化社会相匹配的素养评价体系也有更大的自信。

近些年来,我国小学各个学科的测试卷多倾向于评价学生对学科群目标的整体认识水平,通过设置涉及多个学科的综合性试题,评价学生的学科观念或综合概念。

以语文学科的"非连续性文本"为例。非连续性文本是相对于连续性文本而言的,不以句子为最小单位,而由表单、文字、数字构成文本,表单具体包括清单、表格、图表、图示、时间表、目录索引等。非连续性文本又称间断性文本,是以间断性内容信息符号所组成的一组综合性阅读文本。

"非连续性文本"以试题形式出现,始于"PISA2009测试"。如今,小学语文试卷,特别是中高段的语文试卷,非连续性文本已然成为阅读能力测试中不可或缺的题型。

试题一:

A.请根据这张车票填空:

乘车时间＿＿＿＿＿＿＿＿

出发地＿＿＿＿＿＿＿＿

目的地＿＿＿＿＿＿＿＿

车次＿＿＿＿＿＿＿＿

B.因刘叔叔临时有事无法按计划出行,他可以隔日再用此车票乘车吗？为什么？那该怎么办？

试题二:一家青少年研究所进行一项调查活动,分别对日本、美国和中国大陆的中学生进行"受人尊敬的人物"的问卷调查,下面是调查结果的统计表。

调查对象 名次	日本 15 所中学学生 1 303 人	美国 13 所中学学生 1 051 人	中国 22 所中学学生 2 201 人
第一名	父亲	父亲	
第二名	母亲		
第三名		母亲	
第十名			母亲
第十一名			父亲

　　A.从这份调查统计表中你获得了什么信息?(至少两点)。B.针对调查中存在的问题,请写出两条合理化建议。

　　不难发现,要想解答试题(一)的问题 A,不仅要横向观察,还要纵向比较;不仅要关注数字信息,还要关注文字信息。通过查找、提取到相关信息后,还要融入思考进行信息比较、分析或归纳,如此方能得出问题所需的信息。而要解答问题 B,就必须在问题 A 答案的基础上,联系生活经验,在反思中提出可行建议。解答试题(二)的问题 A,要对照查找信息,解答问题 B 既要联系生活经验,又要对照图中的关键信息进行合理推断,还要在"反思"中提出可行建议。

　　这样的学业评价问题,注重评价学生的信息处理能力和阅读素养。阅读并理解非连续性文本,离不开从图文等组合材料中查找、提取、整理出有价值的信息。也就是说,通过解答"非连续性文本"这一类型的题目,学生要逐渐形成"信息处理"能力。这个能力在阅读由读文时代转为读图时代具有顺应时代潮流的独特价值,这个能力更是 PISA 测试所指向的能力,对提升核心素养具有实在的意义!

　　与知识、技能相比,素养形成于过程之中。面对真实情境,学生才能更好地体现出其素养,所以素养测试更需要借助情境。从上述两道题,特别是第二道题,不难看出非连续性文本取材多样,注重评价学生的生活意识和解决实际问题的能力,其内容大多与现实生活息息相关,解决问题时需要链接生活,无法用单一的学科知识解决问题。因此,坚持综合性学习,很自然就会在潜意识中种下留心生活的种子,在不知不觉地为生活注入积极实践的动力——坐动车时,自觉根据票面信息安排时间、选择候车室等;旅游时,根据地图安排合理路线;买新电器时,自觉看看说明书;吃东西前,自觉看看食物的成分表。 如此一来,非连续文本的价值已不再局限于"语文范畴",而是延伸至各个学科,延伸到生活,培养学生在生活中解决综合问题的能力,这对学生的核心素养发展具有不可小觑的价值。

这样的学业评价提供多元思考的机会,促进思维发展。 不难看出,非连续性文本非常独特,学生答题时,不能只局限于某一段或某一句话的理解,而要有整体意识,或图文兼顾,或关注多则材料,或链接生活,有意识地进行比较、分析、推断、解决问题、反思与评价。 这一过程,即学生思考的过程,学生的思维不断地被引向深处的过程。

深度变革教育质量评价体系是我国深化教育改革的重要组成部分,对学生学业成就调查是教育质量评价的主要内容,也是实现教育质量监测的重要手段。 2020 年,中共中央、国务院《深化新时代教育评价改革总体方案》,系统推进教育评价改革,引导全社会树立科学的教育发展观、人才成长观、选人用人观,充分发挥教育评价的指挥棒作用。 我国应该更广泛地参与各类国际性学业水平测评项目,以发现我国基础教育的国际水平,促进我国教育质量测评体系不断完善与成熟,争取到 2035 年,基本形成富有时代特征、彰显中国特色、体现世界水平的教育评价体系。

二、建立可测量的、科学的素养发展监测体系

根据《关于全面深化课程改革,落实立德树人根本任务的意见》要求,要"依据学生发展核心素养体系,进一步明确各学段、各学科具体的育人目标和任务,完善高校和中小学课程教学有关标准",这指明新时代教育质量评价的使命——促进人的全面、可持续的发展。

数学素养是具有数学基本特征的关键能力、思维品质以及情感、态

度与价值观的综合体现,是数学教育与人的行为有关(如思维、做事)的终极目标,是学生在本人参与其中的数学教学活动中逐步形成和发展的。以数学素养为本的教育质量评价,若采用以知识为本和以能力为本的结果性评价,仅仅评价数学知识和数学技能,没有指向将知识和技能应用于现代生活情境的能力,将难以测出其水平。如果在确定课程目标以及各级各类教育目标的时候,简单地直接移植国家政策文件中的相关话语,将会导致课程目标或教育目标缺乏针对性且无法检测,沦于空泛与抽象,不能有效指导教育实践。只有基于国内外教育改革趋势适时建立素养发展监测体系,才能够实现我国新时代教育高质量评价改革的使命。

《义务教育数学课程标准(2022年版)》根据核心素养发展水平,结合课程内容,整体刻画不同学段学生学业成就的具体表现特征,形成"数学课程学业质量标准",详细描述从三个方面评估学生核心素养达成及发展情况:(1)以结构化数学知识主题为载体,在形成与发展"四基"的过程中所形成的抽象能力、推理能力、运算能力、几何直观和空间观念等;(2)从学生熟悉的生活与社会情境,以及符合学生认知发展规律的数学与科技情境中,在经历"用数学的眼光发现和提出问题,用数学的思维与数学的语言分析和解决问题"的过程中所形成的模型观念、数据观念、应用意识和创新意识等;(3)学生经历数学的学习运用、实践探索活动的经验积累,逐步产生对数学的好奇心、求知欲,以及对数学学习的兴趣和自信心,初步养成独立思考、探究质疑、合作交流等学习习惯,初步形成自我反思的意识。我们要依据"课程学业质量标准"进一步建立素养发展监测体系,指导、引领、辐射学校教育教学;要让素养可以测量,科学划分素养等级,围绕新时代人的培养目标设计可操作的素养测评工具。

比如,要加大力度研发能够考查出学生素养发展水平的试题,让素养立意的试题具有结构性、整体性、情境性等真实任务的特点,科学设置科目、测评内容、分值比例、试卷难度、试题数量及考试时间等,确保对新时代人才培养的基本要求能落实落地。要不拘泥于传统的命题方式,采取回答问题或提交作品等方式测评学生的素养发展水平,推行知识、能力和素养三取向相结合,既考查学习结果又考查学习过程、反思以及应用知识的水平。

设立可测量的、科学的素养发展监测体系,还需要加强学段评价的衔接。近些年,我国新建许多九年一贯制学校,在中小学衔接方面进行了广泛的探索,差异化评价需要进一步完善。比如,小学低年级学生和初中学生都要参加考试,都以试卷分数的高低作为学习水平的标尺,这种没有差异的评价应该改变,可以采用教师、家长及学生的三位一体综合评价代替低年级学生的成绩单。我们要加强幼儿园和小学之间的协调、联系和过渡,努力让中学、小学和幼儿园之间就素养测评要求达成一致,实现连贯的激励和支持。

三、要积极开展跨学科综合评价实验

以素养为导向的学业水平测评,若采用以知识为本和以能力为本的结果性评价(诸如惯用的笔试)很难测出其中差异。素养毕竟不是知与不知的问题,而涉及能否自觉运用知识的意识、能力,涉及能否运用知识发现问题、提出问题并加以分析和解决的综合能力。

为了探索基于核心素养的有效测评方式,福建省厦门实验小学以"游园闯关"的形式作为一年级上学期的期末考试,把学科的考试统整起来,进行跨学科整合评价,用基于素养发展目标去替换学科评价中唯知识内容的评价,通过活动性测试、表现性评价、过程性评价等使得学科的关键能力得以发展,同时获得重大观念或综合素养。

学校要求一年级学生在九个圆里创作九幅图,然后,美术教师从美术技能角度考察学生的造型和色彩的表现力,数学教师评价学生的思维能力和创新能力,最后语文老师要求学生用自己所画的三个圆来编说一段话,测评他们的口语表达能力和创作能力。

首先,学生走进"美术乐园",拿到的考试题目是"以九个圆形为基础,用添画的方式展开想象进行创作"。

图 5-5　九个圆形一　　　　　　图 5-6　九个圆形二

如图所示,图 5-5 的造型模糊不清,线条较为杂乱,具体形象不突出;而图 5-6 明显造型强,形象准确生动,线条流畅。这就体现了学生的基本造型能力的差异。

图 5-7　九个圆形三　　　图 5-8　九个圆形四　　　图 5-9　九个圆形五

图 5-7 和图 5-8 的学生,涂色技法方面较为欠缺,有些涂色不均匀,有些涂出线圈外,表明对美术涂色技法的掌握不够熟练,也看出缺乏一定的练习。对比图 5-9 的学生,明显可以看出其能够熟练掌握涂色技巧,使得画面的色彩饱满有序,较为出色。

图 5-10　九个圆形六　　　　　图 5-11　九个圆形七

　　对比图 5-10 与图 5-11 两幅卷面,图 5-10 的画面用色较为单一,且选色也比较暗沉,画面显得单调暗淡缺乏活力,而图 5-11 的卷面能够运用冷、暖色搭配出不同的色彩。由此得出,不同学生对于色感的整体把握也不同。

图 5-12　九个圆形八

图 5-13　九个圆形九

图 5-14　九个圆形十

图 5-15　九个圆形十一

　　图 5-12 至图 5-15 中,图 5-12 和图 5-13 两个学生画的种类较为单一,集中指向同类的对象,图 5-14 和图 5-15 两个学生的发散性明显就较为活跃,能从多个角度去展开联想,有动物、人物、生活物品、食物、植物等等。

　　这些作品不仅展示学生的数学思维和创造才能,还可以成为教师评价学生的思维与创新能力,特别是评价学生的发散思维和想象力的有效素材。之后对这两名学生的跟踪访谈结果验证了这个结论。可以发现这些作品的作者平时在生活中善于观察,存储较丰富的生活场景表象,能够将生活中所见的事物从头脑中提取出来,为我所用。

图 5-16　诸学生绘图

　　图 5-16 是一部分学生的单个作品，可以看出这些学生有着较丰富的想象力和较强的创新意识，能够突破圆圈的限制，敢于对圆形进行简单添画，大胆地创造出更大的圆形、方形、三角形等，通过几何图形的变形运用和美学加工，使创作的作品形象更加生动有趣、富有创造力。

　　涂画作品经过美术老师和数学老师的评价后，学生带着自己的作品走到主要考察语文的"乐学园"里，选择自己所画的三幅或三幅以上作品进行阐述，讲故事。譬如，三个圆圈分别画了一只蜗牛，一块手表，一个时钟，学生会说，这是蜗牛戴着手表，要去找时钟校对表是不是准时。

　　表现性评价聚焦学生在完成任务过程中的表现情况，对其进行观察与评估。在自主选择图案进行串编故事的环节，有的学生局限于自己所画的顺序中的第一、二、三个图案，有的学生会选择一个水果、一个人、一个杯子等类别差异较大的图案，也有一个学生用了八个图案进行编故事，而且使用了丰富多样的词语，讲了足足六分钟。有的学生在"自圆其说"时，断断续续，口头表达能力明显较弱；有的学生会效仿自己所阅读过的童话故事情节，情境丰富，有人物角色、有故事情节冲突等；有的学生能完整地讲述事件的发生时间、地点、起因和结果；有的学生能同时使用两三个成语，有的学生则断句特别多。

　　整合各个学科进行综合性评价,从美术学科角度评价学生的绘画技能水平,从科学学科角度评价学生的观察能力,从数学学科角度评价学生的发散思维与创新意识,从语文学科角度评价学生的表达水平等等,综合测评将会有效地推动学生学习方式的变化,从注重考查记忆理解的结果转向注重测量和评价对思维过程、探究过程和做事过程的发展水平。

　　基于这样的综合性评价理念,教师既要传播学科知识,提供相同的概念在其中运用的范例和事实性知识,也要加强学科教学的综合性,尽可能联系其他学科的知识。譬如,教数学的老师,要尽可能联系历史知识、物理知识、化学知识、生物知识、地理知识,帮助学生赢得学业评价中的"跨界"。

第六章　对我国小学数学教育的建议

◇基本理念:小学数学教育要培养工程思维

◇课程目标:提高"数学关键能力"标准的比重

◇教学建议:要真正做到深究型对话

◇学习评价:要突出数学应用的综合化

　　　　数学素养已经成为现代社会每一个公民所应当具备的基本素养,数学教育必须面向所有学生,必须为每一个学生的终身发展奠定基础。因此,我国小学数学教育,不仅要帮助学生掌握未来发展所需要的基础知识和基本技能,还要关注学生个人道德修养和社会责任感的养成,培养学生养成良好的学习方法,积累独立思考和动手实践的经验。基于中德小学数学教育比较,我们对中国小学数学教育改革发展提出四点建议。

第一节　基本理念：小学数学教育要培养工程思维

发展数学这样的基础科学，并不直接要为经济和技术服务。学好数学，促进人的思维发展，才是数学教育的本质追求。剖析德国小学数学教育的行为，探寻其工业发达与小学数学教育的关系，建议我国小学数学教育要加入"培养工程思维"这一基本理念。

思维是人脑对客观事物的间接、概括的和能动的反映。人们通过思维，可以认识客观事物的本质属性、内在规律及事物之间相互关系。人们把知识内化为解决问题能力的过程，将感知、知识、经验提炼为形象思维、抽象思维、直觉思维等基本思维，从思维层面形成批判思维和创造思维，从应用层面上形成工程思维和计算思维。工程思维是以系统分析和比较权衡为核心的筹划性思维。工程思维立足于筹划理想实体满足主体的需求，涉及很多不确定因素和限定因素，具有实践性、科学性和创造性等特点。

牛津词典将工程定义为"一个精心的计划与设计，从而实现特定目标的联合实施工作或者单独进行工作"。在现代社会中，狭义的工程定义为"以某组设想的目标为依据，应用有关的科学知识和技术手段，通过有组织的一群人将某个（或某些）现有实体（自然的或人造的）转化为具有预期使用价值的人造产品过程"。其所相对应的狭义的工程思维被指为工程师在工程活动中"创造"自然界里从来没有过而且永远也不可能自发出现的新的存在物时所伴随的思维形式。

广义的工程定义为"由一群（个）人为达到某种目的，在一个较长时间周期内进行协作（单独）活动的过程"。有人将广义的工程视为人们应用数学、科学、物理、化学、生物等基础的原理，结合相关实验与实践所积累下来的经验，从而发展出来的系统方法，用来设计对象、过程和系统，以满足人们的需求。其所相对应的广义的工程思维指人的系统性思维，最基本的特征就是思维的"整体性"，它依赖情感、记忆和经验对行为的方式方法进行综合作用，令人非常"自然地"以系统论的视角，综合、全面地思考、处理问题，审视行为的价值，这也是科学的"辩证思维"的体现，即重视事物的普遍联系与相互作用。

思维是认识活动，与人的实践活动密切联系。人的实践活动方式与内容直接影响着思维活动的各个方面，从而出现与不同实践活动相应的思维方式。通常，有什么样的实践方式，就有相对应的思维形式。比如，科学实践、艺术实践活动分别产生科学思维和艺术思维，这广为人知。然而，工程活动是社会中基础性的实践活动，解决现实问题往往很复杂但有一定的流程，包括工程问题、物理模型、数学模型和分析计算，这是整合知识，对知识进行再加工、整理的过程，这亦是人们容易忽视的最常见、最基础的思维活动——工程思维。

工程思维是人类社会最常见、最基础的思维活动形式，广泛运用于社会各个领域。比如银行确定存款利率，定得太高银行要赔付，定低了就会减少储蓄，怎样确定存款利率以取得最佳效益，理论研究难以解决问题，也较难开展实验，而用工程思维进行推演利率与国家财政、货币供给、商品经济等关系就能获得答案。美国媒体有一篇报道称："中国人擅长数学和逻辑，很多世界顶级金融机构的风控人才都来自中国。"世界金融的核心——风控，很大一部分就是工程思维在金融领域的具体表现。

工程思维越强大，就越能够在内心中建立比较完整的层次健全的思考体系，会有更多趋于理性化的思维方式。长期以来，在人们认识世界和改造世界的过程中，数学一直发挥着举足轻重的作用。数学教育传授数学知识和技能，这些不仅是深入学习数学的基础，也是日常生活所必需的。但是，数学教育不能仅仅限于帮助习得知识和技能，还应该是学会感知、描绘、反映和理解事实的思维方式，学会使用数学的特殊观念、方法与思维方式解决实际问题。因此，我们应该努力开发、培育与训练学生的工程思维，帮助学生应用科学定律，更系统化地解决现实问题。

许多在应用数学方面取得突出成绩的人都有这样的体会：在工作中真正需要用到的具体数学分支学科，如数学定理、公式和结论，其实并不是很多。在学校里学过的一大堆数学知识并未起到什么用处，有的甚至已经遗忘。但所经历的数学训练、所领会的数学思想和精神、所获得的数学教养，却无时无刻不在影响未来发展，成为取得成功的最重要因素。

即使人们经常淡忘所学的数学知识，然而数学学习获得的思维作为一个人的素养仍不会消失，将伴随终生，始终发挥积极作用。比如：自觉的数量观念，它使人会认真注意事物的数量及其变化规律，而不是"胸中无数"，凭感觉"拍脑袋"做决定、办事情；有序的思维逻辑，它使人保持思路清晰、条理分明、有条不紊地处理头绪纷繁的各项工作；清晰的抽象思维，它使人面对错综复杂的现象，能分清主次，抓住主要矛盾，突出事物的本质，井然有序地有效地解决问题，而不无所适从、一筹莫展，或是眉毛、胡子一把抓。还有运用数学推导、数学模型处理现实世界中各种复杂问题的意识、信念和能力，等等。这些所呈现的数学能力和素养即是数学教育培养出来的工程思维。

数学是人类思维的基本形式，在数学教育中培育学生的工程思维，鼓励学生运用工程思维推演在日常生活中体验不到、不能理解的结论，可以增强学生适应社会的能力。尤其在当代，数学所培育的工程思维已经成为高技术的突出标志。

数学的思想方法与高度发展的计算技术相结合形成技术，而且是关键的、可实现的技术，被称为"数学工程技术"。现在，"高技术本质上是一种数学技术"的说法已被愈来愈多的人们认同，在这种技术中起核心作用的就是数学的工程思维。比如，医院里的 CT 技术或 MRI 技术，其本质是利用 X 光从各个不同角度拍摄众多平面照片，恢复出体内物体（如肿瘤）的立体形状。这是典型的数学工程技术应用于解决生活问题的例子，数学的模块化系统思维被物化为计算机的软件及硬件，成为 CT 技术或 MRI 技术的重要组成部分与关键，直接转化为生产力。

世界越来越数字化，发挥关键作用的是工程思维。近些年来，世界各国及有关组织越来越重视对工程思维的研究。

据经济合作与发展组织官方网站消息：研究认为"学习计算机科学和计算思维，可以培养学生创造力、协作能力以及应用解决问题的能力"。因此,2021年国际学生评估项目数学评估测试纳入有关计算思维的问题。计算机科学是一个广泛的领域,包括诸如计算机编程(编码)、算法设计、数据科学、网络安全、网络、机器学习和机器人技术等,所有这些子领域都依赖于对数学、工程与计算的融合且深刻的概念理解。计算机科学本质上源自工程思维,因为建造的是能够与实际世界互动的系统,基本计算设备的限制迫使计算机学家必须计算性地思考,不能只是数学性地思考。计算思维是运用计算机科学的基础概念进行问题求解、系统设计以及人类行为理解等涵盖计算机科学之广度的一系列思维活动。计算思维吸取了问题解决所使用的一般数学思维方法,现实世界中巨大复杂系统的设计与评估的一般工程思维方法,以及复杂性、智能、心理、人类行为的理解等一般科学思维方法[①]。计算思维把一个看来困难的问题重新阐述成一个我们知道怎么解的问题,是一种普适思维方法和基本技术,一种数字时代的工程思维。

德国数学教育界很明确:数学是自然科学的基础,数学教育应该是"应用数学和数学应用研究"的教育。因此,数学研究与数学应用思维的培养在德国课程大纲中被单列考核,通过不同领域的内容对学生进行思维能力的系统训练。他们要求学生学会应用数学和自然科学概念、原理、实验技术等,探求新的原理和方法,学会对各种资源进行统筹协调以找到最优的解决方案等等,帮助学生在处理问题时能够合理地"运用"各种工具和手段,组成合理的流程来实现目的,体现工程思维教育思想。

美国的基础教育领域近几年出现两大热点,技术与工程素养评估是其中之一。该评估于2014年开始,每四年进行一次,通过测试学生对他们所需知识及工具的掌握程度,以便让学生明智地、深思熟虑地参与周围的世界中去。这种评估实际上就是对学生工程思维的评估。

技术与工程素养评估框架包含三个互连的内容领域:技术与社会、设计与系统、信息与沟通技术以及三个实践领域——理解技术原理、开

---

① Jeannette M. Wing .Communications of ACM,Vol.49,No3,March2006,P33 —35

发解决方案与实现目标、沟通与合作。

在三个内容领域中,学生都需要应用"实践"的思维方式与推理方式去处理问题。技术与社会领域主要包括技术对社会和自然世界的影响以及由此产生的伦理问题。设计与系统领域涵盖技术的本质、技术开发的工程设计过程及处理日常技术(包括维护和故障排除)的基本原则。信息与沟通技术领域则包括计算机和软件学习工具、网络系统和协议、手持数字设备,以及用于访问、创建与沟通信息和促进创造性表达的其他技术。

在三个实践领域中,理解技术原理的重点是学生能够利用技术知识。制订解决方案与实现目标指学生能系统地使用技术知识、工具和技能来解决问题以及实现现实情境中提出的目标。沟通与合作关注学生使用现代技术,以各种方式进行交流,包括个人独立工作以及以团队的形式与同伴和专家一起工作。

技术与工程素养的评估是完全数字化的,通过情境式任务的互动,学生使用各种工具并运用技术与工程素养知识和技能解决问题。其基于情境的多媒体任务能够让学生在各种真实世界情境中解决技术与工程问题,从而展示学生在三个内容领域和三个实践领域中的知识与技能。比如:"自行车道任务"试题,即城市鼓励市民使用自行车作为交通工具,学生需要在规定时间应用相关知识和技能来设计安全的自行车道路线。与现实中工程师在处理问题时面临的情况类似,学生需要设计出符合特定要求的路线,兼顾成本和安全性。该题考查了学生的设计与系统知识以及开发解决方案和实现目标的实践能力。

工程思维复杂奇妙,现实中,包括许多工程师、工程工作人员、管理者对工程思维都是"日用而不知",其实许多活动都伴随工程思维。特别是在解决复杂而综合化的现实问题时,人们会自动启用特定程序(或特定策略)并综合运用相关的知识、技能、能力和价值观念等来解决问题。

数学是重思考与理解,充满创造性的科学,掌握了数学的思想方法和精神实质,就能够由不多的几个公式演绎出千变万化的生动结论,学好了数学,不管将来从事哪行哪业,都会让人变得更聪明,更有智慧,更有竞争力,终生受用不尽。

　　小学数学教育应增加"培养工程思维",提倡大力发展应用数学。我们希望通过数学教育培养学生的工程思维,让学生用工程思维来解决工作中的问题,实现更全面地发展。众多有着良好数学基础和修养的学生进入各行各业,不仅会从根本上改变这些行业的面貌,也为数学发展提供了良好的外部环境,会有更多的人依靠着在数学上的优势,在数学与其他学科交叉与融合的结合部上获得创新发展。

第二节　课程目标：提高"数学关键能力"标准的比重

学校教育的目的不能只是让学生学会知识，应该以培养素养为中心目标，帮助学生知晓所学知识用于干什么，要用什么知识来解决问题。素养不只是知识与技能，它是在特定情境中，通过使用和调动心理、社会资源（包括技能和态度）以及解决复杂问题的能力，是学生在真实情境中解决复杂问题的高级能力与人性能力。未来的教育将偏向考察能力，学校教育要定位于培养学生能力——包括专业能力、社会能力、媒体能力、自身能力，具备能力的学生才能在走进社会之后解决综合性的问题。

比较中德小学数学教育，我们认为我国小学数学课程目标要提高"数学关键能力"标准的比重，小学数学课程教学应该以"能力培养"为主体，而不是以知识的教学为主体。

心理学将数学能力看作理解数学问题、符号和方法并对其进行记忆、储存、再现以及运用的能力，强调数学活动过程中表现出来的比较稳定的心理特征。从行为表现方面看，将掌握数学等同于拥有数学能力，即能在不同的数学情景下理解、判断和使用数学，这种数学能力通过各种可以辨识的数学行为方式表现出来，比如数学建模和数学表达。数学课程目标增加"数学能力"标准的比重，要求的不仅只是通晓算术，还要求学生具备数学逻辑思维、空间想象及数学的实际应用等能力。

当前，全球性的大趋势，如数字化、气候变化、人工智能、5G 的进步，促使教育的目标发生根本性变革。今天的学生需要什么样的知识、技能、态度和价值观才能在未来健康成长并主动构建属于他们的世界？经济合作与发展组织发布的《学习罗盘 2030》认为，应聚焦包容性学生发展,将"能力"作为包含知识、技能、态度和价值观的综合概念,强调能力不仅仅是知识和技能的获得,还包括利用知识、技能、态度和价值观应对复杂需求,以驱动全球教育系统和更大的生态系统的变革。

《学习罗盘 2030》强调,期望学生在所有生活领域都发挥积极作用,必须确保学生能够驾驭不确定性并实现各种跨越:时间(过去、现在和未来)、社会空间(家庭、社区、区域、国家和世界)及数字空间,还需要学生与自然界建立联系,认识自然界的脆弱、复杂与价值。他们特别强调,"变革能力"是当前核心素养的重心。变革能力指变革社会和塑造未来的各项能力,包括创造新价值、协调矛盾困境、承担责任这三项能力。这些能力可以通过反思、期望和行动的顺序过程习得,具体解释为如下三种:

1.创造新价值的能力

《学习罗盘 2030》强调要为 2030 年做好准备,人们必须能够创造性思考,开发新产品和服务、新的就业岗位、新流程与工艺、新思维和生活方式、新企业及部门,以及新的商业和社会模式等等。"创造新价值"这一变革能力可被解读为灵活性、敏捷性、创造性、好奇心以及全球意识等等。

2.协调矛盾困境的能力

《学习罗盘 2030》指出个体必须学会以更加全面的方式进行思考和行动,从短期和长远的视角考虑冲突或者相互矛盾的观点、逻辑和立场之间的相互联系和内在联系。换句话说,人们必须学会成为"系统思考者"。这一变革能力包括解决冲突共鸣的沟通协作技能、观点取舍、抗压性、信任性,等等。

3.承担责任的能力

学生应对新奇事物、变革、多样化和不确定性需要个体自行思考并与他人合作,预测行动的后果,评估风险与收益并承担责任。这项变革能力以上述两项变革能力为前提,其核心是自我管理,包括自我控制、自我效能、责任感,还包括批判性思维、元学习技能、专注、责任感和风险管理等。

学习创造新价值、承担和分担责任、协调争端与解决冲突，这都涉及了解自我和他人之间的关系，涉及在不同情况下解释和判断不同类型的价值取向。这些变革能力非常复杂，需要丰富的教育内容和体验学习的机会，才能促进这些能力的形成。

对于知识，经济合作与发展组织强调学生应具备通用知识和专业知识。学科知识非常重要，因为它是新知识产生的基础。经验和程序知识也非常重要，因为它主要用来解决做什么和怎么做的问题。在不断变化的情境中运用这些知识必须具备各种技能，如认知及元认知技能（如批判思维、创造性思维、学会学习的能力和自我管理能力）、社会与情感技能（如同理心、自我效能与合作）、实践及身体技能（如使用新的信息与通信技术设施等）。

学生要能适应 2030 年的环境，应对那个时候的挑战，要能用已有的知识、技能、态度和价值观以连贯的、融会的方式采取行动。能力与学科知识既不相互竞争也不相互排斥，学生需要核心知识作为能力的基本构成要素，学生也可以基于知识展示自己的能力，用不断发展的能力更新和应用他们的知识并拓宽理解。

在知识经济社会，知识增加与更新的速度越来越快，学校无法仅靠增加课程门类和扩展课程内容来完成教育目标，那样只会增加学生的学习负担。课程目标的制定需要考虑"如何帮助学生获取知识"和"如何培养学生的能力"。正如《德国未来的教育政策》所指出的："教育不单是一种'资源'或'人力资源'，教育更多的是全面挖掘人的能力的过程，培养人在社会共同体中与他人打交道的能力。"因此，课程标准必须以帮助学生掌握解决问题和适应生活的能力为主体。

德国从幼儿教育阶段开始注重能力教育，其幼儿园三年 4 000 多个小时的课程中，幼儿们主要培养生活自理能力，初步认知社会。比如"认识警察局"这个单元，幼儿了解警察做什么，学习报警，处理遇到坏人的情形。"坐车"这个单元，让幼儿记回家的路线。"到自由市场买东西"的单元，让幼儿学习挑选、认识商品，了解金钱数量和交换形式。

德国中小学数学课程大纲以"能力"为目标体系的核心，注重培养学生进一步自主学习需要的兴趣、好奇心和探究能力①。他们希望学生离开学校时带走的不仅仅是书本知识，更是广阔的思维空间和持续学习探究数学的能力。课程目标也在教学实践改革中不断发展和完善，越来越强调学生通过参加学习课程以增强能力。

德国小学数学教师根据学生的学习能力水平差异进行分层教学，而不是以学生已经具备的知识多少作为分层教学的判断标准。比如，为了帮助学生培养"数学语言应用能力"，老师设置的课堂目标是"学生可以用德国的数学语言描述'积与因数之间的关系规律'"。他将学生的数学能力目标划分为：

A.复述每个数学信息；

B.讲述和获取数学信息；

C.信息挑选和运用；

D.有条理的展示数学信息之间的关联；

E.能够区别讲述、获取信息、讲解、猜测、下定论；

F.掌握不同的数学表达方式；

G.对数学表达做出反应和评判。

老师始终以发展学生的数学能力为标准，帮助每个学生迈向下一个阶段。他抛给学生有挑战性的问题，让学生独立或在小组中解决，不给予任何启发引导，这样的教学有益于学生培养独立学习能力。

21世纪的世界高度文明化，数学能力成为日常生活及职场生活里的基本能力。许多国家（或地区）都和德国一样，强调"数学能力是国民素质的一个重要指标"，把"数学能力"作为课程标准（大纲）的主要目标内容。

美国的《共同核心国家标准》把数学能力培养作为核心目标，对学生

---

① 苏洪雨、徐斌艳：《中德两国标准中的"数学能力"比较研究》，《数学教育学报》2008 第 2 期。

数学能力的要求主要在"过程能力与熟练程度"两个方面。过程能力包括：

1.理解问题，坚持不懈地尝试解决问题；

2.抽象地、定量地推理；

3.构建可行的论据，批判审视他人的推理；

4.使用数学语言构建模型。

熟练程度包括：

1.策略性地使用各种工具；

2.规范化准则；

3.发现并利用公式结构；

4.总结并利用规律。

我国台湾地区的《台湾教育纲要》把数学能力细分成演算能力、抽象能力、推理能力和数学沟通能力，用大量篇幅谈数学能力的培养理念，关于数学能力的培养问题大约占《教育纲要》基本理念部分的五分之二。

我国香港地区，将学生的"数学能力"归入"共通能力"中的"基础能力"，和协作能力、批判性思维能力、解决问题能力、沟通能力、运用信息科技能力、自我管理能力、创造力及研习能力，共同成为香港基础教育的主要目标。

2020 年 1 月初，我国教育部考试中心公布的《中国高考评价体系》和《中国高考评价体系说明》，从高考的核心功能、考查内容、考查要求三个方面回答"为什么考，考什么，怎么考"的本源性问题，从而在"培养什么人，怎样培养人，为谁培养人"这一教育根本问题找到答案。

高考评价体系不仅给出考查内容的"学科素养指标体系"(图 6-1)，还详细解释"关键能力"分为知识获取能力群、实践操作能力群和思维认知能力群。其中知识获取能力群包括语言解码能力、符号理解能力、阅读理解能力、信息搜索能力、信息整理能力；实践操作能力群包括实验设计能力、数据处理能力、信息转化能力、动手操作能力、应用写作能力、语言表达能力；思维认知能力群包括形象思维能力、抽象思维能力、归纳概括能力、演绎推理能力、批判性思维能力、辩证思维能力。

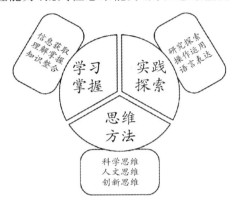

图 6-1　知识获取能力群

　　高考评价体系明确提出，基础性强调基础扎实，关注学科主干内容；综合性强调融会贯通，既包括同一层面、横向之间，又包括不同层面、纵向之间的综合；应用性强调学以致用，关注与国家经济社会发展、生产生活实际等紧密相关的内容；创新性强调创新意识和创新思维，鼓励学生创造性地思考问题、解决问题。因此，基于上述考查要求，高考命题将注重基础性试题，增强综合性、应用性；注重研究对象的整体性、完整性，不仅学科内容在融合，试题呈现形式也更丰富多样；坚持理论联系实际，使用贴近时代、贴近社会、贴近生活的素材，考查学生解决实际问题的能力；通过合理呈现试题情境，设置新颖的试题呈现方式和设问方式，考查学生完成开放性或探究性任务的能力。

　　《中国高考评价体系》和《中国高考评价体系说明》的印发意味着我国教育将发生如下的转变：教育功能上，由单纯的考试评价向立德树人重要载体和素质教育关键环节的转变；评价理念上，由传统的"知识立意""能力立意"评价向"价值引领、素养导向、能力为重、知识为基"综合评价的转变；评价模式上，从主要基于"考查内容"的一维评价模式向"考查内容、考查要求、考查载体"三位一体评价模式转变。

数学课程标准应该加大"数学关键能力"的培养目标比重，倡导通过开放性、探究性情境的设计，帮助学生获取创新意识和创新思维能力，鼓励探索基于情境、问题导向的互动式、启发式、探究式、体验式等课堂教学，开展验证性实验和探究性实验教学，助力培养学生的数学创新思维和实践能力。

培养数学能力是数学课程标准的目标，但我们对数学能力的认知、对学生数学能力目标的层次水平要求和对数学能力可操作性要求都不够明确，依然存在强"知识倾向"。虽然《义务教育数学课程标准（2022年版）》坚持目标导向、问题导向和创新导向，制订指向核心素养的教学目标，注重教学内容与核心素养的关联，以培养学生适应未来发展的正确价值观、必备品格和关键能力，在一定程度上改变以往重知识轻能力的格局，但是需要进一步处理好核心素养与"四基""四能"的关系。我国部分数学教育研究者对数学能力进行了分析和归纳，但未对数学能力具体水平进行层次划分。因此，数学能力的描述较为笼统，学生的数学能力发展评价常常无据可依，教师培养数学能力的策略也需要改善。

对此，要加大构建"能力导向"的数学课程标准比重，围绕学生"素养"的内涵，制定基础教育各关键阶段学生"数学素养"的能力框架，基于"素养"要求和"能力"标准构建课程体系，实现基础教育课程设计理念、教学方法、评价模式的整体革新。要立足现实增强"数学关键能力"作为衡量学生数学学习质量标准的比重，参照各国的数学能力测量标准，重视帮助学生培养数学能力，积极回应新时代数学教育发展的需求，以增强提高我国学生数学能力和数学教育的整体质量。

第三节　教学建议：要真正做到深究型对话

学生获取知识的能力是有层次的，大概分为六个层次：记忆、理解、应用、分析、综合、创造。这六个层次里，后面三个属于深层学习能力，也称深度学习能力。深度学习能力决定着每个人的未来，引起越来越多人的重视，源于人工智能和脑科学的深度学习理论也随之不断发展。深度学习就要在理解的基础上，将新思想和事实批判性地融入原有的认知结构中，迁移到新情境里，进行决策和解决问题。教师不能仅仅停留在传授知识、应试导向、提供机械理解等表面化教学。通过比较中德小学数学教育，我们建议：小学数学教学要真正做到"深究型对话"，以实现数学教育在新时代高质量的发展。

学习本质是"对话"，强调学习参与者个体的投入和各个学习主体之间彼此相互启发、相互碰撞。"对话"不同于日常生活中海阔天空的"闲聊"或逢场作戏的"笑谈"；也不同于受指向性的、冷静清晰的或是重大责任性所支配的"商议"或是"座谈"；它也不同于讨论还价的"谈判"和理论领域中的舌枪唇剑的"论战"。"对话"中的不同见解也不是攻击，不是相互争论和指责。①

深究型对话是多向互动的教学关系，以对话、沟通和合作为主要形式让学生"卷入学习"，通过相互提问、补充、质疑、评价等让学生充分发表和解释自己的观点，倾听并主动分析他人的观点，在不同思维相互碰撞中实现深度思考，在真正参与中完善认知结构，在挖掘沟通数学知识间的联系中深刻地理解数学、感悟数学思想方法。

---

① ［日］池野正晴著，钟启泉译：《走向对话教育——论学校教学中引进"对话"视点的意义》，《全球教育展望》2008 年第 1 期.

英国国家卓越数学教学中心是中英数学教师交流项目英方具体负责实施的单位,其总结和概括出我国上海小学数学课堂教学的核心,即:课堂教学连贯流畅;通过小步前进的方式推动课堂教学进程,采用多元表征(实物、图形和符号)的方式揭示数学结构;通过课堂师生互动、生生互动的方式促进学生对数学概念、过程和方法的理解;充分使用概念变式、过程变式、概念与过程结合的变式等教学策略组织设计练习题促进学生深刻理解数学概念;强调记忆基本事实和熟练数学技能等。他们认为上海数学教学模式是"掌握教学",即通过教师的"全班互动教学",使绝大部分学生掌握数学核心知识、核心技能,能"流畅地完成运算过程"。虽然他们广泛借鉴我国上海市小学数学教育教学经验,但他们并不完全搬用我们小学数学教学的模式,而是有选择地汲取经验。他们认为,"掌握教学"缺少深度对话,需要良好的生成条件、相应制度和文化环境。

"掌握教学"教学模式不止存在于上海的数学课堂教学之中,我国许多地区的数学课堂也是如此。近年来,随着我国小学数学界广泛开展"有效教学""结构化教学""深度学习"等主题研究,我们的小学数学课堂教学理念已经明显改变。我们的数学教师越来越善于创设丰富的活动情境,有时故意制造矛盾点燃学生好奇心,鼓励学生对话讨论,有时设计有趣的问题,吸引学生的注意力。只是,在课堂上,学生无论提什么问题或是解答什么样的内容,几乎都会掉入老师设计好的环节之中,课堂对话的结果总是在老师的预料之中。即使是所谓探究味很浓的数学课,也常常是老师带着学生一步一步去"探究",或是学生沿着老师预设好的程序假"探究"。学生遇到困难时,老师会及时给予启发、引导和帮助,帮助大部分学生顺利解决问题,然后设计类似的变式问题给予巩固,促使学生把掌握的方法运用于其他不同的情境。

教育实践领域存在"三难",一是理念好但是落地难,二是实验容易但大规模推广难,三是创新不易但常态更难。虽然我国不缺课堂教学的理念,但缺乏把理念落地的行动。我们一直说要突出学生本位,强调学科教学依靠教材而非教学教材,然而部分教师依然以知识的教为中心,而不是以学生的学为中心,考试评价依然重学科知识轻数学能力发展,不关注学习过程中的人。因此，要加快落实先进的课堂教学理念，切勿言行不一，缺少深度的对话，很难激活学生主动参与，难以让学习真正发生，无法突破知识融会贯通。我们要适当减少小学数学课程教学的内容，增加学生学习过程中与数学、与伙伴、与自己、与思想对话的时间和空间，努力推广深究型对话的课堂教学模式。

德国小学数学教育非常注重学生的深度思考和广泛对话能力，他们的数学教师很少采用"满堂灌"教学，经常会抛出一些问题让学生借原有的知识来进行思考和解决问题，让学生互相辩论、质疑和总结。数学课堂的讨论和思考性很强，学生要在学习中不断发展对话能力和思辨能力。另外，为了帮助学生在对话过程中正确理解、疏导情感，德国的教育专家设计了社会情感学习课程，教会学生读懂和疏通自己情感，帮助学生更好地理解与接纳别人的观点。

德国学生在数学课堂上的纸笔类作业练习不多，更多的时候是完成数学项目课题。以项目课题覆盖数学练习内容是德国数学教师重要的教学策略，教师以教学目标或数学内容的学习为出发点，让学生借助合作实验、对话分析等学习形式完成课题研究任务。这类学习活动针对性强，能使学生聚焦具体数学领域，进行深度探索，在不同的见解与相互补充之中，在生动活泼的对话过程中，学生容易产生新的思路，以不可预见的方式持续不断地提出和深挖问题。通常，教师会给一个大的主题，提出要求，学生要自己查找资料，进行实验测量或是资料调查，学生有相当丰富的互动学具和资源。教师也可以提出开放性课题任务，进行开放性教学活动，促使学生不断深入探究存在的问题，通过探究、质疑、解释、评价、重新思考等"话语投入"完成学习任务。通过做项目课题，学生不仅能学到数学知识，还能发挥个人创造性，锻炼社会交往能力，这对提高综合能力大有益处。

综合中德数学教育的比较与分析，我们建议：小学数学教学要真正做到"深究型对话"。进行深究型对话教学，教师要打开文本局限，增大课程弹性，应该立足数学知识的整体结构，从系统上把握数学内容的"深度"，不能止步于表面现象。必须明晰各种关系对数学学习的影响，包括学生与教师、与同辈、与家庭和社区的关系,不能只是让学生知道数学,更应该让学生学会在具体情境里会使用数学。我们要支持和激发每位学生释放学习数学的热情,帮助其在不同学习体验及机会之间建立联系,组织学生设计自己的学习项目并与他人合作推进项目的个性化学习,能够再创造数学学习模式。

以教学四年级数学《田忌赛马》为例。其属于"综合与实践"领域,教学内容蕴含许多重要的数学思想方法,主要目的是让学生在对数学知识感兴趣的基础上,系统而有步骤地向学生渗透重要的数学思想方法,让学生观察到数学在生活中的应用,提高学生的数学思维能力和思维品质。如果教师错误地把"综合与实践"当作一般的数学知识内容进行教学,不组织学生深究"博弈"策略,讨论参与人的特征、策略空间及对策实施效果受益函数,辨清博弈的种类,就会偏离教材中渗透的统筹优化思想的编写意图。

"田忌赛马"有两种教学思路,一种是按教材的编排,利用赛马故事里已经设定的前提条件"两人的马水平相差不大,三局两胜赛制,每次都是齐王先出马"展开讨论;另一种是突破教材的文本,从规则、实力、条件引发策略的产生去广泛讨论。两种典型的教学设计如下:

表 6-1　"田忌骞马"教学设计

设定前提条件的教学设计	置于真实博弈情境的教学设计
一、呈现故事,讨论赛马情况 　　1.播放视频,讨论:第一次是怎么比的,谁赢了?第二次又是怎么比的,谁赢了? 　　2.揭示课题。 二、理解对策,体会最优 　　1.分析比赛过程,了解比赛规则 　　比赛规则:都是齐王先出马,出马顺序都是上、中、下。每个人每个等级的马只能用一次。三局两胜。	一、呈现故事,改变赛马规则 　　1.观看视频,讨论:谁和谁在赛马?马的实力如何?是什么样的规则?两场比赛的结果是怎样的? 　　2.揭示课题。 二、"规则"是博弈的基础 　　1.如果改变赛马的规则,以一局决定输赢,谁会赢?在"一局定输赢"的规则下,大家的对策一般都选择派出最强的马。

设定前提条件的教学设计	置于真实博弈情境的教学设计
2.列举方法、寻找最优对策 　探究:是不是田忌一定要用孙膑的这种策略才能赢齐王呢?想验证一下吗? 　学生完成学习单后汇报,观察发现:田忌一共有 6 种出马顺序,其中只有一种能赢。 　小结:把解决问题的可能性一一列举出来,并从中找到最好的方法,这是统筹优化的思想。 3.分析最优策略的基本条件 　探究:如果齐王调换了出马顺序,田忌会怎么出马?结果又会是怎样? 　学生完成学习单后汇报,对比发现:(1)无论齐王的马怎么出,只要用最弱的下等马消耗掉齐王最强的上等马,剩下的上等马对齐王的中等马,中等马对齐王的下等马,三局两胜,反败为胜。(2)齐王先出,田忌才能后发制人。 　思考:有什么对策让齐王一定能赢?(让田忌先出)。 4.从这个故事中,你有什么启发? 三、巩固应用,拓展提升 1.扑克牌比大小游戏 　红牌:9、7、5　黑牌:8、6、3。 　游戏规则:同桌两人玩扑克牌比大小的游戏,每人每次只出一次牌,各出 3 次,三局两胜。选红牌的人先出牌。 　同桌两人玩牌并记录。 　师生玩牌。 四、思考: 1.想赢你有什么对策? 2.如果改一个数能让自己赢你想怎么改? 3.生活中对策论的应用(播放微课) 五、全课总结,畅谈感受 　学生交流学习收获。	2.如果改为随机抽一匹马来比,一局定输赢。结果无法确定,很难使用策略。 三、实力差距决定博弈策略的空间 1.比大小游戏 　要求:双方随机抽取三张扑克牌,摊开牌面,选牌比大小,三局两胜。思考"什么样的实力一定会赢?" 2.发现实力差距的种类,找到"一定赢"的牌数特征:有两张以上的牌能赢对方的任意一张牌,肯定有两局是保证赢的。 3.列举牌数实力相差不大的数据,发现:出牌顺序影响比赛的结果。 四、分析博弈策略,改变结果 1.联系"田忌赛马"故事,列举对策种类。引导学生有序排列,找到 6 种派马的情况。 2.讨论反败为胜的概率。齐王和田忌一共有 6 种出马顺序。6 种出马顺序中,齐王赢 5 次,田忌只赢一次,田忌只有六分之一赢的机会。 3.唯一赢的策略中,出马顺序有什么特点。改变顺序,以最弱的对最强的,输一局赢两局,反败为胜。 4.如果齐王的出马顺序,不再是"上中下",田忌还有可能赢吗?赢的可能性是多少? 　学生寻找田忌应用的策略行为集,发现也是有六种策略,田忌只有一种策略可以赢。 五、整合博弈要素,寻找生活原型 1.抢牌游戏:有九张牌,两人轮流取牌,每次各取 1 张或 2 张,轮流取,谁取到最后一张牌谁就获胜。 2.交流生活中的策略应用案例。 六、全课总结,畅谈感受 　教师:规则、实力、条件影响着策略的应用,策略可以充分发挥实力的价值,改变结果。

上述两种教学设计都讨论了参与者特征和策略的空间，在发现几种应对策略活动中也都注重培养学生有序思考等思维习惯。两种教学设计思路最大的区别在于，这节课要在什么样的空间里对话策略。第一种教学设计，在回顾故事情节之后，即着手进行了解比赛规则，明确田忌所用的策略，重点是通过列举让学生理解田忌共有多少种可以采用的应对策略，发现最优策略。为了进一步理解田忌实施最优策略的条件，还设置探究活动——田忌用的这种策略是不是唯一能赢齐王的方法？齐王如果调换出马顺序，田忌应该怎么应对，结果怎样？第二种教学设计，先分析策略产生的原因——规则和实力，再在此基础上构建数学模式——策略产生的条件，最后用抽牌游戏发展学生在活动中思考、在比赛中应用策略的能力，致力于策略意识的发展。

前者突出有序排列、优化组合出不同决策行为产生的不同比赛结果，把田忌应对的所有可能性一一找出来，从中找出合理行为方案，进而深刻地体会"谋略在先、以弱胜强"的不易，感悟"统筹"的魅力。后者拓展了教材，在用好教材例子的基础上敢于突破文本局限，将"策略"置于客观世界的真实情境去讨论，组织学生在真实的、复杂的情境里讨论数学，更加完整地渗透数学思想方法，让学生更活学、活用。

数学思想方法不是知识，"综合与实践"的教学不能被当作数学知识内容的教学，不能把优化思想、模型思想等当作数学结论让学生去记忆。学习"田忌赛马"的"初心"是发展运筹思想和优化能力，教师要多让学生进行思辨，发展学生研究策略使用效益的能力。学生对齐田不同的派马顺序进行联系、评议，发现讲策略是有前提条件的——田忌知道自己的马弱了一些（知己知彼）、选择让对方先出（后发制人）、用排列对策（三局两胜、以弱胜强）。学生发现无论怎么排列组合，只有"田忌用下等马对齐王的上等马"时，才有赢的机会。通过研究两个人竞争的逻辑和规律，使用数学模型描述配对方法和规则，确切地预料自己获胜的概率，同时渗透全局观和取舍策略。

要发展学生掌握策略适用范围的能力，教师可以改变"田忌赛马"的比赛规则，讨论"一局定胜负"中的简单策略和"随机派马单局决定胜负"

的无策略博弈,在互不知道对方的行为次序时,结果无法预计。让学生通过比较发现双方实力相差较大,很难有策略优化的空间,只有在水平接近时,不同决策才会产生不同的结果,谁胜谁负取决于自己拥有的资源,策略的产生源于这种双方力量而存在。让学生研究"一方的点数是16、12、4,另一方的点数在小于 16 大于 12、小于 12 大于 4、小于 4"的范围时,是否存在策略适用空间。总之,要给学生与数学深度对话的空间和对象,让学生懂得用数学的眼光观察现实世界里的博弈,学会根据实力来选择自己的应对策略。

策略来源于生活,要回到生活当中,方能感受到策略的价值。让学生经历自主探究"田忌是怎么赢"的过程,通过有序排列、列举填表、相互对照,组织学生运用数学方法分析对策,进而理解获得胜利的真正本质。博弈活动,随着对手的出马顺序变化而改变自己的策略,在沟通和比较中才能更加深入地理解不同策略方法,分析具体的情境里的具体策略,才能形成立体、完善的策略网络。教师可以组织学生对话"齐王出马顺序无序了,田忌有几种对策,最优的对策是什么"问题,讨论其中存在着共同的策略,再让学生用最优的策略去解决一些简单的游戏竞赛问题,更有效地培养学生的应用意识和在分析解决问题中优化策略的能力。

第四节　学习评价：要突出数学应用的综合化

　　数学是自然科学的基础，也是社会重大技术创新发展的基础，几乎所有的重大发现都与数学的发展与进步息息相关。华为公司创始人兼总裁任正非曾公开表示："其实我们真正的突破是数学，手机、系统设备以数学为中心。"数学已经成为航空航天、国防安全、生物医药、信息、能源、海洋、人工智能、先进制造等领域不可或缺的重要支撑。

　　许多人认为：数学无非是加、减、乘、除运算，代数、几何知识，有些人以为"哥德巴赫猜想"就是最高深的数学。数学究竟有哪些用处，很少有人清楚。事实上，数学是个宝库，从数学中产生出来的东西，具有高屋建瓴、压倒一切的气势。数学研究事物的数量关系和空间形式，人们可以用数学解释其他科学，涉及现实世界的一切事物。

　　数学正在越来越广泛地应用于人文科学、社会科学，人们使用数学思想和技术的范围在不断扩大，其用途随之扩展。很多经济学家，常常是先获得数学博士学位后才研究经济，有人曾用概率统计法研究《红楼梦》作者的语言习惯，发现后四十回与前八十回风格高度一致。

　　作为数学与电子技术结合产物的计算机，其出现和应用对数学的发展产生巨大的影响，为数学的应用开辟了极广阔的天地。例如，战争中，在短短数十秒钟内既准确地拦截对方发射的导弹，又引导导弹准确命中目标，是领先的数学技术使在现代战争中取得压倒性优势，所以说"下个世纪的战争是数字化的战场"，其核心就是数学的应用。

　　我们正处在"数学技术"的新时代，未来社会很多的工作和岗位属于拥有处理数学问题能力的人。数学应用日益成为未来数学教育的核心，对数学应用水平的学习评价将越来越受重视。通过比较中德小学数学教育，我们建议：我国小学数学教育评价要突出数学应用的综合化，注重考查学生"应用数学解决真实性和综合性问题"的能力水平,促进小学数学教育更加积极地发展学生的数学实践能力和应用意识。

把数学真正用好,并非都要应用最深奥的或最前沿的数学知识,而是要让数学真正发挥促进作用的价值。数学应用,不是将教科书上的数学知识简单用于解决练习纸上的数学题,而是应用数学的知识方法解决实践中的问题。这并不比完成纯数学的习题容易,因为数学应用往往要跨界,要将数学方法与生活问题相互沟通。学生要从数学的角度,运用数学的知识去解释客观存在的现象,要主动思考应用什么样的数学知识可以解决现实生活中的问题,要用数学的方法解决生活中的现实问题。

我国旧社会普遍不重视数学的应用,工程技术人员的数学素养普遍不足,学数学与研究数学的人员又缺少工程技术知识,因此数学在工业中的应用较弱。我国的数学教育整体水平处在世界前列,但在数学应用教育方面,与欧洲、美国、日本还有一定的距离,还需要不断增强提升。主要表现在以下几个方面:数学应用在其他学科中不被重视;在生产领域的直接应用较少,以至许多企业提不出要解决的数学问题;数学作为文化,特别是作为民族的普遍文化修养有待加强。

因此,要摒弃"不重视数学应用"的弊端,通过数学教育质量评价聚焦到"数学应用"来大力推进人们对其的重视。可以评价学生能否迁移与应用所学的数学知识,能否将经验与知识进行转化、对学习对象进行深度加工、在教学活动中模拟社会实践等,进而检测学生数学应用能力水平,促进数学教育工作者重视发展学生的数学应用能力,还要通过评价数学应用,带动更多的教师去尝试主题单元教学、STEAM 与数学的整合教学等方式方法,努力形成促进"数学应用"教育质量发展的教学策略和经验。

小学阶段,数学应用是教学的重点和难点,毋庸置疑。然而,数学应用的评价设计与实施却众说纷纭,也迫在眉睫。将来的公民——现在的学生,必须具备解决实际应用问题的数学素养,这一切都呼唤将数学应用呈现于数学教育教学过程中。学生通过数学学习活动,既要学会用数学知识解释现实世界中的现象,解决实际问题,又要从生活现象中抽象出数学问题,用数学的方法去解决。可见,评价学生数学应用的水平,就是考查学生的数学认识和数学体验,考查其数学观。

赫尔巴特被誉为"科学教育学的奠基人",其《普通教育学》被视作教育史上第一部具有"科学体系"的教育著作。德国教育界为现代教育事业所贡献的思想瑰宝都深深地植根于赫尔巴特学派的科学教育论断之中。赫尔巴特学派以实践哲学和心理学为出发点,从认识论的角度提出"人通过经验从自然中获得认识,通过交际获得同情",由此认为,作为经验和交际之补充的教学不能仅限于书本知识,而要使学生把书本知识与周围的世界结合起来。

受其影响,德国小学数学教育界十分注意对学生数学应用能力的检测反馈。通过《中小学教育标准》对学生数学应用能力水平的发展提出非常具体的要求,把学生数学应用能力的评价置于数学评价能力维度的首位,在基本知识教学和基本技能训练时充分贯彻数学应用的思想。他们指导学生采用项目化学习方式,将工程设计、符号表达、信息技术应用、材料科学等统整在数学课程中。另外,组织学生到社会真实环境中去学习和体验,通过露营、野炊、木工、环保等活动发展学生社会技能。学生走出校园学习不仅为了放松身心,而要完成测评任务——记忆和理解生物、地理、数学等方面的知识,购买门票等任务也由学生自己解决,教师只是在活动前提供要求或"指南",不过多干预活动过程,但会在活动后做出评价和总结。在客观真实情境里,学生遇到的问题具有很强的开放性、复杂性、多变性,要解决现实问题,就需要联系知识与情境,学习真实发生于"原野"之中。

小学生的学习往往是理念学习加实践练习。数学学习不是一口吃成胖子,而是细嚼慢咽的过程。数学和手工、涂墙、砌墙、汽修、木匠等行业一样,需要知识与实践的完美结合,需要在真实的环境里边学习理论边实践理论。然而,真实源于现实但不等同于现实。换言之,评价学生"数学应用"水平不一定让学生到现实社会中去解决真实问题,但要让学生能解决具有真实境脉特征的数学问题。

德国小学数学教育质量测评试卷十分注重使用真实社会里出现的

数学问题素材,广泛设置综合试题,考查学生对数学应用的能力水平,在评价活动时提供很多动手用数学的机会,确保学生拥有充足的时间完成数学实践测评活动,数学问题大部分是学生现实生活中可能遇到的问题。他们通过"倾向数学综合化应用的评价"引导学生实验与实践真实的知识,强调小学数学是具有实践性特点的数学。

目前,我国小学数学教育质量测评试卷还存在延用老旧试题的情况,甚至个别小学数学评价使用几十年前的试题。因此,需要新的评价素材,将真实问题与最现代的数学知识引入学生学业测评中,推行最前沿的评价方式。要通过优化数学学业测评框架,让学生及时接触世界最前沿的数学技术,包括人工智能、机器人、5G 等。人工智能思维是未来社会的常识,与小学阶段的数学一样重要,要用科学又极具前沿的评价素材去点燃学生学习的激情,激发他们学习的内在动力,培养他们成为引领未来的人才。

2020 年 1 月初,教育部考试中心研制的《中国高考评价体系》和《中国高考评价体系说明》提出"情境考查载体"概念,为我们引入新的数学评价素材和优化数学学业测评框架提供实施路径。比如,数学应用的试题情境可以分为学习情境、生活情境、社会情境、学术情境。这样的试题情境不再单一,避免了学生仅凭经验或试误就能解决数学问题;这些试题情境都是"跨学科"或由生活境脉转换而来的综合性情境,能够有效地测量出学生数学应用的能力水平。

好问题往往来源自生活情境,在实践过程中发现的,不一定有标准答案。数学应用综合化的评价试题设计,可以从生活境脉中有选择地提取相关数学问题与条件要素,在学习工具与数学方法的桥梁作用下,考查学生用数学解决真实的综合性问题的能力水平。

总之,要聚焦真实且综合的数学应用性问题,多些"真实社会数学"试题,少些"纸上数学"试题,让数学应用评价的内容真实化与综合化。要通过数学应用综合化评价促进学生将数学学习结果应用到现实生活中的意识,鼓励学生乐于发现、勇于探究生活中的数学问题,学会用数学的眼光看世界,挖掘更多生活中的数学。

　　另外,建议我国小学数学在教育质量评价维度里增加"数学应用综合化"能力水平维度,根据新时代社会发展趋势和学生需求完善数学应用综合化能力概念,形成与当代社会进步成果动态关联的数学评价理念。比如,怎样运用新媒体、关注对学生财经素养的评估、考查学生对金融、经济里数学应用的认识水平,将生活实用知识、与日常生活紧密相关的知识纳入评价内容中来。

　　对于一个国家而言,强大的工业生产能力是社会运转的基石,不然,难以成为大国乃至强国。目前,我国拥有 39 个工业大类,191 个中类,525 个小类,是全世界唯一拥有联合国产业分类中全部工业门类的国家。工业生产能力应该属于数学应用的范畴,所以数学应用的实力影响着国家实力的发展。基础教育阶段的数学评价要引导大众的数学观,更好地促进数学评价服务于我国新时代教育的高质量发展。

后　记

　　数学之所以常新，人人皆学，由其学科对象、内容、特点和其在人类文化中的地位决定。我国已经持续稳定地支持基础数学科学，不断加强应用数学和数学的应用研究，国家重点研发计划中设了"数学与交叉科学"重点专项，统筹支持数学及交叉科学研究，围绕科学与工程计算、大数据与人工智能的数学理论与方法、复杂系统优化与控制、计算机数学等重点方向，围绕信息技术、能源与环境、海洋、生物医药、经济与金融安全等国家重大战略需求中的关键数学问题进行项目部署……一系列举措为开展数学科学研究带来更大的发展机遇。

　　乘此春风，我们研究德国数学课程改革的文件和实践经验，比较中德两国小学数学教育的差异，并在此基础上对我国小学数学教育改革发展提出建议。我们努力地全方位、多视角、高观点表达德国不同地区的数学课程改革经验，特别是课程标准、教材等实践上的经验，对实际的课堂教学进行深入观察，使其具有真实性。在比较中德两国小学数学的课程与教学差异之后，除了对我国基础教育发展增强信心，清晰发现自己国家小学数学教育的优势外，也探求新时代背景下我国小学数学教育的新需要和新途径。本书因此取名为"中德小学数学教育比较研究"。

　　新时代小学数学教育之"路"，需要我们立足国情，眼望全球，在原有之"路"上进行探索和实践。"路"朝向远方，其后是成熟的教育模式，希望本书的建议能对广大数学教育工作者有实际的帮助，能启发读者思考。不足之处，敬请谅解！

　　本书的撰写、出版得到许多人的支持,感谢慕尼黑中德友好协会林会长及陈女士等人,德国近二十所小学的校长老师们,西南大学宋乃庆教授,西南大学课程中心范涌峰博士,集美大学陈文胜教授,厦门大学外国语学院德语系薛莉莉老师,中德教材分析小组的石莉蓉、陈洋阳、陈灿丽等老师,还有《中国教育报》记者熊杰。